Custo e Preços
de Serviços

CLÓVIS LUÍS PADOVEZE
FRANCO KAOLU TAKAKURA JUNIOR

Custo e Preços de Serviços

Logística, Hospitais, Transporte, Hotelaria, Mão de Obra, Serviços em Geral

SÃO PAULO
EDITORA ATLAS S.A. – 2013

© 2013 by Editora Atlas S.A.

Capa: Roberto de Castro Polisel
Composição: Formato Serviços de Editoração Ltda.

Dados Internacionais de Catalogação na Publicação (CIP)
(Câmara Brasileira do Livro, SP, Brasil)

Padoveze, Clóvis Luís
Custo e preços de serviços: logística, hospitais, transporte, hotelaria, mão de obra, serviços em geral / Clóvis Luís Padoveze; Franco Kaolu Takakura Junior - - São Paulo: Atlas, 2013.

Bibliografia.
ISBN 978-85-224-7775-3
eISBN 978-85-224-7776-0

1. Contabilidade de custos 2. Custos – Controle 3. Empresas de serviços – Administração 4. Preços – Determinação 5. Vendas I. Takakura Junior, Franco Kaolu. II. Título.

13-02494
CDD-658.15

Índice para catálogo sistemático:

1. Custos e preços de serviços: Contabilidade de custos em empresas de serviços: Administração financeira   658.15

TODOS OS DIREITOS RESERVADOS – É proibida a reprodução total ou parcial, de qualquer forma ou por qualquer meio. A violação dos direitos de autor (Lei nº 9.610/98) é crime estabelecido pelo artigo 184 do Código Penal.

Depósito legal na Biblioteca Nacional conforme Lei nº 10.994, de 14 de dezembro de 2004.

Impresso no Brasil/*Printed in Brazil*

Editora Atlas S.A.
Rua Conselheiro Nébias, 1384
Campos Elísios
01203 904 São Paulo SP
011 3357 9144
atlas.com.br

Dedico esta obra à minha amada esposa Fabiana, que em todos os momentos esteve presente, me inspirou, me animou e me deu força para vencer todos os meus desafios. Aos meus filhos Osmar Franco e Emanuela Kaori, que sempre, com sua paciência, amor e alegria, me trouxeram paz para a execução deste trabalho.

AGRADECIMENTOS

Primeiramente, agradeço a DEUS por tudo o que tem realizado em minha vida profissional e pessoal. Agradeço meu Pai Franco, que sempre foi meu modelo como homem, e a minha mãe, que me ensinou lições preciosas para a vida. Agradeço também a todos os amigos, colegas e parceiros que contribuíram para a realização desta obra. Agradeço ao amigo Alan Ricardo Bom pela oportunidade da aplicação prática em sua empresa. Ao amigo Pastor Thiago Lacerda Corrêa, que me trouxe sabedoria, visão e conselhos para a vida baseados na vida de Jesus Cristo através da Bíblia.

Franco Kaolu Takakura Junior

Dedico este livro à minha querida esposa Maria Aparecida Felippe Padoveze e a meus filhos, pelo permanente apoio e carinho que tenho recebido em todos esses anos.

Clóvis Luís Padoveze

Sumário

Introdução, 1

Parte I – FUNDAMENTOS, 3

1 Empresas de Serviços, 5
   1.1 Definição e caracterização, 5
       1.1.1 Características, 6
       1.1.2 A questão da estocagem e utilização da capacidade, 6
   1.2 Tipos de serviços, 7
       1.2.1 Materiais aplicados em serviços, 8
       1.2.2 Bens e serviços, 9
       1.2.3 Serviços complexos ou ampliados, 9
   1.3 Processos operacionais, 10
   1.4 Classificações gerais dos serviços, 12
       1.4.1 Classificação pelo INPI, 13
       1.4.2 Classificação gerencial, 15
   1.5 Serviços na economia brasileira, 16
       1.5.1 Participação no PIB, 16
       1.5.2 Principais dados financeiros, 17
       1.5.3 Empresas de serviços, 20
   Questões e exercícios, 21

2 Fundamentos de Custos, 23

2.1 Definições e terminologias básicas, 23
2.2 Tipos de gastos, 26
2.3 Objetivos da contabilidade de custos, 27
2.4 Classificação dos gastos, custos ou despesas, 27
    2.4.1 Classificação em relação aos objetos de custos, 28
    2.4.2 Classificação em relação ao volume produzido: comportamento dos custos, 28
    2.4.3 Mão de obra direta como custo direto e variável, 30
2.5 Mensuração do custo dos recursos, 32
    2.5.1 Mensuração do custo dos materiais diretos, 33
    2.5.2 Mensuração do custo da mão de obra, 34
    2.5.3 Mensuração dos demais gastos e da depreciação, 38
2.6 Visão geral da contabilidade de custos, 39
Questões e exercícios, 41

3 Sistemas de Acumulação, 46

3.1 Estruturação das informações para custos, 47
    3.1.1 Estrutura contábil, 48
    3.1.2 Do geral para o particular, 48
    3.1.3 Planos de contas, 49
    3.1.4 Tabela de produtos e serviços e projetos, 50
    3.1.5 Departamentalização e roteiros operacionais, 51
    3.1.6 Controle patrimonial, depreciação direta e depreciação indireta, 52
3.2 Estrutura de custos, 52
    3.2.1 Estrutura do serviço, 52
    3.2.2 Processos operacionais – processo de execução, 54
    3.2.3 Apropriação ou cobertura dos custos indiretos, 56
3.3 Acumulação dos dados reais, 57
    3.3.1 Ordens de produção ou serviço, 57
    3.3.2 Apontamento de horas (*timesheet*), 58
    3.3.3 Acumulação por projeto, 59
    3.3.4 Tecnologia de informação e estrutura contábil, 59
Questões e exercícios, 63

4 Métodos de Custeio, 65

4.1 Fundamentos dos métodos de custeio, 65
    4.1.1 Apuração do custo unitário: custos diretos e indiretos, 66
    4.1.2 Abordagens básicas, 66
    4.1.3 Gastos do período e para os produtos, 67
4.2 Visão geral dos métodos, 68

        4.2.1   Os métodos e os elementos da demonstração do resultado, 69
        4.2.2   Método de custeio e formação de preços de venda, 71
    4.3 Exemplo numérico com vários métodos, 72
        4.3.1   Custeamento por absorção, 73
        4.3.2   Custeamento por atividades (ABC), 76
        4.3.3   Principais constatações: absorção × ABC, 82
        4.3.4   Custeamento direto/variável, 83
        4.3.5   Custeamento pela teoria das restrições, 85
    4.4 O melhor método de custeio: custeio direto/variável, 87
        4.4.1   Obsessão pelo custo unitário, 87
        4.4.2   Utilização de métodos que contenham absorção de gastos indiretos/fixos, 88
    4.5 Custeamento direto, 89
        4.5.1   Caracterização, 89
        4.5.2   Exemplo numa instituição de ensino, 90
Questões e exercícios, 92

5 Formas de Custeio: Custo Padrão e Custo de Reposição, 98
    5.1 Definição e características, 98
        5.1.1   Características, 99
        5.1.2   Custos orçados ou estimados, 99
    5.2 Finalidades do uso do custo padrão, 99
        5.2.1   Substituir o custo real, 100
        5.2.2   Formação de preços de venda, 101
        5.2.3   Acompanhamento da inflação interna da empresa, 101
    5.3 Tipos de padrão, 101
        5.3.1   Custo padrão ideal, 101
        5.3.2   Custo padrão corrente, 102
        5.3.3   Custo padrão baseado em dados passados, 102
    5.4 Custo padrão, custeamento por absorção e orçamento, 102
        5.4.1   Custo padrão para custos indiretos de fabricação (*overhead*), 103
        5.4.2   Nível de atividade, 103
        5.4.3   Orçamento, 103
    5.5 Construção do padrão, 104
        5.5.1   Materiais diretos, 104
        5.5.2   Mão de obra direta, 105
        5.5.3   Custo direto de fabricação, 106
        5.5.4   Custo indireto de fabricação, 108
        5.5.5   Depreciação direta, 109
    5.6 Ficha padrão ou ficha técnica, 110
        5.6.1   Responsabilidades, 110

5.6.2 Exemplo numérico, 111
5.7 Periodicidade da construção do padrão, 111
    5.7.1 Custo padrão mensal, 112
    5.7.2 Custo padrão numa data-base, 112
    5.7.3 Custo padrão em outras moedas, 112
    5.7.4 Custo padrão em data-base atualizado pela inflação interna da empresa, 112
5.8 Análise das variações, 112
    5.8.1 A equação fundamental de contabilidade de custos, 113
    5.8.2 Esquema genérico de análise das variações, 113
    5.8.3 Análise das variações de materiais diretos, 114
    5.8.4 Análise das variações do custo direto de fabricação, 116
    5.8.5 Análise das variações e administração por exceção, 116
    5.8.6 Análise das variações simplificada, 117
5.9 Considerações complementares, 117
    5.9.1 Custo padrão em novas tecnologias de produção e em *just in time*, 117
    5.9.2 Custo padrão e sistema de informação contábil, 118
5.10 Custo de reposição, 118
    5.10.1 Objetivos do custo de reposição, 118
    5.10.2 Validade do custo de reposição, 119
    5.10.3 Formação do custo de reposição de produtos e serviços, 119
    5.10.4 Exemplo numérico, 120
Questões e exercícios, 120

Parte II – APLICAÇÃO, 123

6 Estrutura Técnica para Custo de Serviços, 125
    6.1 Estrutura do serviço, 126
        6.1.1 Apresentação da estrutura do serviço, 126
        6.1.2 Custeamento da estrutura do serviço, 129
    6.2 Processo de execução, 130
        6.2.1 Apresentação do processo de execução, 132
        6.2.2 Custeamento do processo de execução, 132
    6.3 Equipamentos utilizados e conceito de depreciação a ser adotado, 136
        6.3.1 Cálculo da depreciação direta, 136
        6.3.2 Depreciação, aluguel e *leasing*, 138
    6.4 Serviços de terceiros, 138
    6.5 Serviços internos de apoio direto, 139
        6.5.1 Custo unitário dos serviços internos de apoio direto, 140
        6.5.2 Serviços internos de apoio direto, unidades de negócio e preços de transferência, 140

6.6 Custos indiretos, 141
    6.6.1 Incorporação dos setores de apoio ao custo unitário dos serviços, 143
    6.6.2 Critérios de alocação dos custos indiretos de apoio, 143
    6.6.3 Custeamento dos custos indiretos de apoio, 143
6.7 Custo unitário total do serviço, 144
6.8 A questão da capacidade, 145
    6.8.1 O que é capacidade, 146
    6.8.2 Onde a capacidade interfere: recursos de custos fixos, 147
    6.8.3 Nível de utilização de capacidade: ocupação, 148
    6.8.4 Procedimentos para incorporação da capacidade no custeamento unitário, 148
    6.8.5 Administração da capacidade, 150
6.9 Visão geral da estrutura técnica de custo de serviços e formação do preço de venda, 152
6.10 Formação do preço de venda, 156
Questões e exercícios, 158

7 Custeamento Unitário de Serviços, 159
7.1 Custo de serviço de mão de obra profissional, 159
7.2 Custo de serviço baseado em equipamento – passagem aérea, 161
7.3 Custos hospitalares, 163
    7.3.1 Caracterização da entidade hospitalar, 163
    7.3.2 Procedimento hospitalar, 165
    7.3.3 Visão geral de custeamento de procedimento hospitalar e formação de preços de venda, 166
    7.3.4 Utilização do custo padrão, 168
    7.3.5 Exemplo numérico, 168
7.4 Custos de hotelaria, 177
    7.4.1 Depreciação direta, 178
    7.4.2 Despesas departamentais, 179
    7.4.3 Custos absorvidos, 181
    7.4.4 Custo unitário dos serviços diretos, 181
    7.4.5 Construção do *mark-up*, 182
    7.4.6 Custo e preço de venda de uma diária, 183
7.5 Serviços de transporte e logística, 185
    7.5.1 Custo dos equipamentos diretos: transporte e movimentação, 186
    7.5.2 Procedimento para cálculo de carga fracionada, 187
    7.5.3 Custo das instalações diretas: armazenagem, 189
    7.5.4 Gastos departamentais, índice de absorção e custo unitário dos setores diretos, 193
    7.5.5 Exemplo de custo unitário e formação de preço de venda, 195

7.5.6 Gestão da logística, 197
Questões e exercícios, 197

8 **Formação e Gestão de Preços de Venda, 199**
  8.1 Motivos e objetivos para a decisão de preços, 199
    8.1.1 Motivos para a decisão de preços, 199
    8.1.2 Objetivos na decisão de preços, 200
  8.2 Modelos de decisão de preços, 200
  8.3 Formação de preços de venda a partir do mercado e teoria econômica, 201
    8.3.1 Custo meta, 201
    8.3.2 Valor percebido pelo consumidor, 202
  8.4 Formação de preços de venda a partir do custo, 203
    8.4.1 Formação de preços de venda a partir do custo e sua validade gerencial, 203
    8.4.2 Formação de preços de vendas e métodos de custeio, 204
    8.4.3 Formação de preços de venda e formas de custeio, 205
  8.5 Conceitos e elementos básicos para formação de preços de venda, 205
    8.5.1 Mutiplicador sobre os custos (*mark-up*), 205
    8.5.2 *Mark-up* II e situações tributárias, 206
    8.5.3 *Mark-up* e estrutura da demonstração de resultados, 207
    8.5.4 Tipos de *mark-up*, 209
  8.6 Margem de lucro desejada, 210
    8.6.1 Parâmetros externos para margem desejada, 211
    8.6.2 Tipos de margem e alíquota efetiva de tributos, 212
  8.7 Custo financeiro e custo de financiamento da venda, 213
  8.8 Determinação da margem desejada para o *mark-up*, 214
    8.8.1 Faturamento normativo, 215
    8.8.2 Margem de lucro desejada líquida dos impostos sobre o lucro, 217
    8.8.3 Determinação da margem desejada considerando o lucro operacional, 217
    8.8.4 Determinação da margem desejada considerando o Lucro Líquido para os acionistas, 218
  8.9 Exemplo numérico de Formação de Preço de Venda, 219
    8.9.1 Obtenção dos percentuais de despesas operacionais e custo financeiro, 220
    8.9.2 Preço de venda calculado, 221
    8.9.3 Construção do *mark-up*, 221
    8.9.4 Exemplo de formação dos preços de venda, 223
    8.9.5 Comprovação dos *mark-up* I e II, 223
  8.10 Determinação do *mark-up* a partir do custeamento variável, capital de giro por produto e retorno do investimento, 224

8.10.1 Determinação dos investimentos necessários para a operação e retorno a ser obtido, 226
8.10.2 Metodologia de cálculo de apuração do *mark-up*, 227
8.10.3 Consolidação na demonstração do resultado, 229
8.11 *Mark-up* e regimes tributários, 230
8.11.1 *Mark-up* com lucro real e PIS e COFINS não cumulativo, 233
8.11.2 *Mark-up* com lucro presumido e PIS e COFINS cumulativos, 235
8.11.3 *Mark-up* com o regime do SIMPLES, 237
8.12 Fundamento econômico para gestão de preços de venda: o modelo da margem de contribuição, 239
8.13 Aspectos adicionais na gestão de preços de venda, 241
8.13.1 Comparação de preços de venda, 241
8.13.2 Financiamento e impostos da venda, 242
8.13.3 Alterações nos preços de venda calculados, 243
Questões e exercícios, 244

9 Introdução à Precificação (*Pricing*), 246
9.1 Fundamentos da precificação, 247
9.1.1 Fatores de lucro, 248
9.1.2 Definição e efeitos da precificação, 249
9.1.3 Fundamentos da precificação, 250
9.1.4 Esquema básico do processo de preços e valores, 251
9.2 Modelo geral de decisão de preço de venda, 253
9.3 Estrutura e elementos da estratégia de precificação, 256
9.3.1 Conceituação e princípios, 256
9.3.2 Criação de valor, 257
9.3.3 Psicologia do consumidor, 260
9.3.4 O estrategista de preço, 261
9.4 Implementação na organização, 262
9.5 Modelo econômico de avaliação e simulação, 264
9.5.1 O modelo de margem de contribuição para precificação, 264
9.5.2 Análise dos efeitos da tomada de decisão, 266
9.5.3 Aplicando a simulação e ponto limítrofe, 268
9.6 Sistemas de informação e exemplos de aplicações de precificação, 269
9.6.1 Sistemas de informação de captura de dados do mercado e dos clientes, 269
9.6.2 *Softwares* para gestão diária dos preços de venda, 269
9.6.3 Exemplos de aplicações de precificação, 270
9.7 Efeitos da precificação em serviços, 271
Questões e exercícios, 272

10 Análises de Custos e Rentabilidade, 273
    10.1 Modelo geral de análise de custos e rentabilidade, 273
        10.1.1 Custos e despesas variáveis, margem de contribuição unitária e percentual, 275
        10.1.2 Custos e despesas diretas específicas dos serviços: margem de contribuição direta, 275
        10.1.3 Margem de contribuição direta total: a informação mais importante, 276
        10.1.4 Aplicação de simulação, 276
    10.2 Margem de Contribuição e Fatores Limitantes ou Restritivos, 277
        10.2.1 Fatores limitativos, 277
        10.2.2 Situação base, 278
        10.2.3 A situação da restrição, 278
        10.2.4 As decisões possíveis, 279
        10.2.5 Margem de contribuição por fator restritivo ou limitante, 281
    10.3 Margem de contribuição horária e otimização da capacidade produtiva, 284
        10.3.1 Análise da situação atual, 284
        10.3.2 Análise da capacidade produtiva sem restrições de demanda, 286
        10.3.3 Simulação com as quantidades máximas de produção por serviço, 286
        10.3.4 Restrição de demanda e *mix* de produtos, 289
    10.4 Custos para servir (*Cost to Serve*), 290
    10.5 Análise de rentabilidade multidimensional, 293
    10.6 Custo meta (*target costing*), 297
        10.6.1 Custo meta como conceito de custo unitário, 297
        10.6.2 Como cortar custos para se atingir o custo meta, 300
        10.6.3 Custo padrão *versus* custo meta, 301
    10.7 Retorno do investimento em empresas de serviços, 302
        10.7.1 Abordagens de mensuração do ROI: da empresa e do acionista, 302
        10.7.2 Exemplo numérico de análise de rentabilidade, 304
        10.7.3 Como caracterizar o valor do investimento e o resultado em empresas de serviços, 307
    Questões e exercícios, 312

Bibliografia, 315

Índice remissivo, 317

Introdução

Temos trabalhado com contabilidade de custos há muito tempo, com trabalhos escritos sobre o assunto, em consultoria empresarial e treinamentos profissionais. Durante todo esse tempo sentimos uma certa decepção por parte dos profissionais que trabalham nas empresas de serviços por não haver uma obra que tratasse diretamente do assunto.

A colocação da maior parte das pessoas envolvidas com custos de serviços era no sentido de que os livros sobre contabilidade de custos focam apenas as empresas industriais, deixando de lado as empresas comerciais e, principalmente, as empresas de serviços.

Hoje, a atividade de serviços é que tem a maior participação no PIB brasileiro e no mundo. Em 2011, a participação da atividade de serviços no PIB brasileiro chegou a 67%. Esse dado é suficiente para mostrar que essa atividade precisa ter a devida atenção nos meios acadêmicos, no tratamento dos diversos instrumentos de gestão empresarial, e, por que não, no âmbito da contabilidade de custos.

Além desse fator que nos motivou para estruturar este trabalho, também tínhamos convicção de que poderíamos contribuir para o tema em questão de forma abrangente e genérica. Nosso conhecimento e entendimento é que a estrutura teórica da contabilidade de custos no ramo industrial podia e pode ser transplantada normalmente para a atividade de serviços.

Dentro dessa linha de pensamento, desenvolvemos um estudo e, no nosso entendimento, conseguimos montar uma estrutura básica para o custeamento unitário de serviços, que se adapta a qualquer modalidade e tipos de serviços.

Com essa estrutura montada, conseguimos fazer diversos exemplos numéricos adaptados a diversos tipos de empresas de serviços.

O nosso trabalho foca o processo de custeamento unitário de serviços e a formação de preços de venda. Nossa proposta não tem o objetivo básico de discutir ou como fazer a gestão de empresas de serviços, nem tampouco trabalhar com as questões mercadológicas desse tipo de atividade. O objetivo central é dar um arcabouço geral para a contabilidade de custos em empresas de serviços, tendo como referência o processo de custeamento unitário e a formação de preços de venda.

Tomamos como referência empresas de serviços gerais e excluímos de nosso trabalho abordagens sobre serviços nas áreas públicas, de seguros e financeiras.

Esperamos que o trabalho tenha utilidade para os profissionais da área e que possa contribuir também para os docentes que trabalham com as disciplinas de custos.

Queremos agradecer primeiramente a Veridiana Aparecida Cason, que nos permitiu entender um pouco mais sobre a atividade hospitalar, que é, no segmento de serviços, provavelmente a mais complexa. Queremos também agradecer à Tâmara de Jesus Lira e à Ariane Felippe Padoveze pelo auxílio na elaboração de várias figuras, e aos demais colegas, aqui não citados, com os quais tivemos a oportunidade de discutir o tema.

Gostaríamos de contar com as sugestões dos colegas para podermos ampliar o trabalho nas próximas edições.

Clóvis Luís Padoveze
<cpadoveze@yahoo.com.br>
<http://professorfrancotakakura.blogspot.com/>

Franco Kaolu Takakura Junior
<francotakakura@ig.com.br>

Parte I
Fundamentos

1

Empresas de Serviços

Este capítulo destina-se a apresentar os aspectos genéricos e introdutórios sobre empresas de serviços, abordando as suas características e principais classificações.

1.1 DEFINIÇÃO E CARACTERIZAÇÃO

Pode-se definir serviços como o conjunto de atividades que se desenvolvem principalmente nos centros urbanos e que diferem das atividades industriais, comerciais e agropecuárias. Correspondem ao chamado setor terciário da economia e são representados principalmente pelas atividades de comércio, transportes, publicidade, computação, telecomunicações, educação, saúde, recreação, setor financeiro e seguros e administração pública. Muitas das atividades classificadas como serviços são, na verdade, extensões das atividades produtivas, como a agricultura, a indústria e a mineração.[1]

Segundo Kotler,[2] um serviço é qualquer ato ou desempenho essencialmente intangível que uma parte pode oferecer a outra e que não tem como resultado a propriedade de algo. A execução de um serviço pode estar ou não ligada a um produto físico.

---

[1] Extraído de SANDRONI, Paulo. *Novíssimo Dicionário de Economia*. 6. ed. São Paulo: Best Seller, 1999.

[2] KOTLER, Philip. *Administração de marketing*. 3. ed. São Paulo: Atlas, 1994. p. 538-556.

Nosso trabalho foca as empresas prestadoras de serviços com fins lucrativos. Assim, as atividades governamentais, que são essencialmente prestadoras de serviços, não serão contempladas neste livro, mesmo que os princípios básicos que serão apresentados sejam os mesmos.

1.1.1 Características

São as seguintes, também segundo Kotler:

a) *Intangibilidade*: diferentemente dos produtos físicos, não podem ser vistos, sentidos, provados, ouvidos ou cheirados, antes de serem comprados.
b) *Inseparabilidade*: os serviços são produzidos e consumidos ao mesmo tempo.
c) *Variabilidade:* são altamente variáveis à medida que dependem de quem os executa e de quando e onde são executados.
d) *Perecibilidade*: os serviços não podem ser estocados.

A característica de perecibilidade e a não condição de estocagem está relacionada com o serviço final. Os materiais diretos fornecidos com os serviços (refeições, utensílios de conforto em voos etc.) e equipamentos de apoio ou execução dos serviços são estocáveis naturalmente.[3]

1.1.2 A questão da estocagem e utilização da capacidade

As características de inseparabilidade e perecibilidade deixam mais claro uma das diferenças fundamentais entre o comércio e a indústria e o ramo de serviços. Todas as atividades empresariais têm em comum a questão de utilização da capacidade.

Todo empreendimento é estruturado inicialmente em cima de um volume previsto, objetivando a otimização dos custos fixos e atender ao mercado a que se destina. O volume previsto indica o montante de investimento para operacionalizar a capacidade esperada.

Quando se está ocupando toda a capacidade instalada, o custo médio dos produtos e serviços alcança o seu menor valor. Quando não há a utilização da capacidade, o custo médio aumenta, quanto menos se ocupa a capacidade.

As empresas comerciais e industriais têm uma solução temporária para essa situação de redução de uso da capacidade instalada: elas podem estocar suas

---

[3] CORRÊA, Henrique L.; CAON, Mauro. *Gestão de serviços*. São Paulo: Atlas, 2011. p. 79.

mercadorias ou produtos intermediários e finais. Já as empresas de serviços não o podem fazer.

Assim, se houver a redução da demanda de mercadorias numa empresa comercial, com um aumento dos recursos financeiros para o capital de giro, pode-se manter o estoque de mercadorias por um bom período de tempo, já que a maioria dos produtos não são perecíveis. O mesmo acontece com a indústria. Em havendo queda da demanda, elas podem, por determinados períodos de tempo, continuar a manter o ritmo de produção, fazendo estoques de componentes e de produtos finais, à espera da retomada da demanda normal, bastando, para isso, ter recursos financeiros para bancar o capital de giro adicional.

Isso não é possível para as empresas de serviços, uma vez que os serviços são produzidos e consumidos ao mesmo tempo, e, automaticamente, não podem ser estocados. Dessa maneira, a questão da ocupação da capacidade da empresa ou pessoa prestadora de serviços é a questão central para obtenção da rentabilidade desejada.

A não ocupação parcial da capacidade conduz imediatamente a resultados menores, e, dependendo do grau de ociosidade, a prejuízos significativos. *A receita dos serviços depende basicamente do tempo*. Tempo parado, não produtivo, em serviços é perda de receita e perda de rentabilidade.

Por exemplo, um profissional liberal que tem 160 horas disponíveis para trabalho, a um preço de venda de $ 200,00 a hora, teria uma receita bruta mensal possível de $ 32.000,00. Caso não ocupe, digamos, 60 horas do seu tempo total disponível, só conseguirá gerar receita bruta no mês de $ 20.000,00.

Dessa maneira, a administração do tempo e do preço dos serviços é uma variável fundamental. Se o profissional liberal aceitar um preço menor por hora trabalhada, digamos, a metade, e ocupe com isso as 60 horas restantes, terá agora uma receita bruta no mês de $ 26.000,00, que será formado por 100 horas a $ 200,00/hora e 60 horas por $ 100,00/hora. Assim, a administração dos preços de venda dos serviços, em função da perecibilidade e impossibilidade de estocagem, não pode ser desvinculada da gestão dos seus custos.

1.2 TIPOS DE SERVIÇOS

A variedade de tipos de serviços é muito grande. Segundo Kotler, uma classificação genérica e básica pode assim ser feita:

I – Serviços Baseados em Pessoas
- Trabalhadores inexperientes – Exemplos: serviços de jardinagem, serviços de portaria, serviços de limpeza.

- Trabalhadores experientes – Exemplos: serviços de encanador, serviços de alimentação.
- Profissionais – Exemplos: advogados, contadores, consultores técnicos.

II – *Serviços Baseados em Equipamentos*
- Automatizados – Exemplos: lavagem automática de carros, máquinas automáticas de vendas.
- Monitorados por operadores não experientes – Exemplos: cinema, teatro, táxis.
- Monitorados por operadores experientes – Exemplos: escavadoras, aviões.

Essa classificação é fundamental para o processo de custeamento unitário dos produtos e serviços. Os serviços baseados em pessoas têm seus custos formados basicamente pelo valor da mão de obra e seus respectivos encargos sociais, mais despesas para operacionalizar os serviços.

Os serviços baseados em equipamentos incorporam o custo da depreciação desses equipamentos. Em alguns casos, o custo da depreciação dos equipamentos é o maior custo desse tipo de serviços, como nos serviços de transportes, aviação etc. Dessa maneira, o custeamento unitário dos serviços baseados em equipamentos deve contemplar, adequadamente, os conceitos de depreciação em função do tempo despendido na execução de cada serviço.

1.2.1 Materiais aplicados em serviços

Tanto os serviços baseados em pessoas como os serviços baseados em equipamentos podem conter a aplicação de materiais, sejam eles diretos ou indiretos. Em muitos casos, os materiais podem representar os principais valores da formação do custo unitário dos serviços.

Um serviço odontológico normalmente incorpora vários materiais na sua execução, dependendo do procedimento necessário, o mesmo acontecendo com serviços hospitalares. Normalmente, nesses casos, são materiais diretos. Os serviços de transporte também necessitam de materiais, como combustíveis e lubrificantes ou reposição de peças. Alguns materiais são diretos, outros indiretos, como os de manutenção dos veículos. As refeições são exemplos clássicos de serviços baseados em pessoas e materiais, tanto diretos, como os ingredientes da refeição ou lanche, como indiretos, para operar os equipamentos (óleos, gás, energia elétrica etc.).

1.2.2 Bens e serviços

Em termos objetivos, tanto os bens quanto os serviços prestam serviços. Em outras palavras, quando estamos comprando um bem, uma mercadoria, estamos comprando o serviço que o bem nos dá, e não o bem físico que estamos recebendo. Assim, ao comprarmos uma televisão, não estamos, de fato, comprando um bem, a tevê; estamos comprando o serviço que ela oferece, ou seja, a possibilidade de nos divertirmos assistindo aos programas que nos interessam.

Também conforme Kotler, já referenciado, uma oferta de uma empresa ao mercado geralmente inclui alguns serviços. O componente serviço pode ser ou não uma parte importante nessa oferta. Na verdade, ela pode ser um bem ou um serviço, que pode ser classificado em quatro categorias:

1. *Um bem tangível*: onde a oferta consiste objetivamente num único bem, como um sabão, um pacote de macarrão, onde nenhum serviço acompanha o produto.
2. *Um bem tangível acompanhado de serviços*: para ampliar o apelo de consumo, o ofertante incorpora um ou mais serviços ao bem tangível sendo vendido, tais como a venda de veículos com garantia e financiamento bancário, equipamentos com os serviços de instalação na residência ou empresa.
3. *Um serviço principal acompanhando bens e serviços secundários*: junto com o serviço adquirido, existe a oferta de outros bens e serviços, tais como passagens aéreas, que contemplam os serviços de bordo.
4. *Um serviço*: quando a oferta é fundamentalmente de mão de obra, tais como consultas médicas, massagens, consultorias etc.

1.2.3 Serviços complexos ou ampliados

Determinados tipos de serviços compreendem, na realidade, um complexo de serviços que são prestados conjuntamente. Os exemplos mais claros são os serviços hospitalares e de hotelaria.

Quando um paciente vai ser submetido a um procedimento médico, esse procedimento pode envolver uma série de outros serviços necessários, tais como consultas, diagnósticos por equipamentos, exames de materiais do paciente, como exame de sangue etc., aplicação de medicamentos, alimentação, internação etc.

Exemplo similar são os serviços de hotelaria, onde, além da hospedagem pura e simples, há os serviços de translado, de refeições, de utilização de salas de negócios etc.

Nesses casos, o custo unitário de determinado serviço complexo é composto, na realidade, da somatória de vários serviços que são prestados conjuntamente, e que devem ter seus custos unitários apurados especificamente, para formar o custo unitário total do serviço complexo que será cobrado ao cliente.

1.3 PROCESSOS OPERACIONAIS

Os serviços podem ser classificados em relação aos seus processos operacionais básicos em processamento contínuo e processamento por encomenda.[4] São exemplos:

I – *Processamento contínuo*
- Bancos e financeiras
- Escolas
- Teatros
- Hotéis
- Hospitais
- Serviços contábeis
- Empresas de seguros
- Empresas aéreas
- Empresas de telefonia
- Empresas de transporte de passageiros
- Alimentação padronizada (rápida)

II – *Processamento por encomenda ou pedido*
- Consultorias
- Agências de publicidade
- Serviços de profissionais liberais
- Restaurantes à la carte
- Oficina de reparos de veículos ou equipamentos

Essa classificação é uma classificação genérica, uma vez que, mesmo em empresas de serviços de processo contínuo, poderá haver sempre uma especificidade por cliente ou serviço prestado, em função do conceito de serviço complexo ou ampliado, ou em razão das adaptações para o cliente e o momento do serviço prestado.

---

[4] Extraído do Boletim IOB 21/2000, Temática Contábil e Balanços.

Processo contínuo de crescimento

Com base nas considerações anteriores, é possível considerar que as estruturas dos serviços têm base em uma posição específica na operação. Observam-se dois contínuos úteis para tipificar operações de manufatura: os contínuos de volume e variedade. Está evidente que serviços são demasiados múltiplos para permitir tratamento uniforme. São, entretanto, bastante diferentes em termos da abordagem que se deveria ter na gestão de suas operações. Temos operações em diferentes pontos contínuos, mesmo dentro de um mesmo setor industrial. A Figura 1.1 descreve diferentes exemplos de operações de vários setores industriais em diferentes pontos desses contínuos.

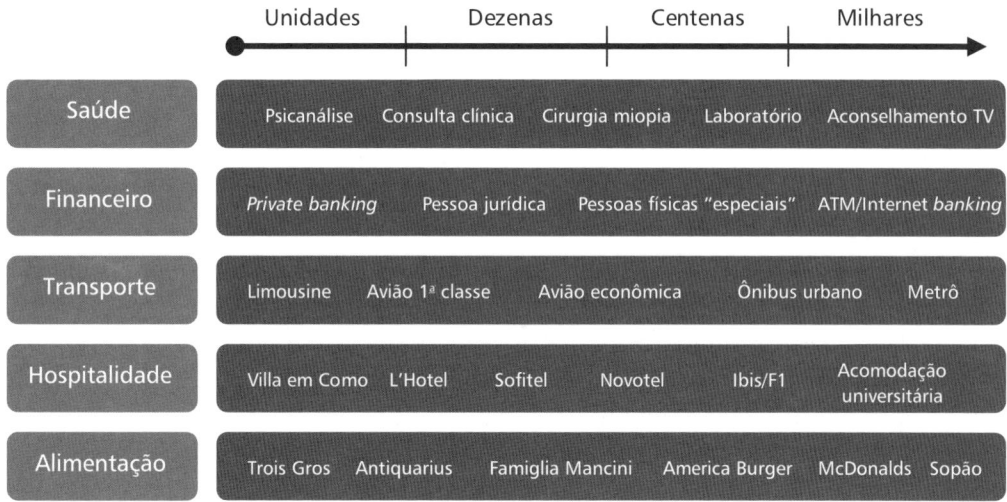

Fonte: Corrêa e Caon (2002, p. 35).

Figura 1.1 *Contínuo de volumes diferenciando operações de serviços.*

Essa constatação significa que em geral há certa tendência relacionada com o número de clientes servidos por um dia numa unidade típica, das unidades de operações de serviços, diferenciadas em variáveis como: nível de personalização, no qual a prestação de serviço altera seu pacote de serviço para adequar-se mais precisamente às particularidades, necessidades e desejos de clientes individuais; intensidade de contato, sendo que riqueza e volume de informações trocadas em ambos os sentidos, prestador de serviço e cliente ocorre durante o processo de atendimento; ênfase em pessoas ou equipamentos, quando esses intensivos em tecnologia favorecem economia de escala (CORRÊA; CAON, 2002).

O autor afirma que essas constatações significam que em geral há certa tendência, correlacionada com o número de clientes servidos por dia numa unidade típica, de que as unidades de operações prestadoras de serviços diferenciaram-se em termos de variáveis como:

a) nível de personalização (customização): ocorre à medida que a unidade de prestação de serviço altera seu pacote de serviços para adequar-se mais precisamente às particularidades, necessidade e desejos de clientes individuais;

b) a intensidade de contato: riqueza e volume de informações trocadas em ambos os sentidos entre prestador de serviço e cliente (embora o fluxo do cliente para o prestador seja um determinante muito mais relevante para essa caracterização), durante o processo de atendimento.

As duas últimas variáveis são relacionadas com ênfase em pessoas ou equipamentos em geral. Equipamentos e recursos intensivos em tecnologia favorecem economias de escalas, como citados anteriormente. Serviços intensivos no uso de pessoas tendem a ser menos diferentes; a outra variável é a predominância de atividades de retorno ou frente de trabalho, que enfatiza a fase de atividades. As operações podem beneficiar-se do maior nível de padronização, controle e previsibilidade que essas atividades apresentam.

Concluem Corrêa e Caon (2002) que se tentarmos correlacionar a variação do volume de clientes atendidos por dia numa unidade prestadora de serviços típica com as variações nos quatro aspectos apresentados, notaremos que se começa a definir um gráfico em que a diagonal principal define posições de um contínuo viável. Posições fora dessa diagonal, pelo menos dado determinado patamar tecnológico, não parecem sustentar-se tanto do ponto de vista de possibilidade como de viabilidade. Parece, por exemplo, impossível atender a milhares de pessoas numa unidade prestadora de serviço de forma altamente customizada e parece não fazer muito sentido, do ponto de vista econômico, atender pouquíssimos clientes por dia utilizando intensamente tecnologia e procedimento padronizado.

1.4 CLASSIFICAÇÕES GERAIS DOS SERVIÇOS

A classificação de serviços é dada pelos tipos de serviços existentes com características e especialidades personalizadas conforme o seu ramo de atuação. Temos uma classificação gerencial, abordada pelos doutrinadores, artigos e pesquisas.

Especificamente no Brasil, temos uma classificação de serviços estabelecida pelo Instituto Nacional de Propriedade Industrial que classifica produtos e serviços separadamente. Essa classificação é separada por ramo de atuação e características de sua essencialidade. Apresentamos a seguir as classificações gerenciais e pelo INPI.

1.4.1 Classificação pelo INPI

A Classificação foi instituída pelo Ato Normativo 51, de 1981, e já existem estudos em andamento para sua atualização, conforme o Instituto Nacional de Propriedade Industrial (INPI).

De acordo com a classificação Nacional de Produtos e serviços de 1981 (existem estudos para a sua atualização), existem 41 classes ao total, dentre estas, 35 que são responsáveis pela classificação dos produtos, e as seis restantes, que são responsáveis pela classificação dos serviços. A classificação de serviços está disposta da seguinte maneira:

1. Inicia-se com a classificação de número 36, que compreende os serviços envolvidos com finanças e capital no geral. Essa classe pode estar ligada diretamente ou indiretamente às finanças ou sistema monetário. Ou seja, serviços bancários em geral, seguro, resseguro, capitalização, previdência privada, cartão de crédito e serviços auxiliares das atividades financeiras, incluindo-se nessa categoria as sociedades de arrendamento mercantil (*leasing*) e cooperativas de crédito, excluindo-se os sorteios e consórcios.

2. Na classe 37, há uma mescla de serviços intelectuais e táticos (medianos), onde são elencados serviços onde só se usa o intelecto e outros que utilizam o intelecto com a execução operacional. São mencionados como: serviços de arquitetura, engenharia, desenho técnico, construção civil, estudo e representação gráfica da origem, formação, evolução e transformação do globo terrestre, prospecção, paisagismo, decoração, florestamento, reflorestamento, urbanismo, desenho artístico, meteorologia, astronomia, composição gráfica, reparação, conservação, montagem e limpeza em geral, distribuição de água, luz, gás e esgoto e serviços auxiliares às atividades agropecuárias, incluindo-se os serviços de clicheria, zincografia, litografia, linotipia, "*silkscreens*" e outros serviços similares, assim como serviços de cromagem, douração, galvanização, vitrificação e quaisquer formas de beneficiamento de materiais, que não se confundam com serviços de reparação e serviços de pulverização, preparação de terra, colheitas, exceto os de transporte e armazenagem

3. A classe 38 está focada na comunicação, hospedagem e alimentação, interligada com o turismo e entretenimento. Nos serviços específicos dessa classe, entende-se que as agências de turismo não entram nessa classificação, apenas os serviços indiretos às agências. Por exemplo, serviços de comunicação, publicidade, propaganda, transporte, armazenagem, serviços de malote e de entregas domiciliares em geral, exceto os de correspondência, serviços prestados pelas transportadoras

turísticas, agências de viagens e *camping*, não incluindo os serviços que visem exclusivamente a venda de passagens.

4. Em seguida está a classe 39, destinada às áreas biológicas, serviços voltados para a vida, tanto dos humanos como a do ecossistema. Compreende serviços médicos, odontológicos, veterinários e de psicologia, fisioterapia, fonoaudiologia, assistência social, biologia e auxiliares. Incluem-se os serviços de farmacêutica, radiológica, bem como os serviços de enfermagem e similares serviços específicos de biologia, tais como ecologia, botânica, zoologia, zootecnia. Serviços de fisioterapia cuja finalidade seja exclusivamente voltada à reabilitação ou recuperação física em geral, com orientação técnica, excluindo-se os serviços de estética pessoal. Os serviços incluídos nessa classe podem ser prestados em clínicas, hospitais, casas de saúde, ambulatórios, laboratórios e assemelhados, e podem ser de natureza de análise clínica, farmacêutica, radiológica, bem como os serviços de enfermagem e similares.

5. A classe 40 é um consolidado que não está mencionado nas demais classes, em que os principais mencionados são ligados a serviço de administração em geral, contabilidade e os ligados indiretamente a finanças, saúde e entretenimento. Essa classe compreende serviços não previstos nas classes 36, 37, 38, 39 e 41, isto é, serviços de administração, locação e auxiliares ao comércio de bens imóveis. Incluem-se, também, serviços de despachos e desembaraços de mercadorias relativas à comercialização externa, administração de consórcios e administração de bens móveis em geral. E ainda serviços de agenciamento, treinamento e fornecimento de mão de obra prestada por profissionais especializados e não especializados, tais como tradutores e intérpretes. Serviços de assessoria econômico-financeira, de organização e administração de empresas, auditoria contábil, contabilidade e de despachante em geral. Excluem-se os serviços de despachantes, cujos serviços forem de apoio à comercialização internacional. Serviços de análise e processamento de dados, de avaliação, perícia e de leilão, serviços de pesquisa de mercado e de opinião, assim como serviços de vigilância, segurança e investigação. Serviços de criação e confecção, sob encomenda, de artigos do vestuário em geral e de cama e mesa. Serviços de estética pessoal, massagens e congêneres, que não tenham por finalidade reabilitação ou recuperação física. Serviços de cartório, taxidermia, adestramento e alojamento de animais, excluindo-se os serviços de veterinários e auxiliares. Serviços funerários, como cremação e embalsamento. Todos os serviços desenvolvidos acima podem envolver execução, auditoria e planejamento, desde que vinculados aos serviços previstos.

6. Por fim, a classe 41 de serviços destina-se à educação de qualquer natureza e grau de forma voluntária ou onerosa que esteja centrada na

transmissão de um conhecimento. Conhecidas como serviços de ensino e de educação de qualquer natureza e grau, diversão, sorteio, jogo, organização de espetáculos em geral, de congresso e de feira e outros serviços prestados sem finalidade lucrativa ou de natureza filantrópica. Inclui-se os espetáculos teatrais, circenses, musicais, esportivos, cinematográficos, a organização, bem como a promoção e publicidade dos espetáculos. Serviços prestados por entidades e órgãos previstos acima destinados ao público em geral, a título oneroso. Serviços prestados por clube social, cultural esportivo ou recreativo, sem finalidade lucrativa, e cujos serviços se destinem unicamente ao seu quadro social, serviços prestados por clubes de serviços, associações de bairros, associações religiosas e entidades similares.

Constata-se que há uma regulamentação vigente, onde separam-se por classe os serviços conforme o segmento. Os serviços não mencionados pelo INPI estão em um grupo generalizado. Essa divisão propõe de forma indireta um grau de importância e de valores dos serviços.

1.4.2 Classificação gerencial

Conforme Hoffman e Bateson (2003), a administração desenvolveu esquemas de classificação para facilitar o entendimento de todos os produtos diferentes que compartilham características semelhantes. Os esquemas de classificação aplicados unicamente a serviços também foram desenvolvidos para facilitar nosso entendimento do que têm em comum os diferentes tipos de operações de serviços.

As categorias de classificação típicas expandem e fornecem exemplos de empresas de serviços que se adaptam a cada cenário.

As classificações tradicionais de serviços se dividem em:

Grau de tangibilidade:
- Bens próprios;
- Bens alugados;
- Serviços puros.

Nível de habilidade do provedor de serviços:
- Profissional;
- Não profissional.

Intensidade de Recursos Humanos:
- Baseado em pessoas;
- Baseado em equipamentos.

Grau de contato com o cliente:
- Alto;
- Baixo.

Meta do provedor de serviços:
- Lucro;
- Sem lucro.

1.5 SERVIÇOS NA ECONOMIA BRASILEIRA

O setor de serviços responde por dois terços da riqueza do Brasil, medida pelo PIB – Produto Interno Bruto. Todas as empresas que não se enquadram no setor de agronegócios e no setor industrial são classificadas como empresas de serviços.

1.5.1 Participação no PIB

A participação do setor de serviços na economia brasileira em 2012 atingiu a marca de 67,0%, de acordo com os dados do IBGE, conforme apresentado na Figura 1.2.

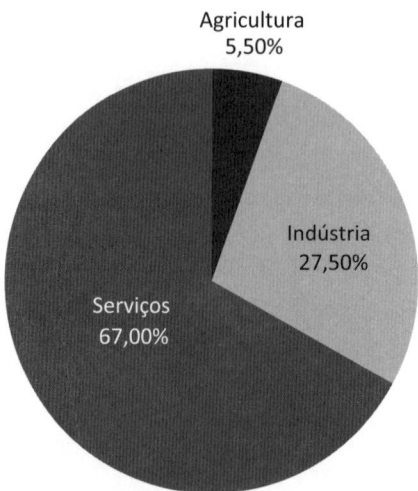

Figura 1.2 *Serviços na economia brasileira*.

A Figura 1.3 mostra a comparação da participação dos serviços na economia brasileira com os principais países desenvolvidos.

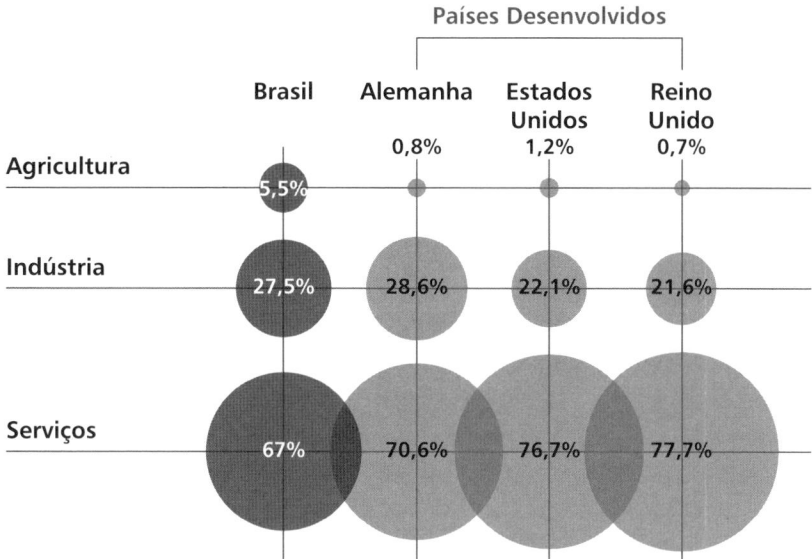

Fonte: *Exame*. Melhores e maiores – As 1.000 maiores empresas do Brasil. São Paulo: Abril, edição 1019E, jul. 2012, p. 91.

Figura 1.3 *Participação de serviços no PIB 2011*.

Fica claro que o nível de participação de serviços na economia brasileira já atingiu um patamar elevado, mas que ainda há espaço para crescimento, quando comparado com países caracterizados como mais desenvolvidos, onde a participação fica ao redor de 77%.

1.5.2 Principais dados financeiros

As figuras apresentadas a seguir mostram aspectos financeiros relevantes das empresas de serviços no país.[5]

A Figura 1.4 mostra o crescimento das vendas nos últimos anos comparando as empresas de diversos setores com as empresas dos setores de serviços. Os dados mostram uma expansão caracterizada como regular e sustentável.

---

[5] Dados extraídos da revista *Exame*, As mil maiores empresas do Brasil, edição 1019E, jul. 2012.

Crescimento das Vendas
Evolução anual, já descontada a inflação – em R$

	SETORES	2008	2009	2010	2011
1	Atacado	2,3	– 2,2	8,6	15,9
2	Autoindústria	0,5	– 19,0	5,4	– 0,5
3	Bens de Capital	8,5	– 6,5	8,3	5,5
4	Bens de Consumo	3,4	– 5,6	9,1	1,8
5	Eletroeletrônico	– 3,3	– 7,6	8,6	1,3
6	Energia	– 1,7	– 0,2	4,2	0,7
7	Farmacêutico	– 4,8	7,4	7,3	0,9
8	Indústria da Construção	45,8	11,4	11,3	– 0,9
9	Indústria Digital	– 3,7	3,1	5,0	– 1,3
10	Mineração	10,3	– 21,8	36,3	6,2
11	Papel e Celulose	– 0,9	– 10,9	9,1	– 0,1
12	Química e Petroquímica	5,6	– 17,3	4,1	5,7
13	Serviços	3,9	6,4	9,3	5,9
14	Siderurgia e Metalurgia	0,1	– 27,5	15,7	– 3,2
15	Telecomunicações	0,4	– 1,9	– 3,5	1,1
16	Têxteis	– 1,6	– 4,8	13,6	7,1
17	Transportes	1,2	– 5,2	10,6	5,7
18	Varejo	2,7	4,2	11,2	6,1
	Mediana dos setores	0,9	– 5,0	8,9	1,6

Fonte: *Exame*. Melhores e Maiores – As 1.000 maiores empresas do Brasil. São Paulo: Abril, edição 1019E, jul. 2012, p. 476.

Figura 1.4   *Crescimento de vendas.*

Verifica-se que o crescimento das vendas das empresas de serviços tem sido superior à mediana dos setores nos períodos analisados.

A Figura 1.5 mostra a rentabilidade média de todas as empresas analisadas pela revista nos últimos dez anos. Verifica-se que o ano que apresentou maior rentabilidade foi o ano de 2003, com 12,4% de rentabilidade anual.

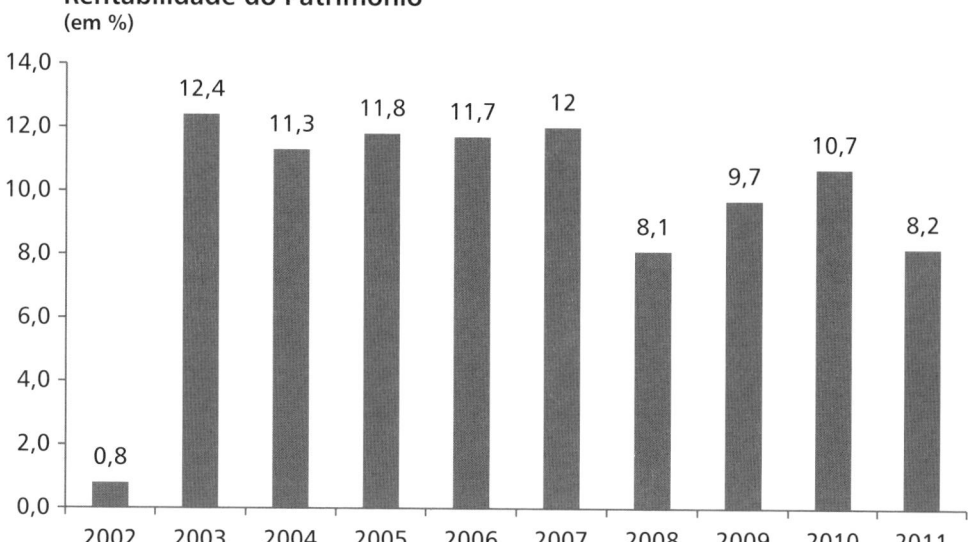

Fonte: *Exame*. Melhores e Maiores – As 1.000 maiores empresas do Brasil. São Paulo: Abril, jul. 2012, p. 59.

Figura 1.5 *Rentabilidade do patrimônio.*

A Figura 1.6 mostra a rentabilidade média das empresas de serviços em geral nos últimos quatro anos.

Rentabilidade do Patrimônio

Lucro líquido ajustado após IR sobre patrimônio líquido ajustado – em %

	SETORES	2008	2009	2010	2011
1	Atacado	11,0	16,3	11,7	11,7
2	Autoindústria	11,4	12,1	17,6	14,0
3	Bens de Capital	11,5	18,1	17,8	7,4
4	Bens de Consumo	3,6	15,9	16,5	10,5
5	Eletroeletrônico	0,8	9,6	10,2	8,4
6	Energia	13,1	12,9	15,7	12,4
7	Farmacêutico	9,1	16,0	18,9	14,5
8	Indústria da Construção	9,7	16,0	11,7	9,4
9	Indústria Digital	4,6	7,5	5,4	8,0
10	Mineração	32,5	14,2	18,9	11,7
11	Papel e Celulose	-2,5	18,6	9,5	3,4
12	Química e Petroquímica	4,3	6,3	4,5	6,3
13	Serviços	12,2	12,1	15,9	13,8
14	Siderurgia e Metalurgia	10,5	11,9	6,0	0,8
15	Telecomunicações	8,0	9,0	8,9	5,2
16	Têxteis	8,8	8,2	8,4	8,6
17	Transportes	7,2	17,1	17,0	10,9
18	Varejo	7,7	12,7	12,5	9,7
	Mediana dos setores	9,0	12,8	12,1	9,6

Fonte: *Exame*. Melhores e Maiores – As 1.000 maiores empresas do Brasil. São Paulo: Abril, edição 1019E, jul. 2012, p. 478.

Figura 1.6   *Rentabilidade do patrimônio.*

Os dados permitem inferir que o setor consegue manter uma rentabilidade muito boa de forma permanente ao longo dos anos, tendo rentabilidades superiores à mediana dos setores, bem como em relação à rentabilidade média de todas as empresas.

1.5.3 Empresas de serviços

A classificação no setor de serviços abrange um grande número de atividades, desde o comércio, como o varejo e o atacado, até empresas de serviços baseadas fundamentalmente em mão de obra, como a indústria de serviços digitais.

O Quadro 1.1 mostra alguns exemplos de empresas brasileiras classificadas como empresas de serviços, extraído da revista *Exame*.

Quadro 1.1 Empresas de serviços na economia brasileira – exemplos.

Tipos de Serviços	Empresas
Atacado	Ipiranga, Columbia Trading, BR Distribuidora, Cotia Trading
Energia	CPFL, AES Tietê, Eletropaulo
Construção Civil	Odebrecht, MRV, Brookfield
Indústria Digital	TOTVS, Stefanini, UOL
Serviços em Geral	Cielo, Redecard, Serasa, Hospital Albert Einstein, Sapore, Infraero, Sabesp, Nova Dutra, Autoban, Unimed, Correios, Amil, Localiza
Telecomunicações	Vivo, TIM, Oi, Telefonica, Net, Claro, Embratel
Transportes	MRS Logística, Transpetro, ALL, TAM, GOL, Metrô, Rapidão Cometa, Prosegur
Varejo	Renner, Lojas Americanas, Leader, Lojas Cem, Pague Menos, Casas Bahia, Pão de Açúcar, Magazine Luiza, B2W, Dpaschoal, Droga Raia, Livraria Saraiva

Daremos ênfase em nosso trabalho para alguns setores de serviços, tais como hospitais, hotelaria, transporte e logística.

QUESTÕES E EXERCÍCIOS

1. Uma série de produtos e serviços de consumo estão listados a seguir. Baseado na caracterização de serviços, classifique-os em serviços ou produtos.

	Serviço	Produto
Alimentação industrial	( )	( )
Lanche McDonald's	( )	( )
Terno	( )	( )
Terno feito em Alfaiate	( )	( )
Terno apenas manufaturado em Alfaiate	( )	( )
Consulta médica	( )	( )
Livro	( )	( )
Móveis feitos por encomenda	( )	( )
Impressos genéricos	( )	( )
Impressos individualizados (Ex.: nota fiscal)	( )	( )

Parque de Diversões ( ) ( )
Prótese Dentária ( ) ( )
Aparelho Auditivo ( ) ( )
Vestido de Noiva ( ) ( )
Seguro de Automóvel ( ) ( )

2. Classifique os serviços listados a seguir em serviços baseados em equipamentos ou serviços baseados em pessoas.

Transporte urbano – ônibus ( ) ( )
Metrô ( ) ( )
Refeições ( ) ( )
Consultoria tributária ( ) ( )
Auditoria externa ( ) ( )
Exame de tomografia ( ) ( )
Armazenagem em logística ( ) ( )
Frete ( ) ( )
Dentista ( ) ( )

2

Fundamentos de Custos

Neste capítulo desenvolveremos os conceitos que fundamentam a contabilidade de custos, compreendendo as terminologias básicas, as principais classificações, os procedimentos de mensuração dos principais recursos e a estrutura básica geral da contabilidade de custos.

2.1 DEFINIÇÕES E TERMINOLOGIAS BÁSICAS

Podemos definir genericamente custos como a mensuração econômica dos recursos utilizados para as operações da empresa. O resultado das operações é a geração de produtos e serviços. Assim, podemos definir que receita é a mensuração econômica dos produtos e serviços obtidos pelas operações da empresa.

A palavra *custos* é utilizada para um sem-número de colocações, tanto em âmbito empresarial quanto em âmbito social. Assim, é importante saber que, para determinados objetivos, as palavras custos, despesas, gastos, dispêndios, consumo etc. são aplicadas muitas vezes para a mesma coisa.

Uma outra definição conceitual de custos é que "custos é o sacrifício de recursos". Essa conceituação está em linha com a abordagem sistêmica ou teoria dos sistemas, onde a empresa, por ser um sistema aberto, processa recursos, que entram no sistema, para dar saída dos produtos e serviços.

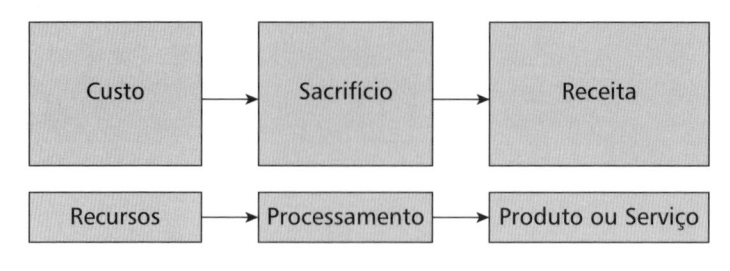

```
┌─────────┐     ┌───────────┐      ┌─────────┐
│  Custo  │ ──▶ │ Sacrifício│ ───▶ │ Receita │
└─────────┘     └───────────┘      └─────────┘

┌─────────┐     ┌──────────────┐   ┌──────────────────┐
│ Recursos│ ──▶ │ Processamento│──▶│ Produto ou Serviço│
└─────────┘     └──────────────┘   └──────────────────┘
```

PROCESSO SISTÊMICO

Custo: mensuração econômica dos recursos
Receita: mensuração econômica do produto ou serviço

Figura 2.1   *Custos no enfoque sistêmico.*

Em termos contábeis, das práticas internacionais de contabilidade, e em termos tributários no Brasil, os gastos da empresa são classificados em custos, despesas e investimentos. Assim, a palavra *gastos* é utilizada para afirmativas genéricas, quando não se quer especificar que tipo de dispêndio está ocorrendo.

Na terminologia contábil, *custos* são os gastos da área fabril, se indústria, e da área operacional, se serviços. São os gastos que são necessários para gerar os produtos e serviços. No comércio, o único custo é o custo da mercadoria vendida. Na terminologia contábil, os gastos administrativos, comerciais, financeiros e tributários são denominados *despesas*, para qualquer tipo de atividade.

Conceitualmente, o custo das mercadorias, produtos e serviços, quando vendidos, transformam-se em despesas, uma vez que fazem parte da equação básica do lucro, que é receita (–) despesas.

Os investimentos são os gastos, além dos investimentos em outras empresas, que são classificados como imobilizados ou intangíveis. A característica básica desse tipo de gasto é que seu consumo é gradativo (exceto no caso de terrenos), e são contabilizados, posteriormente, como custo ou despesa, via procedimento de depreciação, amortização ou exaustão. Dessa maneira, a terminologia *gastos* abarca os custos, as despesas e os investimentos.

Em termos contábeis, os custos, as despesas e receitas têm a seguinte evidenciação na demonstração do resultado do exercício (DRE).

Quadro 2.1 *Demonstração do resultado do exercício e nomenclaturas contábeis.*

	Comércio	Indústria	Serviços	Nomenclatura Contábil
RECEITA OPERACIONAL LÍQUIDA	100.000	100.000	100.000	Receita
CUSTO DAS VENDAS	55.000	55.000	55.000	Despesa
Mercadorias	55.000	0	0	Custo
Materiais Diretos	0	25.000	20.000	Custo
Mão de Obra Direta	0	12.000	17.000	Custo
Mão de Obra Indireta	0	8.000	8.000	Custo
Gastos gerais	0	6.000	6.000	Custo
Depreciação e amortização	0	4.000	4.000	Custo
LUCRO BRUTO	45.000	45.000	45.000	Margem
DESPESAS OPERACIONAIS	22.000	22.000	22.000	Despesa
Administrativas	10.000	10.000	10.000	Despesa
Comerciais	12.000	12.000	12.000	Despesa
LUCRO OPERACIONAL	23.000	23.000	23.000	Margem
Despesas Financeiras	– 8.000	– 8.000	– 8.000	Despesa
Receitas Financeiras	1.000	1.000	1.000	Receita
Imposto de Renda*	– 5.440	– 5.440	– 5.440	Despesa
LUCRO LÍQUIDO	10.560	10.560	10.560	Margem

* Inclui a CSLL – Contribuição Social sobre o Lucro Líquido, que também é um tributo sobre o lucro.

Não consideramos nessa demonstração a Receita Operacional Bruta, ou seja, o valor das vendas com os impostos de *IPI, ICMS, PIS, COFINS e ISS*, porque, tecnicamente, *não são receitas da empresa*, e sim do governo. Toda e qualquer análise ou demonstração contábil e gerencial nunca deve contemplar os tributos sobre a venda, sob pena de enviesar por completo o entendimento das situações objeto de análise.

Na abordagem gerencial, é irrelevante a distinção entre custos e despesas. O que importa é a eficiência de cada gasto, seja ele da operação, administração, comercialização ou financeiro. A busca pela melhor rentabilidade deve ter como um dos caminhos a eficiência do uso de cada recurso, sua produtividade e sua otimização no processo de gestão empresarial.

Complementando as terminologias técnicas contábeis principais, a palavra *perda* é utilizada para designar eventos negativos ao patrimônio empresarial, eventuais e não habituais, tais como capacidade ociosa anormal, perdas com estoques por eventos naturais como enchente, incêndio ou deterioração acima da média etc. As perdas são eventos não recorrentes e não devem ser considerados no custo das vendas, e, sim, classificados como despesas operacionais quando ocorrerem.

Prejuízo é a palavra contábil para designar o excesso de despesas sobre as receitas de um período e substitui a palavra *lucro* na demonstração de resultados, quando isso ocorrer.

2.2 TIPOS DE GASTOS

Os gastos que ocorrem nas empresas são:

a) *Materiais diretos*: são o custo das mercadorias (para o comércio), matérias-primas, materiais e componentes que são utilizados diretamente na produção dos produtos e serviços e fazem parte destes;

b) *Materiais indiretos*: são o custo dos diversos materiais consumidos de forma indireta, não fazendo parte objetiva da estrutura dos produtos e serviços, mas necessários para as operações, como materiais auxiliares, ferramentas, combustíveis, lubrificantes, material de expediente etc.;

c) *Mão de obra direta*: custo dos salários e encargos com as pessoas envolvidas diretamente no processo de produção dos produtos e serviços;

d) *Mão de obra indireta*: custo dos salários e encargos com os demais funcionários da empresa, sejam da fábrica ou operação, administrativos e comerciais;

e) *Gastos gerais*: são os demais gastos necessários para operacionalizar as atividades existentes, tais como gastos com energia elétrica, telecomunicações, fretes, viagens, tributos etc.;

f) *Depreciação, amortização e exaustão direta*: é a contabilização da perda de valor dos bens imobilizados e intangíveis, diretamente associados com o processo de produção dos produtos e serviços, como das máquinas, instalações e equipamentos;

g) *Depreciação e amortização indireta*: é a contabilização da perda de valor dos bens imobilizados e intangíveis, que não tem vínculo intrínseco com a operação, como depreciação dos prédios, móveis, equipamentos de informática etc.

2.3 OBJETIVOS DA CONTABILIDADE DE CUSTOS

A contabilidade de custos é o ramo da ciência contábil que tem por finalidade básica um processo de mensuração analítico do custo unitário dos produtos e serviços para fins contábeis e para o processo de tomada de decisão sobre eles.

Assim, os principais objetivos da contabilidade de custos são:

a) Apurar o custo unitário dos produtos e serviços para fins da contabilização dos estoques industriais e do custo dos produtos e serviços vendidos para os propósitos das práticas contábeis e regras tributárias;

b) Apurar o custo unitário dos produtos e serviços para formação dos preços de venda;

c) Apurar o custo unitário dos produtos e serviços para gestão da eficiência e produtividade dos recursos;

d) Apurar o custo unitário dos produtos e serviços para análise da sua lucratividade e dos clientes compradores desses produtos e serviços, bem como para otimizar o melhor *mix* de produção e vendas;

e) Apurar o custo unitário dos produtos e serviços em condições ideais de operação, com os objetivos de padronização de custos e metas de produtividade e procedimentos de análise das variações entre os gastos reais e os gastos esperados.

Quando utilizamos a terminologia *custo unitário*, estaremos sempre nos referindo tanto aos custos como às despesas que podem ser mensuradas e apropriadas a uma unidade de cada produto ou serviço produzido pela empresa. Esse processo de identificação do "custo unitário" é, provavelmente, o grande indutor da contabilidade de custos, e é feito pelo método de custeamento adotado, que estudaremos no Capítulo 3.

2.4 CLASSIFICAÇÃO DOS GASTOS, CUSTOS OU DESPESAS

São inúmeras as possibilidades de classificação dos gastos, custos e despesas. As duas classificações que se qualificam como indispensáveis são:

a) classificação em relação aos objetos de custos;

b) classificação em relação ao comportamento frente à quantidade produzida ou vendida.

2.4.1 Classificação em relação aos objetos de custos

Denominamos *objeto de custo* qualquer elemento em que se queira determinar o custo unitário. O principal objeto de custo é o produto ou serviço. Porém, outros objetos de custos podem merecer o processo de custeamento unitário, tais como o custo de uma atividade, o custo de uma assistência técnica, o custo de um reembolso de quilômetro rodado, o custo do processamento de uma venda ou compra etc.

Para fins de apuração do custo unitário de cada produto ou serviço, a classificação necessária é identificar os custos diretos, para distingui-los dos custos indiretos.

São *custos diretos* aqueles gastos que podem ser claramente visualizados, identificados, quantificados e mensurados monetariamente em relação a uma unidade de produto ou serviço. Os demais gastos são denominados *custos indiretos*, pois não permitem essa identificação objetiva. Para fins de custeamento unitário, dependendo do método adotado, são alocados por critérios de rateio (apropriação, alocação, distribuição etc.).

Os principais custos diretos são: mercadorias, materiais diretos, mão de obra direta, depreciação direta e alguns gastos que podem ser identificados a determinado produto ou linha de produto.

Os custos indiretos são os demais gastos: materiais indiretos, mão de obra direta, depreciação indireta, gastos gerais fabris, comerciais e industriais.

2.4.2 Classificação em relação ao volume produzido: comportamento dos custos

Essa segunda classificação é absolutamente fundamental para todo o processo decisório que envolva análises de custos e rentabilidade, para tomada de decisão sobre produtos e serviços, atividades, clientes ou unidades de negócio. É a classificação gerencial por excelência.

Essa classificação identifica o comportamento do consumo em valor dos custos em relação ao volume produzido ou vendido. Podemos identificar quatro tipos básicos de comportamento de custos:

a) *Custos variáveis*: são aqueles cujo valor varia proporcionalmente a cada unidade adicional de produto produzido ou vendido, e não existirão se não houver produção ou venda. O principal exemplo são os materiais diretos e despesas de comissão sobre vendas. Num gráfico cartesiano, a reta apresenta uma inclinação de 45 graus.

b) *Custos fixos*: são aqueles que são gastos pela empresa independentemente da quantidade produzida ou vendida, e existem mesmo que não haja venda ou produção. Seu valor tende a ser fixo em relação a uma determinada faixa de nível de atividade. Exemplos são os aluguéis, *leasings* etc.

c) *Custos semifixos*: são aqueles que têm uma parcela fixa e uma parcela que tende a crescer com o volume de produção. Exemplo na indústria é o gasto com energia elétrica, onde o custo da demanda é fixo e o custo do consumo é variável.

d) *Custos semivariáveis:* são os gastos que têm uma variabilidade em relação ao volume produzido, mas não na mesma intensidade de um custo variável propriamente dito. Tendem a não existir se não houver a produção; em havendo produção, seu consumo começa a crescer, com algum tipo de variabilidade. Num gráfico cartesiano, tendem a formar um ângulo inferior a 45 graus. Exemplos clássicos são os materiais indiretos na fábrica.

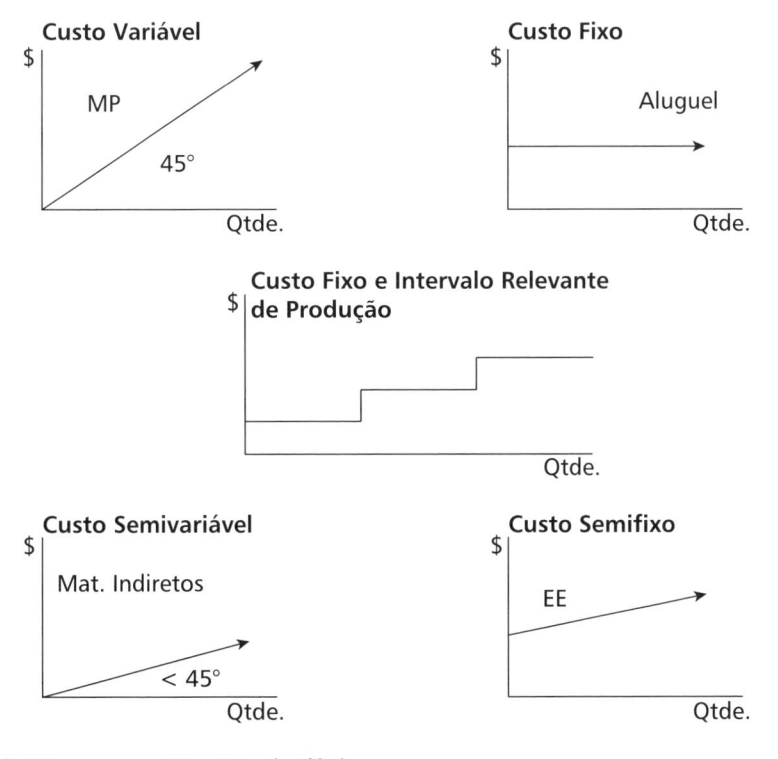

MP = Matéria Prima.   EE = Energia Elétrica.

Figura 2.2 *Análise gráfica do comportamento dos custos*.

Os custos fixos não são fixos eternamente. São fixos dentro de um intervalo relevante de quantidade de produção, como mostra o centro da figura. Outra característica é que os custos fixos podem ter seu valor alterado por negociações, cláusulas contratuais, mas a sua natureza é de custo fixo, mesmo que a expressão monetária se altere.

Os custos fixos podem ser classificados, para fins de gestão, orçamento e otimização, em comprometidos e discricionários.

São *custos fixos comprometidos* (a maioria) os custos que são intrinsecamente ligados à manutenção da capacidade operacional. Também são denominados custos inevitáveis. São os gastos com depreciação, serviços de limpeza, segurança, manutenção etc.

São *custos fixos discricionários* aqueles que permitem um elevado grau de ação para otimização, redução ou até eliminação. São também denominados custos com dotação orçamentária. São exemplos: consultorias, publicidade e propaganda (para a maioria das empresas), benefícios espontâneos aos funcionários, participações em eventos e feiras, gastos com treinamento etc.

São denominados *custos estruturados* os custos semifixos ou semivariáveis que têm alguma variabilidade com qualquer variável que não produção ou vendas. Assim, para fins de gestão, deve-se procurar qualquer variável física ou monetária que conduza o comportamento de cada tipo desse gasto. São exemplos:

Custo estruturado	*Variável independente*
INSS e FGTS	Verbas salariais
13º e Férias	Salários e outras verbas obtidas no ano
Tributos sobre a venda	Valor da venda
Vale-alimentação	Número de funcionários e dias úteis
Vale-transporte	Número de funcionários e dias úteis
Assistência médica	Número de beneficiários
Reembolso de quilômetros rodados	Número de assistentes técnicos, compradores, vendedores (se for o caso) etc.

2.4.3 Mão de obra direta como custo direto e variável

A mão de obra direta tem essa denominação porque é a parcela do custo do pessoal aplicado nas operações que, para a maioria das empresas, permite uma mensuração objetiva do esforço despendido em cada fase produtiva. A mensuração quantitativa do esforço da mão de obra direta aplicada em cada unidade de produto ou serviço normalmente é feita pelo tempo despendido (em horas, minutos, segundos). Somam-se os tempos despendidos em cada fase do processo produtivo e obtém-se o tempo total gasto para gerar uma unidade do produto ou serviço.

Nas empresas de serviços, temos os seguintes exemplos de mão de obra direta:

Tipo de empresa prestadora de serviço	Tipo de mão de obra direta empregada
Transporte de cargas	Motoristas, ajudantes, carregadores, operadores de equipamentos de movimentação
Transporte de passageiro	Motoristas, cobradores
Empresas de aviação	Comandante, subcomandante, tripulantes
Educação	Professores, monitores
Saúde	Médicos, enfermeiras, operadores de equipamentos de diagnóstico, analistas de laboratórios e análises clínicas
Restaurantes	Cozinheiros, ajudantes de cozinha
Alimentação rápida (*fast food*)	Caixa, operadores de equipamento, montadores do prato ou lanche
Auditoria externa e consultoria	Auditores, consultores
Serviços de terceiros	Auxiliares de limpeza, segurança, manutenção

O objetivo maior da medição do esforço da mão de obra direta não é exatamente para o processo de custeamento do produto ou serviço. *O objetivo fundamental da medição do esforço da mão de obra é para que a empresa tenha domínio da capacidade produtiva.* Assim, identificando-se os tempos gastos pela mão de obra direta para cada unidade de produto ou serviço, e aplicando-se ao total das quantidades esperadas de produção para o período, obtém-se a mensuração da utilização da capacidade operacional.

Com a medição do grau de utilização da capacidade operacional, pode-se fazer os seguintes estudos:

a) aumentar ou reduzir os programas de produção;
b) otimização do *mix* de produção objetivando a melhor lucratividade com o uso da capacidade operacional;
c) identificar a eventual capacidade ociosa;
d) identificar a necessidade de aumentar a capacidade operacional etc.

Contudo, apesar de a mão de obra direta ser um custo direto em relação ao produto e serviço, ela não é necessariamente variável. As seguintes características permitem afirmar que *a mão de obra direta não* é um custo variável, exceto no caso de "tarefeiros", que ganham por unidade produzida:

a) o salário é mensal e é pago independentemente do volume produzido no mês pela mão de obra direta;

b) quando há ociosidade no curto prazo, as empresas tendem a manter o efetivo de mão de obra direta por determinado tempo, uma vez que é muito difícil a recontratação e treinamento profissional.

Por outro lado, *a mão de obra direta tem fortes características de variabilidade no médio e longo prazo* em razão dos seguintes eventos:

a) nenhuma empresa mantém indefinidamente mão de obra direta ociosa em função da queda da demanda;

b) sempre que há aumento da demanda, há a necessidade de contratação de mão de obra direta adicional.

Esses conjuntos de características permitem afirmar que *a mão de obra direta é um custo fixo no curto prazo e um custo variável no médio e longo prazo*.

Em termos de modelos de tomada de decisão de otimização do *mix* de produção e aumento da lucratividade, entendemos que é plenamente aceitável tratar a mão de obra direta como custo variável.

2.5 MENSURAÇÃO DO CUSTO DOS RECURSOS

A mensuração do custo dos recursos deve seguir os princípios da prática contábil. A prática contábil tem como princípio que o custo de um recurso é o custo total de cada recurso, que inclui todos os gastos para tê-lo disponível para utilização dentro da empresa, excluindo os tributos recuperáveis e incluindo os tributos não recuperáveis, conforme as legislações aplicáveis.

Para fins de tomada de decisão, o custo dos recursos deve ser mensurado na condição de pagamento à vista, ou seja, devem também ser excluídos os juros adicionados nas compras feitas a prazo.

```
                    Custo do recurso
                 Custo específico do recurso
                            (+)
   Gastos para disponibilização, consumo ou/e estocagem na empresa
                            (+)
                  Tributos não recuperáveis
                            (-)
                    Tributos recuperáveis
                            (-)
                   Juros de compra a prazo
                            =
                    Custo do recurso
```

O objetivo da mensuração do custo do recurso é ter uma visão do conjunto de gastos para sua disponibilização e utilização. Dentro dessa linha de raciocínio, para mensuração do custo da mão de obra, recomenda-se a somatória de todos os gastos das verbas salariais, mais os encargos sociais, sejam obrigatórios ou espontâneos.

2.5.1 Mensuração do custo dos materiais diretos

A mensuração do custo dos materiais diretos segue a linha geral da mensuração do custo de qualquer recurso. A legislação tributária brasileira aplicável às transações com mercadorias e serviços distingue, basicamente, dois tipos de regimes tributários: regime cumulativo e regime não cumulativo.

No *regime não cumulativo*, os tributos são recolhidos pela diferença entre os tributos incidentes sobre o valor das vendas de mercadorias e serviços menos os tributos incorporados no valor das compras de mercadorias e serviços, seguindo os aspectos peculiares de cada tributo. Neste regime, em linhas gerais, os tributos de IPI, ICMS, PIS e COFINS incorporados ao valor das compras são *tributos recuperáveis*.

No *regime cumulativo*, os tributos recolhidos são aqueles incidentes sobre o valor das vendas, sem aproveitamento dos tributos incorporados nas compras. Nesse regime, os tributos incorporados no valor das compras são *tributos não recuperáveis*. Os Impostos de Importação (II) e Sobre Serviços (ISS) não são recuperáveis em nenhum regime tributário, devendo compor o custo dos materiais diretos.

Quadro 2.2 *Custo dos materiais diretos – exemplos*.

	Com Recuperação de Tributos	Sem Recuperação de Tributos
Valor total da Nota Fiscal de compra	1.100,00	1.100,00
IPI	– 100,00	0,00
ICMS	– 180,00	0,00
PIS	– 16,50	0,00
COFINS	– 76,00	0,00
Imposto de Importação	156,00	156,00
Custo da compra	**883,50**	**1.256,00**
(+) Despesas de fretes, armazenagem, seguro até colocar em estoque	200,00	200,00
Custo do material direto	**1.083,50**	**1.456,00**

O Quadro 2.2 apresenta um exemplo genérico para as duas situações mais comuns. No regime não cumulativo, os tributos recuperáveis não devem fazer parte do custo unitário para fins de contabilização e cálculo do custo unitário dos produtos e serviços finais. No regime cumulativo, todos os tributos incidentes sobre o valor da compra compõem o custo unitário do material adquirido.

Há que se respeitar o tipo de atividade (se indústria, comércio ou serviço), bem como todos os demais aspectos tributários que envolvem cada um dos tributos, em cada uma das situações específicas, tipos de isenções, mercados compradores, suspensões, substituição tributária etc.

2.5.2 Mensuração do custo da mão de obra

O procedimento mais utilizado (que também recomendamos) é apurar o custo da mão de obra direta considerando todo o conjunto de verbas salariais, mais todos os demais gastos relacionados diretamente com os funcionários, denominados genericamente de encargos sociais. Alguns desses gastos não atingem todos os funcionários, mas, normalmente, atingem determinada categoria de trabalhadores ou determinada atividade ou departamento. Dessa maneira, o mais adequado é apurar o custo da mão de obra direta por categorias, atividades ou departamento, obtendo-se um custo médio segmentado.

Alguns gastos com mão de obra não ocorrem especificamente como retribuição ao trabalho, mas decorrem de legislação em diversas situações já conhecidas, como acordos coletivos, demissão voluntária, demissão por justa causa, garantias adicionais como aviso-prévio, licenças por maternidade, paternidade, auxílio-doença, auxílio-funeral etc. De um modo geral, ao longo da vida da empresa, esses gastos terminam por impactar os custos dentro de um percentual médio sobre as verbas salariais, e sua incorporação ao custo da mão de obra faz-se por estimativa desse impacto médio, por meio de provisões contábeis mensais.

As principais verbas salariais são as seguintes:

Verbas salariais
Salários
Horas extras
Adicionais por força de lei
Comissões
Gratificações
Prêmios e participações
Pro labore

Os encargos que têm relação direta com o custo da mão de obra podem ser classificados em encargos salariais, sociais e espontâneos, conforme exemplificados a seguir.

Encargos salariais
Férias
Abono sobre férias
Décimo-terceiro salário
Participação nos lucros e resultados (PPR/PLR)
FGTS sobre verbas salariais
FGTS sobre décimo-terceiro e férias
Aviso-prévio
Indenizações
Encargos sociais
INSS sobre verbas salariais
INSS sobre décimo-terceiro e férias
Seguro Acidente no Trabalho
Sistema S (Sesi, Sesc etc.)
Encargos espontâneos
Alimentação do trabalhador
Vale-transporte
Assistência médica
Assistência odontológica
Assistência social e recreativa
Cesta básica
Previdência privada

A maior parte desses encargos é contabilizada normalmente por meio de alocação aos centros de custos dos funcionários, por meio da documentação fiscal existente. Aqueles que dependem de estimativa devem ser contabilizados por meio do expediente de provisões de despesas mensais. Tome-se como exemplo a participação dos trabalhadores nos lucros e resultados, conhecida por alguns pela sigla PPR (Programa de Participação nos Resultados) e por outros por PLR (Participação nos Lucros e Resultados). Por ser um encargo salarial obrigatório por lei, ele deve ser contabilizado mensalmente por meio de provisões, calculado por estimativas em cima do acordo já existente com os trabalhadores. Esse tipo de verba não é uma distribuição contábil de lucros e, sim, um gasto que faz parte do custo da mão de obra, razão por que tem que ser contabilizado mensalmente por provisão, caso o valor não seja conhecido objetivamente todo mês.

O Quadro 2.3 mostra um exemplo numérico de cálculo do custo de pessoal.

Quadro 2.3 *Custo da mão de obra – exemplo.*

Gastos Mensais – R$	Setor: Motoristas		Total
	Mão de Obra Direta	Mão de Obra Indireta	
Verbas salariais	**119.000**	**14.280**	**133.280**
Salários	100.000	14.000	114.000
Horas extras	4.000	280	4.280
Adicionais por força de lei	5.000	0	5.000
Comissões	0	0	0
Gratificações	0	0	0
Prêmios e participações	10.000	0	10.000
Pro labore	0	0	0
Encargos salariais	**48.426**	**5.331**	**53.757**
Férias	9.917	1.190	11.107
Abono sobre férias	3.305	397	3.702
Décimo-terceiro salário	9.917	1.190	11.107
Participação nos lucros e resultados	9.917	1.190	11.107
FGTS sobre verbas salariais	9.520	1.142	10.662
FGTS sobre décimo-terceiro e férias	1.851	222	2.073
Aviso-prévio	2.500	0	2.500
Indenizações	1.500	0	1.500
Encargos sociais	**39.138**	**4.697**	**43.834**
INSS sobre verbas salariais	23.800	2.856	26.656
INSS sobre décimo-terceiro e férias	4.628	555	5.183
Seguro Acidente no Trabalho	3.570	428	3.998
Sistema S (Sesi, Sesc etc.)	7.140	857	7.997
Encargos espontâneos	**31.960**	**1.598**	**33.558**
Alimentação do trabalhador	10.560	528	11.088
Vale transporte	13.200	660	13.860

Gastos Mensais – R$	Setor: Motoristas		Total
	Mão de Obra Direta	Mão de Obra Indireta	
Assistência médica	3.200	160	3.360
Assistência odontológica	400	20	420
Assistência social e recreativa	600	30	630
Cesta básica	4.000	200	4.200
Previdência privada	0	0	0
Total das verbas salariais	**119.000**	**14.280**	**133.280**
Total dos encargos sociais	**119.524**	**11.626**	**131.150**
Total do custo de pessoal	**238.524**	**25.906**	**264.430**
Percentual médio de encargos sociais sobre salários nominais	119,5%	83,0%	**115,0%**
Percentual médio de encargos sociais sobre verbas salariais	100,4%	81,4%	98,4%
Quantidade de funcionários	40	2	42
Custo do pessoal médio por funcionário	5.963	12.953	6.296
Quantidade de horas pagas	7.040	352	7.392
Custo médio horário	33,88	73,60	35,77
Custo médio horário considerando número de funcionários diretos			37,56

Procuramos colocar os números dentro de uma possível realidade média, bem como as principais verbas salariais e encargos sociais. No exemplo, os encargos sociais representam quase 100% das verbas salariais. Se forem considerados apenas os salários nominais, o percentual médio de encargos sociais atinge 115%.

O exemplo contempla um departamento que trabalha com o serviço, um departamento direto. Nesse caso, numa empresa de transportes, seriam os motoristas. Assim, o custo horário mais representativo é $ 37,56 por hora, que considera o gasto total do departamento, dividido apenas pelas horas da mão de obra direta, uma vez que são essas horas que serão efetivamente trabalhadas nos serviços finais.

As fórmulas utilizadas para encargos sociais regulamentados foram as seguintes:

Fórmulas utilizadas		
Item	Fórmula	Cálculo
Férias	Verbas salariais/12 meses	$ 119.000/12 = $ 9.917
Abono sobre férias	Férias * 0,3333 (1 terço)	$ 9.917 * 0,333 = $ 3.305
Décimo-terceiro salário	Verbas salariais/12 meses	$ 119.000/12 = $ 9.917
Participação nos lucros e resultados	Suposição de um salário anual	$ 119.000/12 = $ 9.917
FGTS sobre verbas salariais	8% das verbas salariais	$ 119.000 * 0,08 = $ 9.520
FGTS sobre décimo-terceiro e férias	8% sobre férias, abono sobre férias e décimo-terceiro	($ 9.917 + $ 3.305 + $ 9.917) * 0,08= $ 1.851
Aviso-prévio	Valor aleatório-média observada	Não há
Indenizações	Valor aleatório-média observada	Não há
INSS sobre verbas salariais	20% das verbas salarias	$ 119.000 * 0,20 = $ 23.800
INSS sobre décimo-terceiro e férias	20% sobre férias, abono sobre férias e décimo-terceiro	($ 9.917 + $ 3.305 + $ 9.917) * 0,20 = $ 4.628
Seguro Acidente no Trabalho	3% das verbas salariais*	$ 119.000 * 0,03 = $ 3.570
Sistema S (Sesi, Sesc etc.)	6% das verbas salariais*	$ 119.000 * 0,06 = $ 7.140
Encargos espontâneos	Valores arbitrários	Não há

* Percentuais médios. Cada empresa deve verificar seu enquadramento.

2.5.3 Mensuração dos demais gastos e da depreciação

Os demais gastos devem ser mensurados na mesma linha de raciocínio. Dependendo do regime tributário e da atividade da empresa, é possível fazer o crédito de tributos sobre algumas despesas, como a energia elétrica, alguns serviços terceirizados, bem como de alguns materiais indiretos utilizados no processo produtivo e comercial. Quando isso é possível, o custo desses recursos deve excluir os tributos recuperáveis.

Algumas despesas, por outro lado, têm custos complementares, como os serviços de terceiros prestados por autônomos, onde há incidência de INSS. Nesses casos, esses valores devem ser adicionados como custo do serviço.

Com relação à depreciação, a mensuração adequada é a mesma determinada pelas práticas contábeis atualmente vigentes, decorrente das práticas internacionais de contabilidade adotada no Brasil.

Cálculo da depreciação contábil	$
Valor de aquisição do bem	200.000,00
(–) Valor residual do bem após a vida útil	– 50.000,00
= Valor depreciável	150.000,00
Vida útil estimada – anos	5
Taxa anual de depreciação	20,0%
= Depreciação anual	30.000,00

Verifica-se que, com as novas práticas contábeis, o valor depreciável pode ser diferente do valor de aquisição, caso exista valor residual estimado do bem após sua vida útil estimada. O valor residual do bem é o provável valor de venda após a vida útil. A vida útil é o tempo que a empresa espera utilizar o bem, e não sua vida física ou técnica.

No caso de veículos de transporte para uma empresa transportadora, por exemplo, sabe-se que é comum política de renovação de frota. Essa política determina a vida útil do bem, ou seja, o tempo esperado de utilização do bem na empresa. Também, nesse tipo de bem, é comum a existência de um valor de venda ao final do tempo de utilização. Esse valor de venda é o valor residual, que não será objeto de depreciação contábil.

2.6 VISÃO GERAL DA CONTABILIDADE DE CUSTOS

A contabilidade de custos trabalha com três estruturas básicas de conceitos e estruturação das informações para o processo de tomada de decisão, além das informações obtidas naturalmente na própria contabilidade: os métodos de custeamento, as formas ou sistemas de custeio e os sistemas de acumulação de custos (gastos).

Dos três blocos de conceitos, podemos dizer que o mais importante é o que define o método de custeio. O método de custeio ou custeamento compreende os conceitos que envolvem os caminhos para identificação e mensuração do custo unitário dos produtos e serviços, a partir dos dados obtidos na contabilidade. Combinando os dados contábeis com dados físicos da operação, consegue-se obter o custo unitário de cada produto ou serviço. Esse é o objetivo do método. *O método é o que fundamenta o processo decisório gerencial da empresa com relação a produtos e serviços.*

Métodos de Custeio

Custos do Produto × Custos do Período

Custeio Variável / Direto
Custeio por Absorção
Custeio Integral
Custo ABC
Custeio RKW

Produto(s) ou Serviço(s)

Processos Produtivos

Sistema de Acumulação Custos

Produção por encomenda
Produção seriada ou contínua
Produção em massa
Produção por operações
Produção por atividades

Custeamento por ordem
Custeamento por processo ou atividade
Custeamento híbrido

Formas ou Sistemas de Custeio

MENSURAÇÃO
Custo Real
Custo Estimado/Orçado
Custo-Padrão

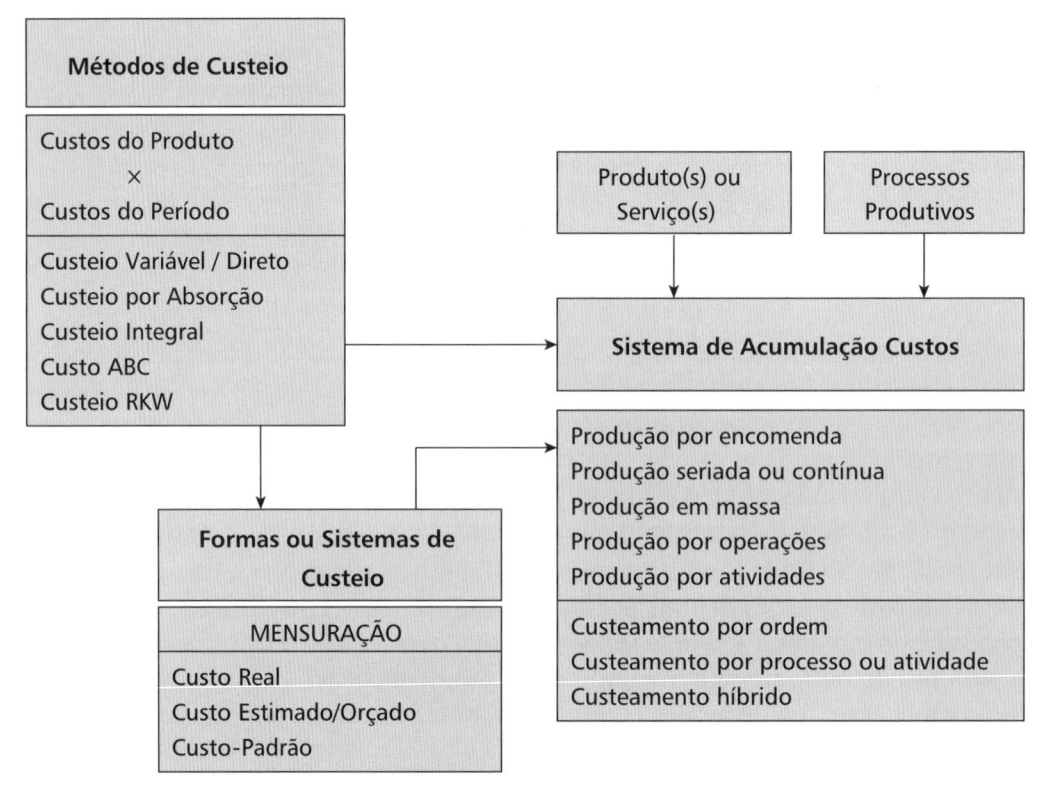

Figura 2.3 *Esquema da contabilidade de custos.*

Ao longo da ciência contábil de custos foram desenvolvidos e propostos vários conceitos e métodos de custeamento. Alguns deles, como o custeamento variável, não admitem procedimentos de rateio de custos indiretos. Assim, dentro do método, há a escolha dos gastos que farão parte do custo unitário dos produtos e serviços, que são denominados de custos do produto ou serviço. Os gastos que não forem alocados, de forma unitária, aos produtos e serviços, são considerados como despesas e são contabilizados, pelo seu total, como gastos do período. Os principais métodos serão estudados no Capítulo 4.

As formas ou sistemas de custeio compreendem o processo de mensuração econômica, ou seja, o tipo de valor que será dado como custo dos recursos. O tipo de valor mais conhecido é o valor de aquisição ou pagamento, denominado custo real. Porém, a ciência de custos desenvolveu outros conceitos tão ou mais importantes, como os conceitos de custo padrão, custo de reposição, custo orçado, custo estimado e custo meta ou custo-alvo. Dessa maneira, para o mesmo método pode-se atribuir mais de uma forma de mensuração. Além do custo real, pode e deve-se também fazer outros tipos de valores para adotar como comparação ou meta de redução de custos. Trataremos das principais formas de custeamento no Capítulo 5.

Os sistemas de acumulação de custos compreendem os procedimentos necessários para os registros e acumulação dos dados físicos e monetários para as diversas necessidades de estruturação e comunicação das informações. São os conceitos, procedimentos e tecnologias necessárias para estruturar o sistema de informação de custos. O sistema de informação de custos compreende dois grandes subsistemas: o subsistema de custos contábil, para atender às necessidades legais e tributárias, e o subsistema de custos gerencial, para atender às demais necessidades da empresa.

O subsistema de custos contábil tem como referência apurar o custo unitário dos produtos para as indústrias, para fins de avaliação e contabilização dos estoques industriais. Em nosso trabalho, daremos ênfase para o subsistema de custos gerencial, já que, como a maioria das empresas de serviços não tem estoques de serviços finais, não há a necessidade de nos aprofundarmos no subsistema de custos contábil. Esse tópico será estudado no Capítulo 3.

Em linhas gerais, o sistema de acumulação de custos deve ser aderente, o melhor possível, ao tipo de produto ou serviço, bem como ao processo operacional. Dessa maneira, ele deve compreender as características básicas do processo operacional, bem como do tipo de serviço em produção.

QUESTÕES E EXERCÍCIOS

1. Conceitue custo e despesa.
2. Qual é a diferença entre perda e prejuízo?
3. Considerando a classificação tradicional contábil que separa gastos em custos e despesas, classifique os gastos listados a seguir, colocando D para despesa e C para custos, considerando como referencial uma empresa fabricante de tratores.

    Salários dos vendedores ( )
    Salários dos escriturários ( )
    Energia elétrica da fábrica ( )
    Energia elétrica do setor comercial ( )
    Aluguel do edifício do estoque de produtos acabados ( )
    Aluguel do edifício do estoque de materiais diretos ( )
    Salários dos montadores ( )
    Material de escritório ( )
    Gastos advocatícios ( )
    Gasto de CPMF ( )
    Material auxiliar de montagem ( )
    Gastos de publicidade ( )
    Treinamento de montadores ( )

Depreciação de Equipamentos do setor de
Tecnologia de Informação ( )
Consumo de Ferramentas ( )
Despesas de viagens do gerente da fábrica ( )

4. Uma empresa comercial adquire mercadorias para revenda no valor de $ 600. Logo em seguida, vende 70% dessas mercadorias por $ 800. Apure o lucro na venda, identificando qual é a parcela que continua sendo classificada como custo e qual é a parcela que continua sendo considerada como despesa.

5. Por que os gastos com salários do pessoal administrativo não são considerados insumos industriais?

6. Uma sorveteria terceiriza a fabricação das massas de seus sorvetes, que custam em média $ 0,22 a porção de qualquer tipo de sabor. Normalmente, vende um sorvete contendo 2,5 porções. Os outros componentes do sorvete são o palito, que custa $ 10,00 a caixa de 500, e o copo de massa, que custa $ 90 a caixa de 1.000. Os demais gastos, indiretos, da sorveteria montam em média $ 5.000 por mês e ela vende mensalmente em média 10.000 sorvetes. Calcule o custo unitário direto de cada sorvete e o custo unitário total de 1 sorvete.

7. Coloque as letras no espaço em branco, para as definições apropriadas:

    Definições *Conceitos*

    a) Custos que variam com o volume de
    atividade   ___Custos Diretos

    b) Custo que é lançado contra as receitas
    num período de tempo   ___Custos Fixos

    c) Custos que são atribuídos aos bens e
    serviços produzidos   ___Custos Variáveis

    d) Custos que não variam com o volume de
    atividade   ___Custos Indiretos

    e) Custos que podem ser alocados
    diretamente aos produtos   ___Custos Periódicos

    f) Custos que não são identificáveis
    claramente aos produtos   ___Custos para o Produto

    g) Custos que são atribuídos a intervalos
    de tempos   ___Despesas

8. Tomando como referência uma indústria de confecção de roupas – calças e camisas de jeans, que produz e vende um produto próprio e outro através de licenciamento (*franchising*), classifique os gastos em fixos (F) e variáveis (V) e em diretos (D) e indiretos (I).

Gasto	Fixo ou Variável	Direto ou Indireto
Tecido	( )	( )
Botões	( )	( )

Aluguel da fábrica	( )	( )
Comissões sobre venda	( )	( )
Licenciamento de produto	( )	( )
Mão de obra de costureira	( )	( )
Publicidade mensal do produto próprio	( )	( )
Salários administrativos	( )	( )
Salário do Gerente da Fábrica	( )	( )
Linhas e aviamentos	( )	( )
Conta de água e esgoto	( )	( )
Mão de obra de embaladores	( )	( )
Serviços de limpeza terceirizados	( )	( )
Gastos com manutenção de equipamentos	( )	( )
Gastos com moldes do produto próprio	( )	( )
Gastos com utensílios gerais (tesouras, réguas etc.)	( )	( )
Fitas para embalagens dos produtos	( )	( )
IPTU	( )	( )
Gastos com fax	( )	( )

9. Com os dados apresentados a seguir, de uma empresa que produz uma linha de produtos similares, calcule: (a) o custo variável unitário para fabricação de cada unidade de produto; (b) o custo fixo unitário para cada volume de produção/vendas apresentado; (c) o custo unitário total médio para cada quantidade apresentada.

Quantidade Produção/Vendas	Gastos – $	
	Variáveis	Fixos
200.000	544.000	300.000
205.000	557.600	300.000
210.000	571.200	300.000
215.000	584.800	300.000
220.000	598.400	300.000
225.000	612.000	300.000
230.000	625.600	300.000

10. A empresa está esperando um ano mais difícil e estima três cenários negativos, com volumes esperados de vendas e produção de 170.000 unidades, 180.000 unidades e 190.000 unidades. Considerando os dados do exercício anterior, e sabendo que a empresa vende cada unidade do produto por $ 4,50 a unidade, calcule o lucro total nas três hipóteses de quantidades apresentadas.

11. Defina impostos recuperáveis e não recuperáveis, componentes da apuração do custo dos recursos.

12. Explique por que devemos incorporar ao custo dos recursos despesas complementares incorridas para sua obtenção.

13. Discorra por que a depreciação de determinados equipamentos pode ou deve ser considerada como custo direto.

14. Reproduzimos a seguir os dados de uma nota fiscal de compra de um material:

Preço Unitário – $	20,00
Quantidade comprada	2.000
Custo Total do Material – $	40.000
IPI – 5% – $	2.000
Total da Nota Fiscal – pago	42.000
ICMS incluso – 18% – $	7.200
Frete pago à parte – $	3.000

    Pede-se:
    a) Calcular o custo unitário do material na hipótese de recuperação do IPI e do ICMS;
    b) Calcular o custo unitário do material na hipótese de que IPI e ICMS não serão recuperados e serão assumidos pela empresa.

	Material 1	Material 2	Total da NF
Preço Unitário – $	200,00	300,00	
Quantidade comprada	50	40	
Custo Total do Material – $	10.000	12.000	22.000
IPI – 5% – $	500	600	1.100
Total da Nota Fiscal – pago	10.500	12.600	23.100
ICMS incluso – 18% – $	1.800	2.160	3.960
Frete pago à parte – $			1.500

15. Reproduzimos a seguir os dados de uma nota fiscal de compra de dois materiais recebidos com a mesma nota fiscal.

    Pede-se:
    a) Calcular o custo unitário de cada material na hipótese de recuperação do IPI e do ICMS;
    b) Calcular o custo unitário de cada material na hipótese de que IPI e ICMS não serão recuperados e serão assumidos pela empresa.

16. Uma empresa tem uma folha nominal de $ 500.000 mensais. Ela permite que todos os funcionários optem pelo gozo de férias de apenas 20 dias; portanto, os funcionários trabalham 11,33 meses no ano.

    Os encargos legais são: INSS: 30% e FGTS: 8%, que incidem sobre a folha nominal e sobre as férias e décimo-terceiro salário. Além disso, a empresa tem um gasto médio dos demais encargos legais da ordem de 5% sobre a folha nominal (auxílio-acidente e doença, seguro, aviso-prévio e indenizações).

    Todos os gastos com benefícios espontâneos montam aproximadamente $ 120.000 por mês.

    Calcule o valor mensal da folha de pagamento com todos os encargos e apure o percentual médio sobre o total dos salários nominais.

17. Com os dados obtidos no exercício anterior, imaginando a contratação de uma mão de obra direta de salário mensal de $ 1.500 por mês, que realize 160 horas de tarefas nas operações do processo de fabricação, calcule qual será o custo horário desse funcionário.

18. A conta de energia elétrica de uma empresa foi de $ 50.000. Esse valor já tem incluso ICMS de $ 9.000. Sabendo que 80% da energia elétrica é consumida pela fábrica, onde se permite o crédito do ICMS, e 20% é consumida pela área administrativa, onde não há crédito do imposto, calcule o custo mensal de energia elétrica para a área industrial e para a área administrativa.

19. Um serviço recebido e pago pela empresa foi contratado por um valor nominal de $ 10.000. A empresa se incumbiu de recolher o IRRF de 15%, o ISS de 3% e o INSS de 20% (calculáveis todos sobre o valor nominal do serviço). Apure o valor total do custo desse serviço para a empresa.

20. Uma empresa tem os seguintes principais equipamentos para o seu processo produtivo, apresentados a seguir com a vida útil estimada de cada um deles e a quantidade de turnos em que os equipamentos trabalham em condições normais. Considere que o valor residual do equipamento 1 é zero, que o valor residual do equipamento 2 é 20% do valor de aquisição e o valor residual do equipamento 3 é equivalente a 30% do valor de aquisição.

    Calcule: (a) a depreciação mensal do bem; (b) a depreciação horária de cada bem, considerando que há utilização efetiva durante todas as horas dos turnos trabalhados. Cada turno implica em 8 horas de trabalho.

Equipamento	Valor – $	Vida Útil – anos	Turnos de Trabalho
Equipamento 1	100.000	10	1
Equipamento 2	500.000	5	3
Equipamento 3	200.000	3	2

3

Sistemas de Acumulação

Todo o processo de custeamento necessita de uma arquitetura informacional que absorva todas as necessidades de informações de forma estruturada, que permita o processo subsequente de análise e tomada de decisão. Essa arquitetura informacional tem que ter a consistência contábil, e, em termos de valor, deve estar totalmente amparada pelo sistema contábil, que inclui, além da contabilidade tradicional, a contabilidade financeira para fins legais, também o sistema orçamentário, necessário para as necessidades de custos orçados e padronizados.

Não é possível fazer qualquer sistema de custeamento de produtos e serviços que não tenha como base o sistema contábil. Apesar de ser uma frase redundante, sem a contabilidade tradicional não é possível fazer custo de produtos e serviços. Dessa maneira, um adequado sistema de custos parte de uma adequada estruturação do sistema contábil.[1]

Como o custeamento de produtos e serviços necessita de mensurações físicas das operações aplicadas na produção desses produtos e serviços, bem como a especificação dos materiais componentes de cada um deles, há a necessidade de outro conjunto de informações analíticas para que o processo de custeamento unitário seja realizado. Assim, há a necessidade das informações da composição do produto ou serviço (estrutura) e de como eles são produzidos (processos operacionais).

---

[1] Um material mais detalhado consta em nosso livro *Contabilidade de custos*. 3. ed. São Paulo: Cengage, 2013.

3.1 ESTRUTURAÇÃO DAS INFORMAÇÕES PARA CUSTOS

Para obtenção do custo unitário dos produtos e serviços são necessárias as seguintes estruturas de informações:

1. Composição dos materiais para os produtos e serviços.
2. Tempos de mão de obra direta necessários para execução das fases do processo produtivo.
3. Equipamentos utilizados nos processos produtivos.
4. Tempos dos equipamentos utilizados nos processos produtivos.
5. Unidades de acumulação de custos (estrutura contábil), por atividades, setores ou departamentos.

As unidades de acumulação de custos serão fornecidas pela estrutura contábil, que será apresentada no próximo item. Os demais dados são obtidos de dois subsistemas existentes na empresa prestadora de serviços ou produtoras de produtos, denominados estrutura do produto ou serviço e roteiro ou processo de execução, conforme apresentado na Figura 3.1.

Estrutura Básica para Custeamento Unitário dos Produtos e Serviços

```
┌─────────────────────┐        ┌─────────────────────┐
│  Estrutura do       │        │  Roteiro (Processo) │
│  Produto ou         │        │  de Fabricação ou   │
│  Serviço            │        │  Execução           │
├─────────────────────┤        ├─────────────────────┤
│    Materiais        │        │   Custos Diretos    │
└──────────┬──────────┘        └──────────┬──────────┘
           │                              │
           └──────────────┬───────────────┘
                          ▼
              ┌─────────────────────┐
              │  Custo Unitário dos │
              │  Produtos ou Serviços│
              └─────────────────────┘
```

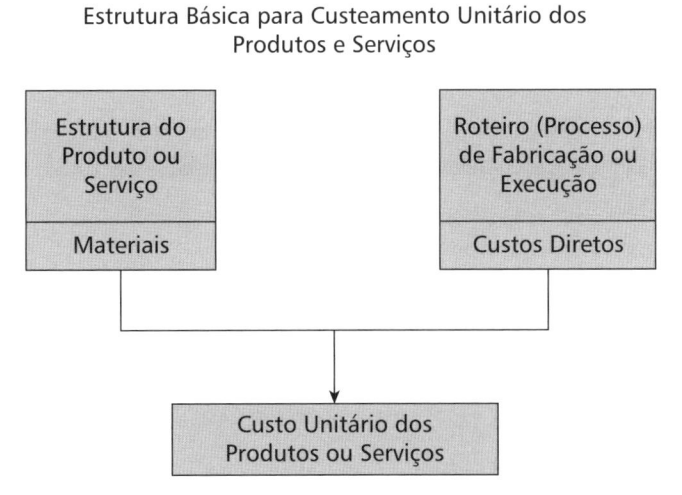

Figura 3.1 *Estrutura básica para custeamento dos produtos e serviços.*

A estrutura do produto ou serviço fornece a composição física do produto ou serviço, tendo como referência os materiais (matérias-primas, componentes) que o compõem ou são necessários para os produtos ou serviços. No caso de uma refeição, são os ingredientes. No caso de um frete, são os combustíveis, óleo, pedágios. Em nosso entendimento, no caso de serviços, os equipamentos diretos utilizados na prestação dos serviços podem fazer parte de sua estrutura.

O roteiro (processo) de fabricação ou execução define como o serviço é feito e por quem é feito. Basicamente, compreende os esforços da mão de obra direta aplicada na fabricação dos produtos ou execução dos serviços. Deve compreender também, no caso de serviços, os serviços executados por terceiros, já que é muito comum em determinados serviços a utilização de outros serviços complementares, como no caso de procedimentos médicos hospitalares e mesmo em determinados tipos de fretes, em que há a contratação de fretes de distribuição.

Essas duas estruturas de informações focam os dados físicos e quantitativos que compõem o produto ou o serviço. Em cima dessas duas estruturas de dados físicos aplicar-se-ão os valores obtidos no sistema contábil ou em outros subsistemas (compras, por exemplo), para obtenção do custo unitário dos produtos e serviços.

3.1.1 Estrutura contábil

A base para o sistema de acumulação de custos é uma adequada estruturação do sistema contábil. A estrutura contábil parte de uma adequada *estruturação da conta contábil*. A conta contábil deve ser estruturada para que permita as seguintes acumulações subsequentes:

a) Custos por tipo de gasto;
b) Receitas por tipo de produtos e serviços;
c) Receitas por mercado e clientes;
d) Custos por atividade, setor ou departamento;
e) Custos e receitas por unidades de negócios;
f) Custos e receitas por filiais, divisões ou fábricas;
g) Custos e receitas por produtos e serviços;
h) Custos e receitas por projetos;
i) Investimentos (estoques, imobilizados, intangíveis) por atividade, setor ou departamento;
j) Investimentos por filiais, divisões, fábricas ou unidades de negócio etc.

3.1.2 Do geral para o particular

A lógica de custo de produtos e serviços é que os dados globais dos gastos e receitas já constem do sistema contábil e que, por meio de um método de custeamento, obtenha-se o custo unitário dos produtos e serviços, conforme pode ser visto na Figura 3.1.

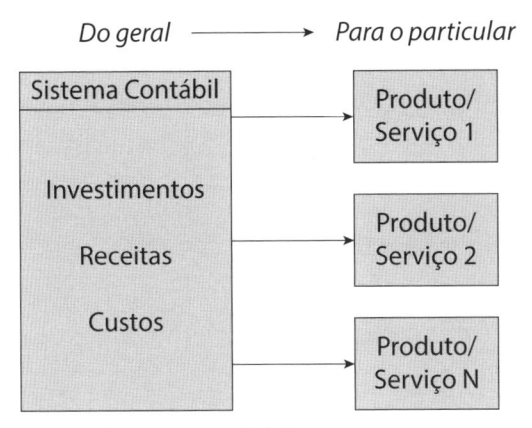

Figura 3.2 *Sistema contábil e custo unitário.*

Quando se tenta o caminho inverso, perde-se a consistência. Não é possível tentar identificar, primeiramente, os custos particulares dos diversos produtos e serviços para depois tentar sua totalização. As informações da contabilidade contemplam todas as transações de todos os eventos econômicos, dentro de uma metodologia cientificamente consistente.

Todos os dados de receitas e custos constam da demonstração do resultado de um período, seja ela com os dados reais ou com os dados orçados. Dessa maneira, o mesmo processo do geral para o particular deve ser consistido também com a demonstração do resultado do período, conforme a Figura 3.2.

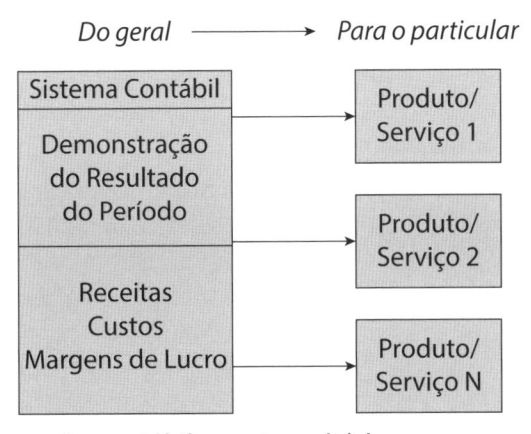

Figura 3.3 *Demonstração contábil e custo unitário.*

3.1.3 Planos de contas

Sob a terminologia de plano de contas devemos considerar as necessidades mínimas de detalhamento para as receitas, custos e despesas, que deve, pelo menos, considerar o conceito de departamentalização. Além disso, outras necessidades de detalhamento podem ocorrer e estas também devem se atendidas pelo plano de contas. Nas empresas de serviços que trabalham com projetos e consultoria e assessoria, há a necessidade de se acumular custos por projeto e clientes.

Em linhas gerais, pode-se ter as necessidades dos seguintes planos de contas:

a) Plano de contas contábeis;
b) Plano de centros de custos e receitas;
c) Identificação dos produtos e serviços ou linhas de produtos ou serviços;
d) Projetos e clientes.

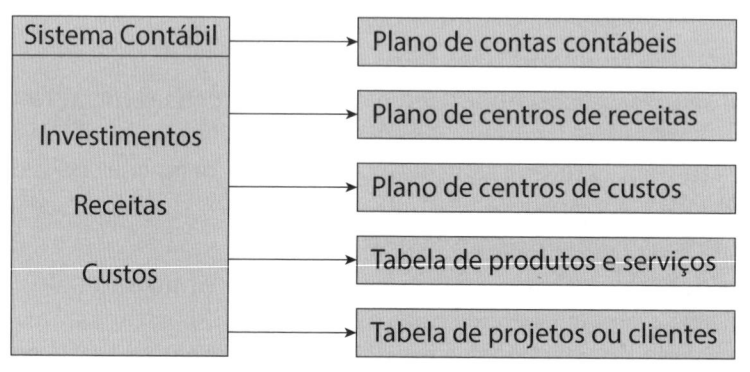

Figura 3.4 *Sistema contábil e plano de contas*.

O plano de contas contábeis deve ser analítico o suficiente para que cada conta represente efetivamente a que se destina representar. Dessa maneira, contas com acumulações genéricas, sem representatividade objetiva, não devem existir, como outras contas, contas diversas etc.

Contas que representem receitas ou gastos que mereçam individualização também devem ser tratadas como contas analíticas e não de forma genérica. Como por exemplo, podemos citar uma conta genérica "Serviços Prestados por Pessoas Jurídicas". Se para fins tributários essa classificação é suficiente, provavelmente não é para fins de custos e tomada de decisão. Caso essa conta contemple serviços recorrentes, deve-se abrir uma conta para cada serviço específico, para que, de imediato, se reconheça para que serve a acumulação contida na conta.

3.1.4 Tabela de produtos e serviços e projetos

Outro subsistema classificatório necessário. Todos os produtos e serviços que serão objeto posterior de custeamento necessário devem ser identificados e classificados por linhas principais, e, posteriormente, também por unidades de negócio.

Da mesma forma deverá haver um plano de contas para os projetos em andamento. No caso de existirem clientes que compram os serviços costumeiramente (para empresas de auditoria externa e consultoria, serviços terceirizados, por exemplo), deverá também existir um sistema de acumulação complementar para os gastos específicos de cada cliente.

3.1.5 Departamentalização e roteiros operacionais

Denomina-se departamentalização o processo de acumular os custos, despesas e receitas por áreas da organização. De um modo geral, a denominação mais conhecida é "centros de custos", que iremos manter em nosso trabalho.

A departamentalização é indispensável para o custeamento dos produtos e serviços, porque irá separar adequadamente os setores envolvidos diretamente com sua produção (setores, atividades ou departamentos diretos) dos demais setores de apoio, administrativos e comerciais.

Uma necessidade imperiosa é que o plano de departamentalização contemple adequadamente os roteiros operacionais. Ou seja, todas as atividades, setores ou departamentos que trabalhem diretamente com os produtos e serviços devem estar contemplados por uma unidade de acumulação de custos no sistema contábil. O Quadro 3.1 apresenta alguns exemplos de departamentalização que contemplam os roteiros de produção ou execução (roteiros operacionais).

Quadro 3.1   *Exemplos de roteiros operacionais para departamentalização.*

	Tipo de empresa industrial ou de serviços				
	Ração para animais	Serviços contábeis	Hotelaria	Logística	Restaurante
Roteiros Operacionais	Abastecimento Moagem Pré-mistura Extrusão Secagem Caldeira Empacotamento	Contabilidade Auditoria externa Consultoria tributária Consultoria de negócios Fusões e aquisições	Recepção Restaurante Hospedagem *Room service* Camareiras Manutenção Garagem	Armazenagem Centro de distribuição Transporte Carga e descarga Vigilância Manutenção Garagem	Valete Recepção Barista Garçonaria Cozinha – preparação Cozinha final Caixa

O objetivo básico da departamentalização para os roteiros operacionais é apurar o esforço de cada etapa do roteiro aplicada para cada produto ou serviço, e, como consequência, ter a oportunidade de mensurar os diferentes custos aplicados em cada produto ou serviço.

3.1.6 Controle patrimonial, depreciação direta e depreciação indireta

O subsistema contábil de controle patrimonial é necessário para identificar todos os imobilizados e intangíveis para cada centro de custo (atividade, setor ou departamento), uma vez que esse tipo de ativo existe em enorme quantidade, e é praticamente impossível seu controle objetivo dentro da própria contabilidade.

Além disso, o cálculo da depreciação, como já vimos, é um cálculo que envolve diversas variáveis e necessita também de um sistema que tenha condições de operacionalização desses cálculos e providenciar a contabilização por centro de custo, bem como manter seu controle adequado.

O sistema de controle patrimonial deve estar preparado para separar e controlar os dois tipos de ativos fixos existentes: os imobilizados diretamente ligados aos roteiros operacionais e os demais imobilizados.

A depreciação dos imobilizados diretamente ligados aos roteiros operacionais fornecerá a base para o cálculo da depreciação direta, que, nos serviços baseados em equipamentos (transporte, hotelaria, hospitais, aviação etc.), pode vir a ser o elemento de custo mais representativo, e deverá ser apropriada aos serviços de forma direta, via quantificação e mensuração específica.

A depreciação dos demais imobilizados e intangíveis fornecerá os dados para o cálculo da depreciação indireta, em que, se os adotados métodos de custeamento com alocação de custos indiretos, será distribuída aos produtos e serviços por meio de algum critério de distribuição ou rateio.

3.2 ESTRUTURA DE CUSTOS

As duas composições de informações a serem estruturadas para permitir o processo de custeamento unitário dos serviços são: a estrutura do serviço e o processo ou roteiro de execução.

3.2.1 Estrutura do serviço

Para qualquer tipo de serviço é possível identificar a sua estrutura, ou seja, o que o compõe ou permite que o serviço seja prestado. A estrutura do serviço é o detalhamento no maior nível analítico de tudo o que vai para o serviço, dentro de sua concepção. No nosso entendimento, os equipamentos objetivamente diretos aos serviços podem compor sua estrutura. O Quadro 3.2 mostra um exemplo de estrutura de um serviço de hotelaria, tendo como referência as informações necessárias para obtenção do custo de uma diária de um tipo de quarto específico.

SISTEMAS DE ACUMULAÇÃO 53

Quadro 3.2 *Estrutura do serviço – hotelaria.*

APARTAMENTO DIA TIPO 1			
Nível 1	Nível 2	Nível 3	Nível 4
QUARTO TIPO 1			
	Área ocupada		
		17 m²	
	1 Cama tipo A		
		1 colchão	
		2 travesseiros	
			1 fronha
			1 espuma
		1 conjunto de cama	
			2 lençóis de algodão
			1 cobertor
	1 Armário		
		10 cabides	
		1 cofre	
		1 cobertor	
	Aparelhos		
		TV 28"	
		TV a cabo	
			Programação VIP
		1 ar-condicionado 10.000 BTU	
	Móveis de apoio		
		Frigobar	
		1 mesa tipo 2	
		1 cadeira	
		1 estofado tipo 01	
		2 abajures	
BANHEIRO			
	Higiene		
		3 sabonetes tipo S	
		1 xampu B	
		1 condicionador	
		1 papel higiênico	
	Toalette		
		2 toalhas banho X	
		2 toalhas rosto X	
		1 toalha chão X	
	Equipamentos de apoio		
		1 secador de cabelos tipo Z	
SERVIÇOS OPCIONAIS DISPONÍVEIS			
	Frigobar		
		2 cervejas BKA	
		2 refrigerantes	
		4 águas	
		1 suco	
		1 isotônico	
	Cesta		
		1 castanha de caju	
		1 batatinha	
		1 barra de cereal	
		1 chocolate	

A estrutura do serviço está intrinsecamente ligada aos materiais que serão consumidos no serviço, bem como à estrutura de equipamentos necessária para que seja prestado. A estrutura de cada serviço é o primeiro grande diferenciador do custo do serviço. Cada serviço da empresa deve ser tratado da mesma maneira.

Todo serviço pode ser estruturado considerando o conceito de subestruturas, que, no nosso exemplo, procuramos mostrar pelos níveis 1 a 4. O conceito de subestruturas equivale ao conceito de conjuntos e subconjuntos num produto industrial. Esse tipo de composição é necessário para que se apure primeiramente o custo unitário das subestruturas, para se ter o custo unitário total do serviço, com a somatória do custo de todas as subestruturas.

Nesse tipo de serviço de hotelaria, a estrutura do serviço começa pelo tamanho do quarto. Parte-se da premissa que podem existir quartos de vários tamanhos. Quanto maior o tamanho, maior a área ocupada do hotel como um todo. Em princípio, quanto maior o quarto, maior deverá ser o custo de depreciação do imóvel a ser apropriado à diária desse tipo de quarto.

Todos os demais itens de cada tipo de quarto e cada tipo de hospedagem devem ser identificados separadamente. Assim, o hotel pode oferecer mais de um tipo de serviço, com características diferentes, e que devem ter sua estrutura custeada separadamente.

A responsabilidade para fazer a estrutura de cada serviço é da área operacional. Assim, no caso de hotel, é da administração ou do gerente. No caso de um hospital, é do diretor técnico. No caso de fretes, do responsável pela operação ou pela logística. Cabe ao setor de custos o trabalho de integração das estruturas dos serviços com os sistemas de contabilidade e de compras para transformar os dados físicos em valores de custos.

3.2.2 Processos operacionais – processo de execução

Praticamente todo serviço envolve a utilização de pessoas para fazê-lo ou mantê-lo. O esforço das pessoas deve ser identificado, quantificado e mensurado para cada tipo de serviço. A mão de obra que lida diretamente com o serviço é denominada mão de obra direta. A mão de obra que não tem um vínculo objetivo com a produção de cada serviço é denominada mão de obra indireta.

Todo o serviço tem um processo genérico de execução, ou seja, as etapas, atividades e tarefas que são necessárias para produzir o serviço ou para disponibilizar o serviço. Todos os funcionários envolvidos com essas etapas, atividades ou tarefas são considerados como pessoal direto ou mão de obra direta. O esforço da mão de obra direta para cada serviço é identificado, quantificado e mensurado e consta do processo de execução.

Alguns serviços contemplam outros serviços que são terceirizados. Denominamos serviços de apoio as tarefas do processo de execução que são feitas por terceiros e elas também são específicas a cada serviço e devem constar do processo de execução. O Quadro 3.3 mostra um exemplo de processo de execução de um serviço de hotelaria, diária de hospedagem.

Quadro 3.3 *Processo de execução – hotelaria.*

APARTAMENTO DIA TIPO 1				
QUARTO DIA		Material Utilizado		Tempo – minutos
Serviço	Profissional	Tipo	Qtde. – ML	
Deslocamento	Camareira 1	–	0	10
Arrumação da cama	Camareira 1	–	0	5
Arrumação da TV	Camareira 1	–	0	1
Varredura quarto	Camareira 1	–	0	4
Passar pano quarto	Camareira 1	Álcool	5	5
Limpeza externa	Camareiro 2	Limpex	5	5
Banheiro - *Box*	Camareira 3	Detergente	10	5
Banheiro - Pia	Camareira 3	Desinfetante	5	3
Passar pano banheiro	Camareira 3	Alcool	10	2
Equipamentos 1 carrinho 1 vassoura 2 rodos 4 panos de limpeza 4 baldes				
SERVIÇOS DE APOIO Lavanderia 2 travesseiros 1 fronha 1 espuma 1 conjunto de cama 2 lençóis de algodão 1 cobertor 2 toalhas banho X 2 toalhas rosto X 1 toalha chão X *Room Service* Recepção *Fitness* Garagem				

Nesse exemplo de processo de execução, consideramos como serviço de apoio a atividade de lavanderia, como se o hotel terceirizasse esse tipo de serviço e fizesse o pagamento pelas quantidades lavadas. As atividades de *room service*, recepção e garagem estão sendo consideradas como de apoio indireto, pois não necessariamente há uma relação direta com o custo da diária. Nesse caso, a atribuição do seu custo poderá ser feita por algum critério de apropriação, caso haja a opção por método de custeio que contenha distribuição ou rateio de custos.

A responsabilidade pelos processos de execução também é da área operacional da empresa de serviços, seja a administração, diretor técnico etc. Cabe ao setor de custos o processo de atribuir valores aos diversos roteiros de cada serviço, seja em termos de valores previstos (padrões, orçados) ou em termos de valores reais.

3.2.3 Apropriação ou cobertura dos custos indiretos

A estrutura do serviço e seu processo de execução são necessários para o custeamento unitário dos materiais, equipamentos e esforço da mão de obra direta. Surge então a questão de como alocar ao custo unitário dos serviços os demais gastos operacionais que estão nos setores ou departamentos de apoio ou administrativos e são representados pela mão de obra indireta e seus gastos correlacionados, mão de obra administrativa e a depreciação indireta.

Basicamente, a questão é resolvida da seguinte maneira:

a) Se a empresa entende que o caminho adequado é a apropriação da maior parte dos custos indiretos ao custo unitário do serviço, deverá adotar uma metodologia de custeamento que envolva a apropriação dos custos indiretos por algum método (absorção, integral, ABC);

b) Se a empresa entende que os procedimentos de apropriação podem provocar distorções significativas na análise da rentabilidade dos serviços, deverá adotar a metodologia de custeamento direto ou variável, onde os custos e despesas indiretas deverão ser cobertos pela margem direta total de todos os serviços.

Estudaremos a questão dos métodos no Capítulo 4.

A Figura 3.5 mostra esquematicamente a estrutura geral de custeamento unitário de um serviço, partindo das estruturas desenvolvidas.

A estrutura do serviço e o processo de execução devem ser elaborados para cada tipo de serviço individual. Os procedimentos de absorção ou de cobertura por margem são obtidos a partir de um estudo com os dados previstos dos gastos para um exercício e aplicados aos custos da estrutura do serviço e do processo de execução.

```
┌─────────────────────────┐   ┌─────────────────────────┐
│   Estrutura do Serviço  │   │   Processo de Execução  │
│   Materiais Diretos     │   │   Mão de Obra Direta    │
│   Equipamentos Diretos  │   │   Serviços de Apoio Direto │
└─────────────────────────┘   └─────────────────────────┘
```

                                    ┌─────────────────────────┐
                                    │   Procedimentos de   │
                                    │   Absorção ou de Margem │
                                    ├─────────────────────────┤
                                    │   Mão de Obra Indireta │
         ┌─────────────────────────┐│   Setores Gerais de Apoio│
         │ Custo Unitário do Serviço └─────────────────────────┘
         └─────────────────────────┘

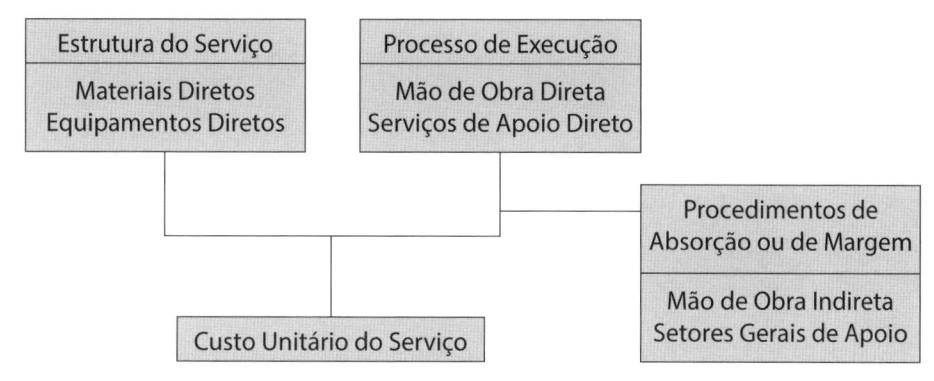

Figura 3.5 *Estrutura para custeamento unitário de um serviço.*

3.3 ACUMULAÇÃO DOS DADOS REAIS

As estruturas de informação para o custeamento dos serviços apresentadas até agora têm como referência a apuração do custo unitário do serviço e servem para qualquer tipo de forma de mensuração econômica: custo real, custo médio, custo padrão, custo estimado, custo orçado ou custo de reposição.

Para a acumulação dos dados reais, de aquisição ou produção, pode haver a necessidade de outros sistemas de acumulação e apuração do custo real dos serviços. Essas necessidades variam por tipo de empresa prestadora de serviço, por tipo de serviço, por existir ou não materiais nos serviços, pelo tempo de execução dos serviços, por lote de produção etc. Assim, cada empresa deve adotar a alternativa que mais se adapta ao seu negócio e ao momento da prestação do serviço.

3.3.1 Ordens de produção ou serviço

Ordem de Produção (ou Ordem de Serviço, Ordem de Trabalho, Ordem de Execução) é um conceito de acumulação de informações de custo que nasceu do sistema de acumulação de custos de produtos ou serviços feitos por encomenda.

Hoje, esse conceito também se traduz num *software* ou módulo do ERP[2] e tem por finalidade básica apurar o custo real (ou mesmo padrão) de um lote de fabricação de um determinado produto ou serviço. A Figura 3.6 busca mostrar esse procedimento.

---

[2] ERP – Enterprise Resource Planning. São os Sistemas Integrados de Gestão Empresarial, que têm como objetivo congregar num único sistema e única base todas as necessidades de sistemas de informações para uma empresa. Os *softwares* desse tipo mais conhecidos no mercado são SAP, Oracle, TOTVS etc. Ver no livro *Sistemas de Informações Contábeis*. 6. ed. São Paulo: Atlas, de Clóvis Luís Padoveze, um material mais analítico sobre ERP.

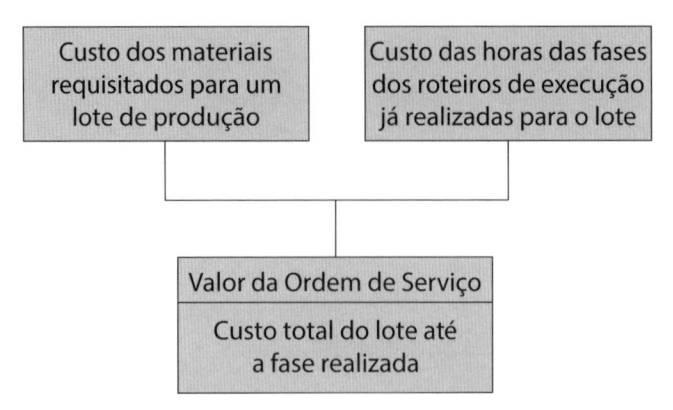

```
┌─────────────────────────┐         ┌─────────────────────────┐
│   Custo dos materiais   │         │ Custo das horas das fases│
│   requisitados para um  │         │  dos roteiros de execução│
│     lote de produção    │         │  já realizadas para o lote│
└─────────────┬───────────┘         └────────────┬────────────┘
              └──────────────┬───────────────────┘
                             │
                ┌────────────▼────────────┐
                │ Valor da Ordem de Serviço│
                │   Custo total do lote até│
                │      a fase realizada    │
                └─────────────────────────┘
```

Figura 3.6 *Ordem de serviço e acumulação dos custos.*

O objetivo da ordem de serviço é acumular os gastos totais já realizados durante o processamento de um lote de produção de um determinado serviço, somando os gastos dos materiais requisitados mais os custos de execução realizados pela mão de obra direta em todas as fases, bem como das horas utilizadas dos diversos equipamentos diretos. Caso a ordem esteja concluída, o produto está acabado. Caso o lote ainda esteja em fase de processamento, é considerado um lote de produção em processo ou em andamento. O sistema de acumulação contempla tanto as quantidades utilizadas quanto seus respectivos valores.

A utilização de ordem de produção ou serviço é adequada tanto para serviços repetitivos e que demandam pouco tempo para sua execução como para serviços de longo processo de execução.

3.3.2 Apontamento de horas (*timesheet*)

Expressão em inglês que corresponde à folha de registro das horas trabalhadas pelos profissionais dedicados à conta de um cliente. Quando acordado entre as partes, o *timesheet* é a base para a cobrança dessas horas em função de valores estabelecidos pela hora entre agência e cliente.

Esse tipo de acumulação de dados de custos é o mais utilizado para serviços baseados em pessoas, onde os materiais não têm relevância e são cobrados dentro do custo por hora. Assim, apuram-se as horas gastas num determinado serviço ou contrato para o cliente e o custo será obtido pela multiplicação do valor do preço hora contratado sobre a quantidade de horas trabalhadas. Exemplos de empresas que utilizam esse tipo de acumulação são as empresas de consultoria, serviços de terceiros, auditoria externa etc.

3.3.3 Acumulação por projeto

Um projeto se caracteriza por um amplo conjunto de atividades e que demanda um período considerável de tempo. Dependendo da empresa, cada projeto tem características únicas. Em outras empresas (por exemplo, incorporação imobiliária) cada projeto contempla características específicas, mas as principais etapas do projeto tendem a ser as mesmas. No caso de incorporação imobiliária, as etapas em que se divide um projeto são, por exemplo, planejamento, licença ambiental, aprovação cartorial, aprovação municipal, preparação do terreno, terraplanagem, arruamento, rede de água e esgoto, asfaltamento, rede de iluminação etc.

A acumulação por projeto é similar à ordem de produção, mas como demanda um tempo maior e há um conjunto maior de etapas, as empresas tendem a utilizar *softwares* específicos para isso. Esses *softwares*, além de apurar os custos do projeto, também permitem a sua gestão, em termos de acompanhamento detalhado das atividades físicas necessárias. Esse acompanhamento é normalmente denominado cronograma físico-financeiro, onde para cada etapa física são associadas as medições quantitativas das tarefas, bem como os gastos necessários para executá-las.

3.3.4 Tecnologia de informação e estrutura contábil

Hoje, a tecnologia de informação, que inclui os sistemas integrados de informação, permite a utilização de várias tecnologias para auxiliar a obtenção dos dados, como código de barras, coletores eletrônicos de dados etc., que enviam automaticamente as informações para os sistemas de acumulação de custos.

Essas informações coletadas devem ser utilizadas para o custeamento dos serviços. Nesse sentido, também o sistema de informação contábil deve estar preparado para recepcionar os dados, por meio do conceito de departamentalização, atividades ou projetos. Essas estruturas de acumulação contábil devem estar, pelo menos, na conta contábil e na estrutura de centros de custos e receitas

Apêndice – Centros de custos e de receitas

Para que um plano de contas atenda todas as necessidades gerenciais, há a necessidade de completá-lo com um novo segmento estruturado de armazenamento de informações contábeis, denominado centros de custos ou despesas (que também estende-se para centros de receitas). Passaremos a denominar esse conceito apenas com o nome genérico de *centros de custos*, a terminologia mais utilizada.

O conceito de centro de custo decorre dos conceitos controlabilidade e prestação de contas (*accountability*) e contabilidade por responsabilidade, que implica em atribuir o controle de contas contábeis para os gestores da organização, com ênfase para as receitas e as despesas. Os valores contabilizados decorrem dos atos realizados por pessoas. Assim, nessa estrutura contábil, há uma segunda classificação do evento econômico para o centro de custo do responsável pelo fato contábil. Praticamente todos os atuais sistemas de informações contábeis à disposição dos contadores já incorporam essa funcionalidade.

O conceito de centros de custos é absolutamente indispensável para a abordagem gerencial de contabilidade. Ele é a base do conceito de controladoria contábil e o fundamento para os seguintes subsistemas de informações contábeis:

a) Contabilidade de Custos;
b) Planejamento Orçamentário;
c) Contabilidade por Unidades de Negócio.

O conceito de centro de custos também é conhecido na contabilidade de custos como *departamentalização*. A estruturação dos centros de custos segue a mesma lógica da estruturação do plano de contas contábil, partindo do geral e particularizando os setores. Assim, a base para estruturar os centros de custos contábeis é o *organograma* da entidade.

O fundamento para a criação de centros de custos é a existência de pessoas num setor, e que esse setor seja separado dos demais setores. Assim, a tabela de centros de custos deve ser refletida inteiramente no sistema de folha de pagamento, já que sua base são as pessoas na organização. Desse modo, não se pode confundir centros de custos com contas contábeis (tipos de despesas ou receitas), bem como não se pode confundir centros de custos com locais físicos.

Após estruturada a tabela ou plano de centros de custos, as informações contábeis são apresentadas num formato matricial, onde apresentam-se as contas contábeis nas linhas e os valores contábeis distribuídos nos centros de custos nas colunas.

Esse conceito está apresentado na tabela a seguir, num exemplo bastante resumido onde escolhemos apenas duas contas de despesas e três centros de custos genéricos operacionais.

DESPESAS	CENTROS DE CUSTOS			Total
	11– Administração	21– Comercialização	31– Operação	
Conta Contábil				
321 – Pessoal				
321.01 Salários	2.000	3.000	2.500	7.500
321.02 Horas extras	300	400	500	1.200
...	...	...	...	...
Total	2.300	3.400	3.000	8.700

Assim, tem-se nas linhas o total das despesas de todos os centros de custos, e nas colunas, todas as despesas específicas de cada centro de custo e também o seu total.

Com o conceito de centro de custos, a estrutura de classificação contábil tem apenas duas tabelas:

1. Tabela do Plano de Contas Contábil.
2. Tabela do Plano de Centros de Custos.

Assim, não há necessidade de se fazer uma estrutura de plano de contas para os custos dos produtos e serviços e uma estrutura de plano de contas para as despesas operacionais.

A base para a estruturação de um plano de centros de custos é a hierarquia definida da empresa, normalmente representada por um organograma. Normalmente, deve ser definida uma conta de centro de custos até o menor nível hierárquico da entidade, onde há custos, despesas e receitas controláveis. Para nosso exemplo, vamos supor um organograma de uma empresa comercial que tenha uma pequena rede de três lojas.

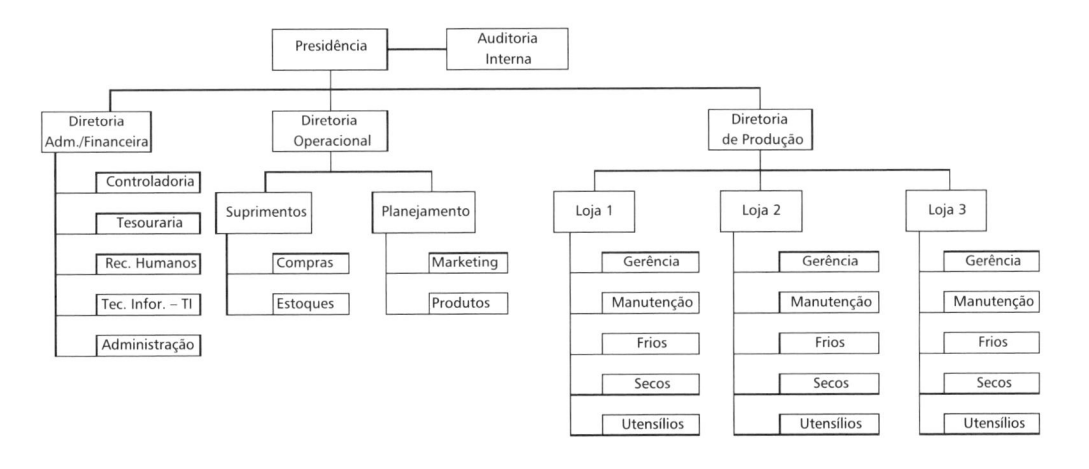

A partir desse organograma, estrutura-se a tabela de centros de custos, podendo seguir a mesma lógica de codificação em graus, similar ao plano de contas contábeis, como no exemplo apresentado a seguir.

1	**Administração**
11	Presidência
111	Presidência
112	Auditoria Interna
12	Diretoria Administrativa e Financeira
121	Diretoria Administrativa e Financeira
122	Controladoria
123	Tesouraria
124	Recursos Humanos
125	Tecnologia de Informação
126	Administração Geral
2	**Diretoria Operacional**
21	Diretoria Operacional
211	Diretoria Operacional
212	Suprimentos
212.01	Compras
212.02	Estoques
213	Planejamento
213.01	Marketing
213.02	Produtos
3	**Diretoria de Produção**
31	Diretoria de Produção
311	Diretoria de Produção
312	Loja 1
312.01	Gerência
312.02	Manutenção
312.03	Frios
312.04	Secos
312.05	Utensílios
313	Loja 2
313.01	Gerência
313.02	Manutenção
313.03	Frios
313.04	Secos
313.05	Utensílios
314	Loja 3
314.01	Gerência
314.02	Manutenção
314.03	Frios
314.04	Secos
314.05	Utensílios

Para as empresas que trabalham com projetos, haverá a necessidade da expansão do conceito de centros de custos para o conceito de projetos. Assim, a estrutura do plano de contas comportaria:

a) Tabela para as contas contábeis;
b) Tabela para os centros de custos;
c) Tabela para os projetos.

Dessa maneira, quando um gasto ou receita ocorre, o lançamento deverá contemplar essas três classificações. Hoje, os bons *softwares* de contabilidade têm estrutura tecnológica e funcionalidades suficientes para absorver esses conceitos.

QUESTÕES E EXERCÍCIOS

1. Tome como referência uma empresa de transportes e logística hipotética e procure identificar e estruturar as seguintes informações:
   a) Faça um organograma desse tipo de empresa;
   b) Identifique os principais tipos de receitas e suas respectivas contas contábeis;
   c) Identifique os principais tipos de gastos e faça a estruturação de um plano de contas de despesas;
   d) Faça uma estruturação dos centros de custos dessa empresa.

2. Custo por Ordem
   Considere que a empresa produz determinados produtos em lotes e que utiliza o sistema de acumulação de custo por ordem de fabricação. São produtos similares e ambos utilizam apenas duas matérias-primas e também são processados em apenas dois departamentos produtivos, diferenciando-se outrossim pelo tamanho e esforço de produção. Em determinado mês foi produzido um lote de 7.290 unidades do Produto **A** e um lote de 7.350 unidades do Produto **B**.

	Produto A	Produto B
Quantidade do lote	7.290 unidades	7.350 unidades
Materiais Requisitados		
Material 1	109.350 unidades	242.550 unidades
Material 2	65.610 unidades	110.250 unidades
Horas Diretas Utilizadas		
Departamento de Produção	8.748 horas	14.700 horas
Departamento de Montagem	8.019 horas	13.230 horas
Preços		
Material 1	5,80/unidade	
Material 2	8,70/unidade	
Hora Departamento de Produção	126,00/hora	
Hora Departamento de Montagem	130,00/hora	
Os custos indiretos de fabricação foram os seguintes:		
Depreciação de Máquinas	$ 2.500.000	
Departamento de Suprimentos	1.200.000	
Departamento de Engenharia de Fábrica	1.700.000	

	Produto A	Produto B
Os custos diretos foram os seguintes:		
Departamento de Produção	$ 2.954.448	
Departamento de Montagem	2.762.370	

Esses lotes dos produtos foram vendidos por $ 15.000.000 (Produto **A**) e $ 25.000.000 (Produto **B**).

Pede-se:

a) calcular um percentual médio de rateio dos custos indiretos de fabricação;

b) fazer a Folha de Custo por Ordem de cada lote de produto, contendo o custo médio unitário final de cada unidade, bem como um resumo de todos os valores atribuídos a cada lote de produto;

c) apurar a margem líquida final de cada produto.

4

Métodos de Custeio

O método de custeio ou custeamento é o caminho para apurar o custo unitário dos produtos e serviços. A partir das informações da contabilidade e utilizando a estrutura do serviço e o processo de execução, apura-se o custo unitário dos serviços, considerando a metodologia adotada.

O método de custeio é, provavelmente, o conceito mais polêmico na contabilidade de custos, uma vez que determinados autores e escolas de pensamento contábil não aceitam a apropriação dos custos e despesas indiretas de forma unitária aos serviços, enquanto outros autores e escolas entendem que esse procedimento é válido.

O *método de custeio é o modelo decisório* de custos adotado pela empresa. Em outras palavras, a partir da adoção de um método de custeio estende-se todo o conjunto de análises de custos e rentabilidade dos serviços e clientes. Se o método adotado não for bem compreendido, é possível que a empresa tome decisões que prejudiquem sua lucratividade. Dessa maneira, há a necessidade de conhecimento profundo da adoção do método de custeio e suas implicações nas análises gerenciais e tomada de decisão sobre produtos e serviços.

4.1 FUNDAMENTOS DOS MÉTODOS DE CUSTEIO

Essencialmente, a discussão e polêmica sobre os métodos de custeio têm por referência os custos e despesas indiretas, que são normalmente gastos fixos ou semifixos. Assim, são duas questões fundamentais iniciais:

a) Deve-se apropriar ou não os custos e despesas indiretas no custo unitário dos produtos ou serviços?

b) Caso se entenda que é necessário apropriar os custos e despesas indiretas, qual é o melhor método de fazê-lo?

Exploraremos essas duas questões neste capítulo, fazendo uma exemplificação numérica com os principais métodos de custeamento, em conjunto com uma abordagem crítica básica.

4.1.1 Apuração do custo unitário: custos diretos e indiretos

Esse é o primeiro fundamento do método. Identificar quanto custa unitariamente cada produto ou serviço produzido e vendido pela empresa, a partir dos gastos gerais contabilizados ou a contabilizar (orçamento), para fins de formação de preços de venda e análises de rentabilidade.

É importante ressaltar que o custeamento da estrutura do serviço e do processo de execução é necessário para qualquer método. Ou seja, não se questiona a questão apuração unitária dos custos diretos (materiais, mão de obra direta, depreciação direta) que deve ser feita em qualquer método. A questão que se discute é a apropriação, ou não, dos custos e despesas indiretas de forma unitária aos produtos e serviços.

4.1.2 Abordagens básicas

São duas abordagens básicas de métodos de custeamento:

I – Método de custeamento direto e variável.

II – Método de custeamento por absorção de custos e despesas indiretas.

Os defensores dos métodos de custeamento direto e variável não admitem em hipótese nenhuma a alocação de custos e despesas indiretas de forma unitária aos produtos e serviços. Esses gastos deverão ser cobertos pela margem de lucro de todos os produtos.

Os defensores do custeamento por absorção entendem que é válida e necessária a alocação dos custos e despesas indiretas de forma unitária aos produtos e serviços e propõem várias alternativas para esse processo.

A Figura 4.1 mostra as principais correntes de pensamento e metodologias dos métodos. Os defensores da Teoria das Restrições[1] e da filosofia GECON – Gestão

---

[1] Ver o livro *A meta*, de Eliyahu Goldratt e Jeff Cox, São Paulo: Imam, 2009.

Econômica (desenvolvida na FEA-USP, pela equipe liderada pelo Prof. Armando Catelli)[2] não admitem de forma nenhuma nenhum procedimento de apropriação[3] dos custos e despesas indiretas aos produtos e serviços.

Custeio Variável/Direto	Custeio por Absorção
Teorias das Restrições GECON	Custeio ABC Custo Meta Custeio Integral RKW UEP

Figura 4.1 *Métodos de custeio, correntes de pensamento e metodologias básicas.*

Denominamos genericamente de custeio por absorção todos os métodos de custeamento que admitem a apropriação dos custos e despesas indiretas aos produtos e serviços. Além do próprio método de custeio por absorção, os métodos de custeio ABC (Custeamento Baseado em Atividades), o Custeio Integral e o RKW[4] são métodos que fazem a apropriação dos gastos indiretos aos produtos e serviços. Os conceitos de Custo Meta e UEP – Unidades de Esforço de Produção (método utilizado por algumas empresas, principalmente no sul do país, similar ao custeamento por células de produção) são também aderentes ao custeamento por absorção e admitem apropriação dos gastos indiretos.

4.1.3 Gastos do período e para os produtos

Todos os gastos direcionados aos produtos e serviços e transformados de forma unitária a eles são denominados gastos para os produtos.

Os demais gastos não alocados de forma unitária aos produtos e serviços são denominados gastos para o período, uma vez que serão lançados diretamente como despesa na demonstração do resultado do período e não farão parte do custo unitário. Gerencialmente, deverão ser cobertos pela margem de lucro do total dos produtos e serviços.

---

[2] Ver o livro *Controladoria*, de Armando Catelli, São Paulo: Atlas, 2001.

[3] Apropriação, rateio, alocação, distribuição, absorção são nomenclaturas utilizadas para incluir no custo unitário dos produtos e serviços as despesas e custos indiretos. O rateio é a semântica mais conhecida.

[4] Abreviação de *Reichskuratorium fur Wirtschaftlichkeit*, órgão do Ministério da Fazenda da Alemanha nos anos 1940.

4.2 VISÃO GERAL DOS MÉTODOS

A Figura 4.2 apresenta uma visão geral dos principais métodos de custeio e os gastos utilizados para o custeamento unitário dos produtos e serviços em cada um deles.

Gastos Totais – Diretos e Indiretos	
Tipos de Gastos	**Métodos de Custeio**
Matéria-Prima, Materiais Diretos e Embalagens	Teoria das Restrições / Custeio Direto/Variável / Custeio por Absorção / Custeio ABC / Custeio Integral / RKW
Despesas Variáveis (exemplo: Comissões)	
Mão de Obra Direta	
Mão de Obra Indireta	
Despesas Gerais Industriais	
Depreciação	
Mão de Obra Administrativa / Comercial	
Despesas Administrativas / Comerciais	
Despesas Financeiras	

Gastos Totais + Método de Custeio → Produto/Serviço 1, Produto/Serviço 2, Produto/Serviço 3, Produto/Serviço 4, Produto/Serviço N

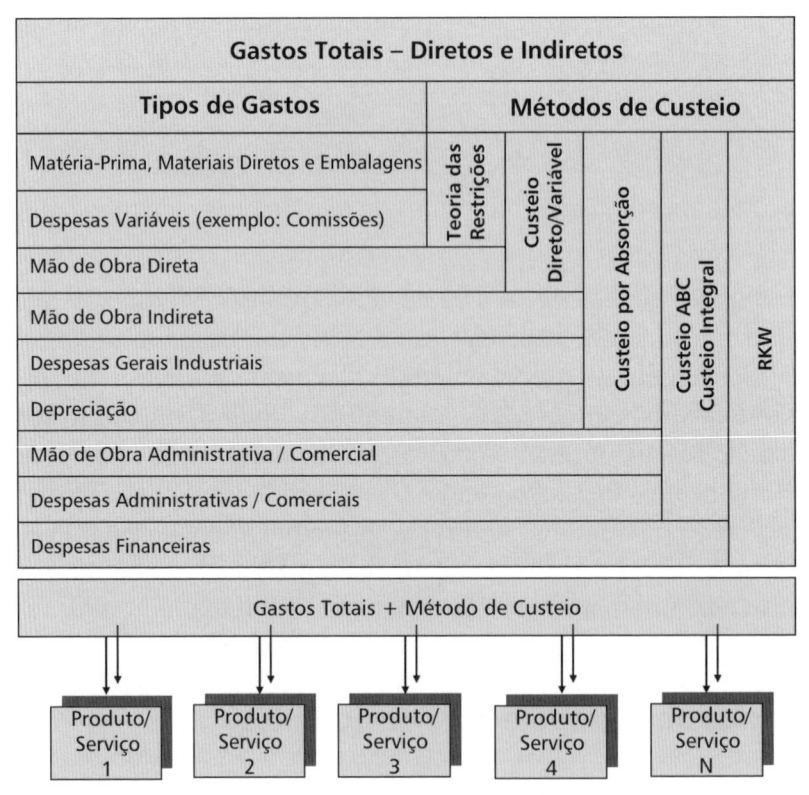

Figura 4.2 *Métodos de custeio – visão geral.*

A Figura 4.2 mostra à esquerda os tipos de gastos existentes em qualquer empresa, que serão utilizados para o custeamento unitário, e à direita, os métodos correspondentes.

Para os defensores da *Teoria das Restrições*, os únicos gastos que podem ser atribuídos objetivamente de forma unitária aos produtos e serviços são os gastos estritamente variáveis, que na figura são representados pelos materiais diretos (matérias-primas, componentes, embalagens etc.), e eventuais despesas variáveis, como comissões sobre venda. Todos os demais gastos, inclusive a mão de obra direta, serão considerados como despesas do período e não farão parte do custo unitário.

Os defensores do método de *custeamento variável/direto* entendem que a mão de obra direta deve ou pode ser caracterizada como variável, uma vez que no médio e longo prazo ela tem realmente essa característica de variabilidade em relação ao volume produzido.

Quando há a alocação adicional dos demais custos operacionais (da fábrica, se indústria, e gastos da operação, se serviços) de forma unitária aos produtos e serviços, há a caracterização do *custeamento por absorção*, que admite formas simplificadas de apropriação dos custos indiretos. *O método de custeamento por absorção é o mais conhecido e utilizado no mundo todo, uma vez que é o determinado pelas práticas contábeis internacionais*. Além disso, esse mesmo método, em nosso país, também é obrigatório para fins de avaliação de inventários, para fins de tributação do imposto de renda.

O método do *custeamento integral* é a extensão do conceito de absorção, fazendo também a apropriação aos custos unitários dos produtos e serviços das despesas comerciais e administrativas, sendo também denominado custeamento total (*full-cost*).

O método do *Custeamento ABC* é a proposta alternativa para o custeamento integral, por meio da adoção de uma metodologia, considerada mais racional, de identificação das atividades dos setores indiretos, para, em seguida, fazer a distribuição dessas atividades aos diversos produtos e serviços de forma unitária.

O *método do RKW* tem por finalidade fazer a absorção de todos os custos, financeiros, administrativos, indiretos da operação, para custear unitariamente os produtos e serviços. Nesse método, todos os custos de operação, comercialização, administração e financeiros (exceto materiais diretos) devem ser canalizados para o custo dos departamentos ou setores diretos (os departamentos ou setores que operacionalizam o roteiro de fabricação ou o processo de execução). Assim, o custo dos departamentos ou setores diretos absorve todos os demais gastos da empresa. É um método pouco utilizado atualmente e não é recomendado gerencialmente porque consiste numa metodologia de apropriação ou rateio muito prolixa e apresenta um custo unitário que mistura custos diretos, indiretos, despesas diretas e indiretas, praticamente impedindo um procedimento racional de análise de custos e rentabilidade.

No próximo item deste capítulo apresentaremos um exemplo numérico com quatro métodos escolhidos.

4.2.1 Os métodos e os elementos da demonstração do resultado

No Quadro 4.1 apresentamos uma visão esquemática dos métodos de custeio e sua vinculação com os elementos da demonstração do resultado do período.

Quadro 4.1 Exemplo – único produto.

	Total – $	Quanti-dade (1)	Teoria das Restrições	Custeio Direto/ Variável	Custeio por Absorção	Custeio ABC e Integral	RKw
Receita Operacional Bruta	1.250.000	2.500					
(–) Impostos sobre Vendas	250.000	2.500					
(ICMS, PIS, COFINS, ISS)							
= Receita Operacional Líquida I	1.000.000	2.500					
(–) Comissões sobre vendas	80.000	2.500	32,00	32,00	32,00	32,00	32,00
= Receita Operacional Líquida II	920.000	2.500					
(–) Custo dos Produtos e Serviços Vendidos	660.000	2.500					
Materiais Diretos	250.000	2.500	100,00	100,00	100,00	100,00	100,00
Mão de Obra Direta	90.000	2.500		36,00	36,00	36,00	36,00
Mão de Obra Indireta	130.000	2.500			52,00	52,00	52,00
Despesas Gerais	90.000	2.500			36,00	36,00	36,00
Depreciações	100.000	2.500			40,00	40,00	40,00
= Lucro Bruto	260.000	2.500					
(–) Despesas Operacionais	195.000	2.500					
Administrativas (2)	85.000	2.500				34,00	34,00
Comerciais (2)	110.000	2.500				44,00	44,00
= Lucro Operacional	65.000	2.500					
(–) Despesas Financeiras	25.000	2.500					10,00
= Lucro Líquido antes dos Impostos sobre o Lucro	40.000	2.500					
Custo Unitário Total do Produto ou Serviço			132,00	168,00	296,00	374,00	384,00

(1) Premissa: quantidade vendida igual a quantidade produzida.
(2) Inclui mão de obra, despesas gerais e depreciações.

Para fins de exemplificação, partimos da premissa que a empresa dessa demonstração do resultado fabrica e vende apenas um produto, uma simplificação acadêmica, mas de ocorrência praticamente impossível no mundo real. Os valores dos custos unitários foram obtidos pela divisão dos gastos do período pela quantidade única de 2.500 unidades. Por exemplo, o custo unitário de $ 100,00 de materiais diretos é resultado da divisão dos gastos totais de materiais do período, $ 250.000, pela quantidade de 2.500 unidades, e assim sucessivamente.

O objetivo é novamente reforçar o conceito do método como modelo para tomada de decisão. Assim, para os postulantes e defensores do método da Teoria das Restrições, o custo unitário desse produto ou serviço seria de $ 132,00. Os demais gastos devem ser cobertos pela margem total de lucro do produto.

Para os que adotam o custeamento direto/variável, o custo unitário do produto ou serviço seria de $ 168,00; de novo, os demais gastos devem ser cobertos pela margem de lucro total do produto ou serviço. Para quem utiliza o custeamento por absorção, a mensuração do custo unitário do produto ou serviço apontaria para $ 296,00; para os defensores do custeamento integral ou ABC, $ 374,00, e para os que adotam o RKE, $ 384,00.

Isso posto fica evidente que, dependendo do método adotado, há uma informação diferente de custo unitário de produto ou serviço. Mais uma vez reforçamos que o conhecimento profundo dos métodos deve ser necessário para sua utilização no processo de tomada de decisão de aumentar ou diminuir a produção e vendas de determinados produtos ou serviços, bem como na decisão de manter ou não determinados produtos e serviços no portfólio de produtos e serviços da empresa.

4.2.2 Método de custeio e formação de preços de venda

O fato da existência de diversos métodos de custeio provoca dúvidas com relação a sua utilização da formação de preços de venda a partir do custo. Alguns empresários ficam com dúvidas na adoção de métodos de custeamento variável/direto porque imaginam que os demais gastos poderiam não ser contemplados na formação de preços de venda.

Contudo, essa questão é resolvida com a determinação do *Mark-up*. O *Mark-up* é um índice multiplicador que, aplicado no custo unitário dos produtos e serviços, dá o preço de venda que consegue cobrir todos os gastos (diretos, variáveis, indiretos, financeiros etc.) e dar a margem de lucro desejada. Assim, partindo do custo unitário de cada produto ou serviço, aplica-se o *Mark-up* e obtém-se o preço de venda, formado a partir do custo, que cobre todos os gastos e dá a margem de lucro esperada. O Quadro 4.2 mostra um exemplo de diversos *Mark-ups* para os diversos métodos de custeio.

Quadro 4.2 *Obtenção de mark-up para formação de preço de venda.*

	Teoria das Restrições	Custeio Direto/ Variável	Custeio por Absorção	Custeio ABC e Integral	RKW
Preço de Venda (A)	400,00	400,00	400,00	400,00	400,00
Custo Unitário (B)	132,00	168,00	296,00	374,00	384,00
Mark-up (C = A ÷ B)	3,030	2,381	1,351	1,070	1,042

Para cada método de custeio utilizado, deve-se apurar um *Mark-up* específico. Essa metodologia de formação do *Mark-up* será apresentada no Capítulo 8. Assim, partindo-se do custo unitário de todos os produtos e serviços da empresa, e considerando a necessidade de lucro, a margem desejada, e tendo como referência o valor dos demais custos e despesas não incorporados aos custos unitários, obtém-se um índice multiplicador que forma o preço de venda a partir do custo.

No exemplo do Quadro 4.2, cada um dos *Mark-ups* elaborados com a metodologia adequada apontarão para um preço de venda unitário de $ 400,00. Em resumo, contorna-se a adoção de métodos de custeamento diferentes, para fins de formação de preços de venda, com a estruturação de um *Mark-up* específico para cada método utilizado.

4.3 EXEMPLO NUMÉRICO COM VÁRIOS MÉTODOS

Faremos a seguir uma apresentação de quatro metodologias de custeamento com o objetivo de mostrar as principais características, as possíveis falhas e indicar qual é o melhor método a ser utilizado. Para tanto, partiremos de um conjunto de informações já colhidas e que servirão para todos os métodos, em conjunto com um volume de atividade escolhido para os produtos ou serviços, que estão demonstrados no Quadro 4.3.

Quadro 4.3 *Exemplos: métodos de custeamento de produtos.*

	Informação e dados do período				
	Produto A		Produto B		Total
	Qtde.	Valor – $	Qtde.	Valor – $	$
Preço de Venda unitário		60,00		200,00	
Volume corrente	1.300 unidades		120 unidades		
Custos Unitários					
. Materiais Diretos		25,00		78,00	
. Mão de Obra Direta		18,00		35,00	
. Comissões sobre Venda		9,00		20,00	
Custos Fixos/Indiretos					16.560

No exemplo, os dados de custos unitários diretos e variáveis para os dois produtos (ou serviços) já foram apurados e determinados, assim como um exemplo de despesa variável. Ou seja, os custos diretos e variáveis são sempre possíveis de serem obtidos de forma unitária, uma vez que há condições objetivas de identificação, quantificação e mensuração em valor. Conforme já exploramos no capítulo anterior, *os custos unitários diretos e variáveis são obtidos pela estrutura do produto (ou serviço) e pelo processo de fabricação (ou execução)*.

A questão do método se cristaliza no tratamento a ser dado para os custos e despesas indiretas, que têm características genéricas de serem fixos ou semifixos ou semivariáveis, sem vinculação objetiva com produtos ou serviços específicos (exceto os custos ou despesas diretas específicas de cada produto ou serviço ou linha de produtos ou serviços).

4.3.1 Custeamento por absorção

Esse método caracteriza-se por atribuir unitariamente os gastos indiretos por meio de algum procedimento de rateio (que é chamado de absorção). De um modo geral, os procedimentos ou critérios são de caráter genérico, mas nada impede de se adotar critérios diferentes para cada setor ou gasto indireto.

Pode-se fazer a distribuição dos gastos indiretos em cima de qualquer variável, tais como:

a) absorção partindo do total do gasto da mão de obra direta;
b) absorção utilizando as quantidades produzidas;
c) absorção partindo do total dos gastos diretos dos produtos e serviços;
d) absorção utilizando os gastos de transformação etc.

Neste exemplo, utilizaremos como critério de absorção o total de gasto da mão de obra direta no período, para, em seguida, atribuir unitariamente ao custo dos produtos A e B. Para tanto é necessário obter o total da mão de obra direta do período, conforme mostram os dados apresentados a seguir.

Absorção dos Custos Fixos / Indiretos Critério de Rateio Assumido: Total da Mão de Obra Direta			
Total da Mão de Obra Direta			
	Custo Unitário	Qtde.	Total
Produto A	18,00	1.300	23.400
Produto B	35,00	120	4.200
Total da Mão de Obra Direta			27.600

Em seguida, apura-se uma relação de variabilidade, utilizando os gastos indiretos a serem absorvidos e o total da mão de obra direta do período. A relação obtida será aplicada no custo unitário da mão de obra direta de cada produto, obtendo-se o custo unitário indireto de cada produto, finalizando o custeamento unitário dos produtos.

Quadro 4.4   *Custeio por absorção.*

Índice de Absorção
Custos Fixos/Indiretos (A)   16.560
Mão de Obra Direta Total (B)   27.600
Índice de Absorção (A ÷ B)   0,6

Custo Unitário dos Produtos

	Produto A		Produto B	
Materiais Diretos		25,00		78,00
Mão de Obra Direta		18,00		35,00
Comissões		9,00		20,00
Custos Fixos/Indiretos	(0,6 × 18,00)	10,80	(0,6 × 35,00)	21,00
Total		62,80		154,00

Modelo de Demonstração de Resultados

	Produto A			Produto B			Total $
	Qtde.	Pr. Unitário	Total	Qtde.	Pr. Unitário	Total	
Receita de Vendas	1.300	60,00	78.000	120	200,00	24.000	102.000
Custo das Vendas	1.300	62,80	81.640	120	154,00	18.480	100.120
RESULTADO OPERACIONAL		–2,80	–3.640		46,00	5.520	1.880
Margem Operacional %		(4,7)	(4,7)		23,0	23,0	1,8

Ao confrontar o total dos gastos indiretos, $ 16.560, com o custo total da mão de obra direta no período, $ 27.600, obtém-se um índice de absorção, no caso, 0,60. Esse indicador diz que, em média, para cada $ 1,00 de custo unitário de mão de obra direta gastam-se $ 0,60 centavos de custos indiretos. Esse indicador médio é aplicado no custo unitário de mão de obra direta de cada produto, obtendo-se o custo unitário de custos indiretos para cada produto.

	Produto A	Produto B
Custo unitário de mão de obra direta (a)	18,00	35,00
Índice de absorção de custos indiretos (b)	0,60	0,60
Custos indiretos unitários por produto (a × b)	10,80	21,00

A tabela final do Quadro 4.4 apresenta um modelo de decisão com a estrutura de demonstração do resultado do período, considerando as quantidades de cada produto, seus custos unitários, seus preços de venda, o lucro ou prejuízo unitário de cada produto e o lucro ou prejuízo total de cada produto e o total geral da empresa.

No exemplo numérico apresentado, os dados indicam que o Produto A dá um prejuízo unitário de $ 2,80 por unidade e um prejuízo total para a empresa de $ 3.640, enquanto o Produto B é um produto lucrativo. O total do lucro da empresa é de $ 1.880 no período.

Custeamento por absorção – solução alternativa

O método de absorção, como já vimos, admite várias possibilidades de rateio ou alocação. Apenas para exemplificarmos, vamos admitir outro critério de absorção ou rateio. Utilizaremos, ao invés do total da mão de obra direta, o volume total produzido. Assim, vamos dividir o total dos custos indiretos, os mesmos $ 16.560, pelo total das quantidades dos Produtos A e B, conforme demonstrado a seguir.

Absorção dos Custos Fixos / Indiretos Critério de Rateio Assumido: Total de Quantidade dos Produtos	
Total dos Custos Fixos/Indiretos	16.560 a
Quantidades	
Produto A	1.300
Produto B	120
Quantidade total	1.420 b
Custo Médio Fixos/Indiretos por quantidade	11,66 a/b

Nesse critério, o valor do custo unitário é o mesmo para os dois produtos. Em seguida, incorpora-se o novo custo unitário indireto ao custo unitário direto do produto, formando um novo custo unitário total para os Produtos A e B, conforme o Quadro 4.5.

Quadro 4.5   *Custo unitário com absorção pelas quantidades.*

	Produto A	Produto B
. Materiais Diretos	25,00	78,00
. Mão de Obra Direta	18,00	35,00
. Comissões sobre Venda	9,00	20,00
. Custos Fixos/Indiretos		
.. Critério MOD	~~10,80~~	~~21,00~~
.. Critério Quantidade	11,66	11,66
Custo Unitário Total	63,66	144,66

Como só é possível adotar um método ou critério de absorção, em se adotando o critério das quantidades, deve-se abandonar o critério da mão de obra direta total. Com esse critério, o custo unitário do Produto A fica ainda maior, e o do Produto B, menor, em relação ao critério anterior.

Fica claro, então, que para cada critério de rateio diferente (alocação, apropriação, distribuição, absorção) haverá um custo unitário diferente para cada produto ou serviço.

4.3.2   Custeamento por atividades (ABC)

O método de custeamento por atividades, ABC, é uma proposta para melhorar os procedimentos de alocação dos gastos indiretos, buscando dar uma estrutura mais racional para esse processo, e assim, eliminar as possíveis falhas de alocação por critérios arbitrários ou sem lógica econômica. A nomenclatura ABC vem do inglês *Activity Based Costing* – Custeamento Baseado em Atividades.

A ideia central do custeamento ABC é identificar as principais tarefas executadas pelos setores indiretos, caracterizando-as como atividades dentro do setor, para depois alocá-las aos produtos e serviços. Dessa maneira, cria-se um elemento intermediário entre o gasto total do setor indireto, as atividades, e o custo unitário dos produtos e serviços.

O custeamento ABC segue o seguinte raciocínio em termos de custos: *as atividades consomem os recursos (custos); os produtos e serviços consomem as atividades*. Isso fica evidenciado na Figura 4.3.

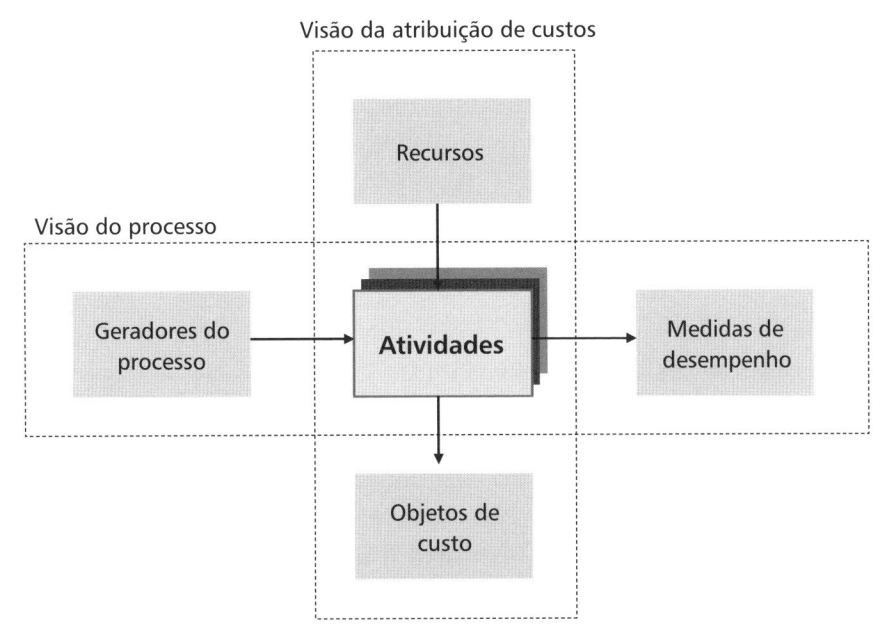

Figura 4.3 *Estrutura conceitual do custeio ABC.*

Dentro dessa metodologia, primeiramente apura-se o custo das atividades, para depois apropriar o custo delas aos produtos (objetos de custos conforme a figura). Para tanto, é necessário identificar todas as principais atividades de todos os setores indiretos (operacionais, administrativos e comerciais), para depois fazer o custeamento de suas atividades e alocar aos produtos e serviços.

Para a aplicação dessa metodologia, é necessário desenvolver e implementar um sistema complementar de acumulação de custos, uma vez que o sistema contábil tradicional não dá, no formato costumeiro, as informações do custo por atividades. Vejamos um exemplo com os gastos de um departamento indireto de apoio, o departamento de compras. O sistema contábil faz a acumulação tradicional dos gastos de cada departamento por tipo de despesas, normalmente agrupando em quatro blocos de tipos de gastos, conforme apresentado em seguida.

CUSTO POR ATIVIDADES – EXEMPLO Depto. de Compras – Acumulação Tradicional	
Despesas com pessoal	100.000
Materiais indiretos	10.000
Despesas gerais	50.000
Depreciação	15.000
Total	175.000

Para a aplicação da metodologia ABC, é necessária uma nova visão desses mesmos gastos, agora incorporando o conceito de atividades. Para tanto, o sistema de custos tem que capturar outras informações quantitativas, bem como redirecionar os gastos pelas atividades desenvolvidas no departamento. Vamos supor que o departamento de compras de uma empresa desenvolve pelo menos quatro atividades principais, quais sejam:

a) Desenvolvimento de fornecedores;
b) Obtenção de cotações de preços dos fornecedores;
c) Colocação dos pedidos de compras aos fornecedores;
d) Processamento das declarações de importação.

O sistema complementar para o custeamento ABC, depois da identificação das atividades, deve acumular os valores gastos em cada atividade, bem como as quantidades físicas da tarefa física escolhida para representar a atividade. A tarefa escolhida para representar a atividade é denominada *direcionador de custos* (*cost driver*). Entende-se por direcionador de custos ou da atividade a tarefa executada que faz com que a atividade custe mais ou menos, ou seja, caso haja aumento do volume de atividades, deveria haver aumento de gastos com essa atividade; caso haja redução do volume da atividade, deveria haver redução dos gastos com essa atividade. No exemplo do departamento de compras, teríamos que ter as informações seguintes.

CUSTO POR ATIVIDADES – EXEMPLO				
Depto. de Compras – Acumulação ABC Atividades do Depto. de Compras $		Direcionador		Custo da Atividade $
		Tipo	Qtde.	
Desenvolver fornecedores	63.000	Fornecedores a Desenvolver	40	1.575,00
Fazer cotações	24.500	Cotações a efetuar	50.000	0,49
Colocar pedidos	52.500	Pedidos a colocar	20.000	2,63
Importações	35.000	Declarações de Importação	1.200	29,17
	175.000			

Outro conceito subjacente ao custeamento por atividades é que, após a identificação das atividades e seu custeamento, a empresa tem condições de fazer um acompanhamento sistemático, ou mesmo um *benchmarking* externo, buscando eliminar as atividades desnecessárias ou reduzir o seu custo unitário. O Quadro 4.6 mostra exemplos de outros setores e atividades.

Reconhece-se que uma das principais dificuldades da metodologia ABC é a dificuldade de obtenção do valor a ser alocado para cada atividade, já que muitas vezes o mesmo funcionário executa mais de uma atividade. De certa forma, a metodologia ABC praticamente implicaria no conceito de acumulação de horas por apontamento (*timesheet*), o que pode vir a ser custoso para as empresas.

Quadro 4.6 *Exemplos de direcionadores de atividades nos departamentos e serviços.*

Departamentos de serviços	Direcionadores de atividades
Compras	Ordens de compras
Energia	Consumo de energia (kwh)
	Capacidade instalada das máquinas
Depreciação	Horas de máquinas
Pessoal e Recrutamento	Número de empregados
	Turnover
Recebimento e Expedição	Unidades manuseadas
	Quantidade de embarques
	Quantidade de recebimentos
	m² ocupados pelos materiais
Manutenção	Horas de máquinas ou horas/homens trabalhadas
	Quantidade de atendimentos
	Pessoal e equipamentos ocupados à disposição de cada produto
Planejamento e Controle da Produção	Quantidade de ordens controladas
	Horas de análise trabalhadas
Engenharias	Horas de análise trabalhadas
	Quantidade de partes projetadas
	Quantidade de processos desenvolvidos
	Pessoal ocupado à disposição de cada linha de produto
Almoxarifado e Movimentação de Materiais	m² ocupados
	Quantidade de itens estocados
	Volume manuseado
	Equipamento à disposição das linhas de produtos
	Quilometragem percorrida

A metodologia de implementação e utilização do custeamento ABC pode ser vista em sete passos, conforme apresentados a seguir.

Custeamento por Atividades
Metodologia de implantação e utilização
1º Passo
Identificar as atividades dos setores indiretos
2º Passo
Escolher o melhor direcionador de custo (*cost driver*) de cada atividade
3º Passo
Quantificar periodicamente as quantidades dos direcionadores realizados pelas atividades
4º Passo
Mensurar quanto se gasta periodicamente para realizar a atividade
5º Passo
Custear unitariamente cada atividade
6º Passo
Identificar a quantidade de direcionadores de cada atividade consumida por cada produto ou serviço
7º Passo
Custear unitariamente o total das atividades para cada produto ou serviço e inserir no custo unitário total

---

Utilizando os mesmos dados do custeamento por absorção, vamos simbolizar os custos indiretos do exemplo numérico, o total de $ 16.560, em quatro atividades escolhidas arbitrariamente: depreciação, controle de produção, controle de materiais e expedição, com os seus respectivos direcionados escolhidos, quantidades realizadas e valores alocados para cada atividade.

Custos Indiretos/Fixos por Atividade			
Atividade	**Direcionador**	**Quantidade**	**Valor – $**
Depreciação	Hs. Máquinas	2.100	6.300
Controle de Produção	Ordens	2.840	4.260
Controle de Materiais	Recebimentos	12.000	2.700
Expedição	Transportes	550	3.300
Total dos custos indiretos/fixos			**16.560**

Após apurado o custo de cada atividade e as respectivas quantidades de cada direcionador, apura-se o custo de cada atividade. Em seguida, verifica-se a quantidade de cada atividade consumida para cada produto ou serviço, fazendo o custeamento unitário de todas as atividades para cada produto ou serviço, como pode ser visto no Quadro 4.7.

Quadro 4.7 *Custeamento unitário das atividades por produto.*

Custeio Baseado em Atividades

Custo das Atividades (Custos Indiretos/Fixos)

	Direcionador	Quantidade	Gasto Total	Custo por Atividade – $
Depreciação	Hs. Máquinas	2.100	6.300	3,00
Controle de Produção	Ordens	2.840	4.260	1,50
Controle de Materiais	Recebimentos	12.000	2.700	0,225
Expedição	Transportes	550	3.300	6,00

Custo das Atividades por Produto

	Produto A			Produto B		
	Qtde. de Direcionadores	Custo por Atividade	Total por Produto	Qtde. de Direcionadores	Custo por Atividade	Total por Produto
Horas de Máquinas Trabalhadas	500	3,00	1.500	1.600	3,00	4.800
Ordens de Produção	240	1,50	360	2.600	1,50	3.900
Recebimentos de Materiais	10.000	0,225	2.250	2.000	0,225	450
Transporte de Produtos	450	6,00	2.700	100	6,00	600
			6.810			9.750
Quantidade de Produto Produzida			1.300			120
Custo Unitário das Atividades/Produto			5,24			81,25

Verifica-se que do valor total de $ 16.560, $ 6.810 das quatro atividades foram direcionados para o Produto A, em função do consumo das atividades, e $ 9.750 foram direcionados para o Produto B. O total desses dois valores é $ 16.560 ($ 6.810 + $ 9.750). Com isso, obtém-se o custo unitário de todas as atividades para cada produto. Ao Produto A coube um custo unitário de todas as atividades de $ 5,24 e ao Produto B, $ 81,25.

A etapa seguinte é levar esses dois custos indiretos unitários para o custeamento unitário já realizado dos materiais, mão de obra direta e comissões, totalizando o custo unitário de cada produto pela metodologia ABC, conforme mostra o Quadro 4.8.

Quadro 4.8
Custo Unitário dos Produtos – Custo ABC

	Produto A	Produto B
Materiais Diretos	25,00	78,00
Mão de Obra Direta	18,00	35,00
Comissões	9,00	20,00
Custos das Atividades	5,24	81,25
Total	57,24	214,25

Modelo de Demonstração de Resultados

	Produto A			Produto B			Total $
	Qtde.	Pr. Unitário	Total	Qtde.	Pr. Unitário	Total	
Receita de Vendas	1.300	60,00	78.000	120	200,00	24.000	102.000
Custo das Vendas	1.300	57,24	74.410	120	214,25	25.710	100.120
RESULTADO OPERACIONAL		2,76	3.590		-14,25	-1.710	1.880
Margem Operacional %		4,6	4,6		(7,1)	(7,1)	1,8

Por essa metodologia, o Produto A apresenta-se lucrativo em $ 2,76 por unidade e o Produto B mostra um prejuízo unitário de $ 14,25.

4.3.3 Principais constatações: absorção × ABC

Considerando a apresentação desses dois métodos, onde há a distribuição dos custos indiretos verifica-se que a distribuição (rateio) desses gastos e sua alocação ao custo unitário dos produtos e serviços provoca dúvidas em relação ao número final de custo unitário dos diversos produtos ou serviços. O rateio dos custos indiretos sempre é arbitrário e vai distorcer o custo unitário dos diversos produtos e serviços. Mesmo que se tenha o maior cuidado nos critérios de alocação dos custos indiretos, a distribuição sempre provocará equívocos.

Dessa maneira, não se recomenda tomada de decisão sobre produtos e serviços com dados de custos unitários que contenham elementos de distribuição de custos indiretos (seja rateio, seja pelo método do custeamento ABC).

Com relação ao método do custeamento ABC, apesar de conter elementos com maior possibilidade de acurácia e elementos técnicos-quantitativos, ele contempla as seguintes principais dúvidas conceituais:

a) A maior parte das atividades dos setores indiretos, mesmo da operação, não tem necessariamente relação com os produtos e serviços. Elas estão para servir a empresa, para quaisquer produtos e serviços em produção. Atividades como controle de produção, manutenção, gerência industrial etc. estão disponíveis para a operação, mas não têm relação direta com os atuais produtos e serviços em produção;

b) A maior parte das atividades dos setores comerciais também não tem vínculo direto com os atuais produtos e serviços, trabalhando genericamente para produtos e serviços atuais como para produtos e serviços ainda em lançamento;

c) As atividades administrativas não trabalham para produtos e serviços. Realizam tarefas genéricas, onde é praticamente impossível identificar relação direta com os produtos e serviços;

d) Há uma tentativa implícita no método ABC de transformar custos fixos/indiretos em custos variáveis/diretos. Contudo, a natureza dos gastos fixos continuará sendo a mesma, independentemente do tratamento matemático que o método dá a esse tipo de gasto.

Outra constatação fundamental é que a adoção de qualquer método não altera o resultado total da empresa. A alocação dos custos fixos/indiretos para os diversos produtos e serviços apenas provoca deslocamentos de gastos de um produto para outro, nunca alterando o valor do resultado final e total da empresa. Assim, qualquer tomada de decisão que envolva produtos e serviços deve ser feita dentro de um modelo geral de demonstração de resultados, que contemple todos os produtos e serviços, seus dados unitários e o volume real ou esperado de produção ou vendas de cada produto ou serviço.

4.3.4 Custeamento direto/variável

No método do custeamento direto/variável não há a distribuição dos custos fixos/indiretos aos produtos e serviços, fazendo com que o total desses gastos sejam confrontados diretamente com a margem de lucro total de todos os produtos, conforme apresentado no Quadro 4.9.

Quadro 4.9   *Custeio direto/variável.*
Custo Unitário dos Produtos

	Produto A	Produto B
Materiais Diretos	25,00	78,00
Mão de Obra Direta	18,00	35,00
Comissões	9,00	20,00
Total	52,00	133,00

Modelo de Demonstração de Resultados

	Produto A			Produto B			Total $
	Qtde.	Pr. Unitário	Total	Qtde.	Pr. Unitário	Total	
Receita de Vendas	1.300	60,00	78.000	120	200,00	24.000	102.000
Custo das Vendas	1.300	52,00	67.600	120	133,00	15.960	83.560
Margem de Contribuição		8,00	10.400		67,00	8.040	18.440
Custos Fixos/Indiretos							16.560
RESULTADO OPERACIONAL							1.880
Margem %			13,3	13,3		33,5	33,5	1,8

Esse método identifica o elemento fundamental para a tomada de decisão em relação aos produtos e serviços, que é o conceito de *margem de contribuição*. A margem de contribuição unitária é que representa, de fato, o lucro unitário do produto ou serviço. Denomina-se margem de contribuição porque é a contribuição monetária que cada unidade de produto ou serviço dá para cobrir os custos e despesas fixas/indiretas e dar o lucro total da empresa.

Esse método não provoca dúvidas ou distorções na tomada de decisão, porque não mistura gastos de natureza fixa com gastos de natureza variável. Além disso, dentro do modelo adequado de demonstração de resultados, a associação da margem de contribuição unitária com o volume permite identificar a análise de lucratividade mais importante em relação aos produtos e serviços, que é a margem de contribuição total que cada produto ou serviço dá para a empresa, para cobrir os custos fixos e dar o lucro desejado.

Tomando como referência os dados do Quadro 4.9, verificamos que a margem de contribuição unitária do Produto A é de $ 8,00, bastante inferior à margem de contribuição unitária do Produto B, que é de $ 67,00. Numa primeira análise se poderia pensar que o Produto B é o melhor produto da empresa. Contudo, verificando os volumes de cada produto, fica claro que o Produto A é que é o melhor produto para a empresa, uma vez que, mesmo tendo uma margem de contribuição unitária menor, vende mais. Portanto, a análise deve ser feita sempre considerando a contribuição *total* do produto para a lucratividade da empresa, e não apenas a margem de contribuição unitária.

Em princípio, todo produto ou serviço que tenha margem de contribuição positiva deve ser mantido na linha de produtos e serviços da empresa, uma vez que contribui para cobrir os custos e despesas fixas e dar lucratividade.

4.3.5 Custeamento pela Teoria das Restrições

O que caracteriza a diferença entre o método da Teoria das Restrições e o método do custeamento direto/variável é que, na abordagem da Teoria das Restrições, o custo da mão de obra direta também é considerado como um gasto fixo.

Sabemos que o gasto com a mão de obra direta, mesmo com seus esforços sendo claramente identificáveis a cada unidade de produto ou serviço, é um custo fixo no curto prazo. Contudo, em termos de médio e longo prazo, a mão de obra direta tem fortes características de variabilidade. Quando a empresa reduz seu nível de atividade significativamente, dificilmente ela retém mão de obra direta por um tempo longo. Do outro lado, à medida que o nível de atividade aumenta, há necessidade de aumento do efetivo da mão de obra direta. Nesse sentido, ela tem fortes características de variabilidade. Dessa maneira, entendemos plenamente aceitável, no geral, tratar a mão de obra direta como variável.

Porém, no método de custeio da Teoria das Restrições ela é considerada como custo fixo e não atribuída unitariamente aos produtos e serviços, como pode ser visto no Quadro 4.10.

Quadro 4.10   *Método de custeamento pela Teoria das Restrições.*

Custo Unitário dos Produtos

	Produto A	Produto B
Materiais Diretos	25,00	78,00
Comissões	9,00	20,00
Total	34,00	98,00

Modelo de Demonstração de Resultados

	Produto A			Produto B			Total $
	Qtde.	Pr. Unitário	Total	Qtde.	Pr. Unitário	Total	
Receita de Vendas	1.300	60,00	78.000	120	200,00	24.000	102.000
Custo das Vendas	1.300	34,00	44.200	120	98,00	11.760	55.960
Contribuição da Produção		26,00	33.800		102,00	12.240	46.040
Mão de Obra Direta							27.600
Custos Fixos/Indiretos							16.560
RESULTADO OPERACIONAL							1.880
Margem %			43,3	43,3		51,0	51,0	1,8

Nesse método de custeio, a mão de obra direta é tratada como custo fixo e é alocada no total da margem dos produtos e serviços, não sendo atribuída unitariamente ao custo dos produtos e serviços. Nesse método, a margem de lucro específica de cada produto é denominada contribuição da produção e tem vínculo teórico com o conceito de valor agregado da teoria econômica.

Esse método tem muito boa aplicabilidade em empresas onde a mão de obra direta não tem grande representatividade no custo total dos produtos e serviços, normalmente em empresas onde a participação da matéria-prima e materiais é mais intensa, e também em empresas onde a mão de obra direta é terceirizada (tarefeiros).[5]

---

[5]   DIAS, Elaine Aparecida. *Proposta de modelo de sistema de custos*: estudo de caso nas pequenas empresas de joias folheadas de Limeira (SP). 2007. Dissertação (Mestrado Profissional) – Administração da Universidade Metodista de Piracicaba (SP).

4.4 O MELHOR MÉTODO DE CUSTEIO: CUSTEIO DIRETO/VARIÁVEL

Podemos afirmar que, para a grande maioria dos propósitos de tomada de decisão que envolva custo unitário de produtos e serviços, o melhor método de custeamento é o método do custeamento direto/variável.

Conforme Catelli e Guerreiro,[6] "em nível da unidade individual do produto só é possível a identificação do preço de venda, do custo direto e da margem de contribuição, não existindo qualquer sentido conceitual e prático na fixação do lucro unitário do produto". Assim, não existe, de fato, "lucro unitário de produto ou serviço". O que existe, cientificamente, é margem de contribuição unitária do produto ou serviço.

Nos exemplos apresentados, verificamos que no método do custeamento por absorção o Produto A apresenta prejuízo unitário e que no método ABC, é o Produto B que apresenta prejuízo. Esses métodos podem estimular gestores, que não têm conhecimento adequado de custos, a tomarem decisões incorretas, tipo "eliminar o Produto A pelo método de absorção" ou "eliminar o Produto B pelo método do ABC".

Essa distorção não acontece com o método direto/variável. No exemplo apresentado, ambos os produtos são altamente lucrativos, tanto em termos de margem de contribuição unitária como em termos de margem de contribuição total; portanto, nenhum deve ser eliminado. Isso porque ambos têm margem de contribuição positiva, ou seja, geram lucros suficientes para cobrir os custos e despesas indiretos/fixos e dar a lucratividade esperada.

Para tomada de decisão que envolva alteração de volume e *mix* de produtos e serviços só é admissível a utilização do método de custeamento direto/variável. Os métodos que contemplem qualquer tipo de alocação de gastos indiretos/fixos (absorção, ABC, integral, RKW) aos produtos e serviços não podem ser utilizados, de forma nenhuma, para tomada de decisão que envolva *mix* de produtos, alterações de preços, custos e volume, uma vez que misturam, no custeamento unitário, custos de natureza fixa com natureza variável.

4.4.1 Obsessão pelo custo unitário

A ciência contábil e a prática dos negócios reconhecem que as empresas têm uma tendência a adotar métodos de custeamento que contenham rateios, provavelmente influenciadas pelas práticas contábeis internacionais e pela legislação tributária, que exigem o custeamento por absorção para fins de valorização dos inventários industriais.

---

[6] CATELLI, Armando; GUERREIRO, Reinaldo. Uma análise crítica do Sistema ABC – Activity Based Costing. *Revista Brasileira de Contabilidade*, nº 91, jan./fev. 1995.

Novos estudos apontam para uma questão mais ampla: a questão sociopsicológica.[7, 8] É tão arraigado o conceito de custo unitário que estudiosos apontam para "o custo unitário como um arquétipo da humanidade". Um arquétipo é uma imagem inconsciente do ser humano, ancestral, sem uma explicação lógica, como medo de cobra, nojo de barata etc.

Assim, essa "obsessão pelo custo unitário" é traduzida em termos de necessidade de rateio dos custos fixos/indiretos nos métodos de custeamento. Contudo, como exploramos no tópico anterior, para tomada de decisão que envolva *mix* de produtos e serviços e alterações nos volumes não é possível a adoção de métodos que contenham rateio ou absorção.

4.4.2 Utilização de métodos que contenham absorção de gastos indiretos/fixos

Identificamos dois momentos decisórios ou procedimentos de gestão em que a adoção de métodos que contenham elementos de absorção seja aceitável:

a) na formação de preços de venda;
b) na adoção de padrões de custos.

Em ambas as situações, há que se ter o cuidado de fixar ("travar") um único nível de atividade (volume) e um único *mix* de produtos e serviços.

Assim, quando da feitura dos padrões de custos (normalmente para o próximo exercício), fixa-se um nível de atividade geral da empresa, bem como as quantidades esperadas de cada produto ou serviço constante da linha de produtos e serviços. Nessa situação, a adoção de procedimentos de absorção não trará nenhuma ineficiência para o processo de tomada de decisão. No caso específico de padrões, é necessário dar uma meta padronizada de teto de gastos indiretos/fixos, igualmente aos demais padrões dos elementos de custos (materiais, mão de obra direta etc.).

Quando do processo de formação de preços de venda a partir dos custos, também não há nenhum problema em adotar métodos de custeamento que contenham elementos de absorção ou rateio. Da mesma forma, a empresa tem que

---

[7] GUERREIRO, Reinaldo; CASADO, Tânia; BIO, Sérgio Rodrigues. Algumas reflexões sobre os arquétipos e o inconsciente coletivo na contabilidade de custos: um estudo exploratório. *Revista de Contabilidade CRC-SP*, São Paulo, 21 mar. 2001.

[8] SLOMSKI, Valmor; COLARES, Igor; CARVALHO, Erasmo Moreira de. Os métodos de custeio variável e por absorção e o inconsciente coletivo na contabilidade de custos. *Revista de Contabilidade do Mestrado em Ciências Contábeis da UERJ*, v. 8, nº 1, 2003.

trabalhar com a fixação de um nível de atividade e de um *mix* escolhido para sua linha de produtos ou serviços.

4.5 CUSTEAMENTO DIRETO

O custeamento variável/direto é o recomendado para o processo de tomada de decisão para qualquer tipo de produto ou empreendimento. É clara a sua aplicação para empresas comerciais (o custo das mercadorias vendidas é totalmente variável), bem como para as empresas industriais, onde a relevância do custo dos materiais diretos e da mão de obra direta é significativa.

Outrossim, muitas empresas de serviços desenvolvem atividades com pouquíssima utilização de gastos variáveis, e, às vezes, nenhum gasto variável compõe o conjunto de gastos dessas empresas.

4.5.1 Caracterização

O custeamento direto se caracteriza pela alocação dos gastos diretos para um determinado objeto de custos, mesmo que não tenha características de variabilidade. Mas o *conceito de alocação direta é imprescindível* e deve ser amplamente utilizado. Assim, o custeamento direto se caracteriza como uma variação do método de custeamento variável, sempre com o objetivo de alocação de gastos específicos a um objeto de custo (produto, serviço).

Exemplos desse tipo de empresa de serviços são aquelas que têm seus gastos baseados em mão de obra fixa e não utilizam praticamente nenhum material direto na execução de seus serviços. São exemplos clássicos desse tipo de empresas as seguintes atividades:

a) empresas de auditoria, contabilidade, consultoria, projetos de engenharia;
b) empresas de profissionais liberais, de representação;
c) instituições de ensino;
d) empresas de atividades financeiras;
e) integradas de produção de animais (granjas etc.).

A maior parte dos gastos para essas empresas são gastos fixos e estão ligados à decisão de capacidade. Quando da decisão do investimento, decide-se por uma determinada capacidade a ser mantida, na expectativa que ela seja preenchida dentro de um período de tempo. Enquanto essa capacidade não for preenchida, os gastos são fixos para aquele nível de capacidade.

Quando há um aumento da capacidade, naturalmente haverá necessidade de se aumentar os gastos fixos, para atender à expectativa de preenchimento da nova capacidade. Por exemplo, enquanto uma integrada de granja tem uma estrutura para produção de 10.000 aves, ela terá os custos fixados enquanto mantiver essa capacidade. Quando decidir por adição de nova capacidade de produção, haverá necessidade de estruturação adicional e novos custos fixos acontecerão. Outro exemplo: quando uma instituição de ensino decide pela oferta de um conjunto de cursos, ela admite os custos fixos para essa capacidade. Quando decide aumentar a oferta de cursos, haverá novo acréscimo de custos fixos para essa nova capacidade. Mas, essencialmente, são custos fixos.

A característica desse tipo de empresas é que os custos são fixos, mas a maior parte deles tem um comportamento *direto* a determinados serviços. Ou seja, os gastos são fixos, mas são diretos. Assim, o método recomendado para esse tipo de empresa é o método de custeamento direto, onde os custos fixos diretos são alocados aos diversos serviços oferecidos. Não se recomenda também para esse tipo de empresa o rateio dos custos indiretos que não podem ser alocados objetivamente aos diversos serviços oferecidos.

4.5.2 Exemplo numa instituição de ensino

O Quadro 4.11 mostra uma aplicação teórica do método de custeamento direto em instituição de ensino superior.

Quadro 4.11 *Custeio direto: aplicação numa instituição de ensino.*

	Campus 1							Campus 2				Resultados Financeiros Outros Geral	TOTAL GERAL
	Faculdade 1			Faculdade 2			Total Campus 1	Faculdade N				
	Curso A Graduação	Curso B Pós	Total	Curso C	Curso D	Total		Curso Y	Curso Z	Total		
RECEITAS – $												
Mensalidades	1.000	1.000	2.000	1.000	1.000	2.000	4.000	1.000	1.000	2.000		6.000
Taxas	5	5	10	5	5	10	20	5	5	10		30
TOTAL DE RECEITAS	1.005	1.005	2.010	1.005	1.005	2.010	4.020	1.005	1.005	2.010		6.030
CUSTOS DIRETOS – CURSOS/ENSINO												
Salários e Encargos												
Professores – Mestres I	20	20	40	20	20	40	80	20	20	40		120
Professores – Mestre II	2	2	4	2	2	4	8	2	2	4		12
Coordenador	20	20	40	20	20	40	80	20	20	40		120
Administração	2	2	4	2	2	4	8	2	2	4		12
Materiais, Despesas, Depreciações	24	24	48	24	24	48	128	24	24	48		176
RESULTADO I – R$	937	937	1.874	937	937	1.874	3.716	937	937	1.874		5.590
– % (percentual)	93,2%	93,2%	93,2%	93,2%	93,2%	93,2%	92,4%	93,2%	93,2%	93,2%		92,7%
CUSTOS DIRETOS – EXTENSÃO												
Salários e Encargos												
Professores – Mestres I	20	20	40	20	20	40	80	20	20	40		120
Professores – Mestre II	2	2	4	2	2	4	8	2	2	4		12
CUSTOS DIRETOS – PESQUISA												
Salários e Encargos												
Professores – Mestres I	20	20	40	20	20	40	80	20	20	40		120
Professores – Mestre II	2	2	4	2	2	4	8	2	2	4		12
RESULTADO II – R$	915	915	1.830	915	915	1.830	3.628	915	915	1.830		5.458
– % (percentual)	91,0%	91,0%	91,0%	91,0%	91,0%	91,0%	90,2%	91,0%	91,0%	91,0%		90,5%
CUSTOS DIRETOS – FACULDADES												
Salários e Encargos			20			20	40			20		60
Diretoria			2			2	4			2		6
Administração			20			20	40			20		60
Materiais, Despesas, Depreciações			24			24	48			24		72
RESULTADO III – R$			1.764			1.764	3.496			1.764		5.260
– % (percentual)			87,8%			87,8%	87,0%			87,8%		87,2%
CUSTOS DIRETOS – CAMPUS												
Salários e Encargos							20			20		40
Diretoria							2			2		4
Administração							20			20		40
Manutenção							2			2		4
Serviços de Apoio							20			20		40
Materiais, Despesas, Depreciações							6			6		12
RESULTADO IV – R$							3.426			1.694		5.120
– % (percentual)							85,2%			84,3%		84,9%
CUSTOS GERAIS												
Salários e Encargos											20	20
Reitoria											2	2
Administração											20	20
Marketing											2	2
Biblioteca											20	20
Serviços de Apoio etc.											2	2
Materiais, Despesas, Depreciações											4	4
OUTROS RESULTADOS												
Receitas Financeiras											2	2
Despesas Financeiras											-45	-45
Doações											2	2
Alienação de Imobilizados											-15	-15
TOTAL DE DESPESAS	112	112	290	112	112	290	682	112	112	360	14	1.056
RESULTADO LÍQUIDO DO PERÍODO	893	893	1.720	893	893	1.720	3.338	893	893	1.650	-14	4.974

Uma instituição de ensino tem pouquíssimos custos variáveis.[9] É uma entidade de prestação de serviços, em que a maior parte dos gastos é de natureza fixa, porém são diretos às diversas atividades desenvolvidas.

---

[9] Para um estudo mais detalhado sobre custos e preços em instituição de ensino superior, ver: LAZIER, Lucas Cerqueira. *Métodos de custeio e formação de preços*: um estudo de caso em uma instituição de ensino superior privada no estado de São Paulo. 2011. Dissertação (Mestrado Profissional) – Administração da Universidade Metodista de Piracicaba, UNIMEP, SP.

No exemplo do Quadro 4.11 verificamos que os gastos para cada curso da faculdade podem e devem ser alocados de forma direta, mesmo sendo de natureza fixa, pois havendo 20 ou 80 alunos, a maioria dos gastos é do mesmo montante.

Em seguida, identificam-se gastos fixos diretos à diretoria de cada faculdade. Os espaços que estão hachuriados foram colocados para indicar que *não se devem ratear os custos fixos da diretoria de cada faculdade para os cursos*, mantendo assim o modelo de decisão do custeamento direto/variável e a identificação das margens de contribuição (que no caso de existirem apenas custos fixos diretos, poderia ser denominada de *margem direta* de contribuição).

Da mesma forma, os gastos diretos da diretoria de cada *campus* não devem ser rateados para as suas faculdades e os gastos corporativos e centrais, da reitoria etc., também não devem ser rateados aos *campis*.

Esse modelo impede a distorção da avaliação da rentabilidade de cada curso, faculdade, *campus* etc., pois não aloca de forma arbitrária os custos fixos indiretos às atividades desenvolvidas.

Provavelmente, o questionamento mais importante seria o de que, com esse modelo, não se estaria apurando o resultado (lucro ou prejuízo) de cada curso. Conforme já vimos, não existe *lucro unitário por produto*, bem como *lucro unitário por serviço ou curso*, existindo tão somente os preços de venda unitários, o custo direto/variável unitário e a margem de contribuição direta.

Em continuidade com esse questionamento, argumenta-se que com isso não se consegue atribuir responsabilidades pela lucratividade de cada curso. Novamente, entra o conceito de margem direta ou de contribuição. Os cursos devem ser avaliados pela margem direta esperada, e não pelo lucro que poderia ser obtido com rateios. Dessa maneira, deve se estabelecer as metas e as responsabilidades dos gestores de cada curso apenas em cima da margem de contribuição direta esperada.

As demais responsabilidades (custos diretos das diretorias das faculdades, dos *campis* etc.) devem ser atribuídas aos gestores dessas atividades e não aos cursos ou atividades específicas. Portanto, esse é o modelo de apuração de custos e lucros adequado para quaisquer entidades de serviços similares a essa.

QUESTÕES E EXERCÍCIOS

1. Com os dados abaixo de uma empresa que produz dois produtos que utilizam o mesmo processo de fabricação, calcular:
    a) o custo direto/variável de cada produto;
    b) o custo por absorção industrial, de cada produto, considerando como base de absorção dos custos fixos o total dos gastos com mão de obra direta;
    c) a margem de cada produto em relação ao preço de venda;
    d) o resultado total da empresa considerando as quantidades apresentadas.

Dados:

	Produto A	Produto B	Total
Matéria-prima	0,5 unidade a $ 2,40	1,3 unidade a $ 4,00	–
Outros materiais e componentes	$ 0,30 por unidade de produto	$ 1,40 por unidade de produto	–
Embalagem	$ 0,20 por unidade de produto	$ 0,30 por unidade de produto	–
Tempo de mão de obra direta necessário para uma unidade de produto final	0,6 h	1,2 h	–
Custo horário da mão de obra direta	$ 6,25	$ 6,25	–
Comissão sobre preço de venda	5%	5%	–
Preço de venda	$ 20,00	$ 30,00	–
Produção* do período	3.000 unid.	5.000 unid.	8.000 unid.
Gastos indiretos			
• Custos fixos	–	–	$ 58.500
• Despesas fixas	–	–	$ 19.500

Obs.: Considere que o volume produzido foi igualmente vendido.

2. Tomando como referência os dados do exercício anterior e sabendo que: (a) a matéria-prima teve um aumento de preço de 10%; (b) a mão de obra direta teve um aumento de 8%; e (c) que os custos fixos totais tiveram um reajuste de 5%, calcular:

    a) o novo custo direto/variável de cada produto;
    b) o novo custo por absorção industrial, de cada produto, considerando como base de absorção dos custos fixos o total dos gastos com mão de obra direta;
    c) a margem de cada produto em relação ao preço de venda;
    d) o resultado total da empresa considerando as quantidades apresentadas.

3. Tomando ainda como referência os dados apresentados no exercício 1, bem como suas premissas, e considerando que a quantidade de produção e vendas do Produto A passa a ser 3.500 unidades e a quantidade de produção e vendas do Produto B passa a ser 4.850, pede-se:

    a) calcular o novo custo por absorção industrial de cada produto (a mão de obra direta deve ser tratada como custo variável);
    b) o resultado total da empresa considerando as novas quantidades apresentadas.

4. Uma empresa é segmentada em duas divisões, cada qual com dois processos diretos sob sua responsabilidade e setores indiretos de apoio específicos. Além

disso, tem também setores indiretos gerais de apoio, que representam a administração geral da fábrica. Todos os custos são alocados diretamente, com exceção da conta de energia elétrica, com um gasto mensal de $ 10.000, e dos serviços de limpeza, com um gasto mensal de $ 5.000, que são incorridos de forma geral para toda a fábrica. O quadro apresentado a seguir apresenta os custos diretos mensais de todos os setores, a quantidade de horas diretas disponibilizadas/trabalhadas para os processos produtivos e percentuais de rateio para as duas despesas gerais, obtidos por estimativa, após acurada medição da utilização de cada um deles por todos os setores da fábrica.

	Custos Diretos	Horas Disponibilizadas	Percentuais de Absorção	
			Energia Elétrica	Serviços de Limpeza
Divisão A				
Setor Direto – Processo 1	20.000	800	35%	20%
Setor Direto – Processo 2	22.000	960	17%	20%
Setores de Apoio – Indiretos	15.000		8%	8%
Soma	57.000		60%	48%
Divisão B				
Setor Direto – Processo 3	12.000	320	11%	15%
Setor Direto – Processo 4	13.000	480	16%	15%
Setores de Apoio – Indiretos	7.000		7%	7%
Soma	32.000		34%	37%
Adm. Geral Fábrica – Indiretos	18.000		6%	15%
Total Geral	107.000		100%	100%

Objetivando a apuração do custo por absorção dos produtos produzidos por essa empresa, é necessário calcular o custo horário dos processos diretos. Para tanto, pede-se:

a) fazer a alocação dos custos de energia elétrica e serviços de despesas para todos os setores da fábrica, baseado nos percentuais estimados (estágio 1 de absorção), obtendo-se os custos totais de cada setor;

b) fazer a alocação dos custos indiretos de cada divisão, para os setores diretos de cada divisão (estágio 2 de absorção), apurando o índice de absorção por divisão;

c) fazer a alocação dos custos indiretos gerais da fábrica para os setores diretos das duas divisões, apurando-se o índice de absorção de custos indiretos gerais;

d) calcular os três custos horários de cada setor direto: (1) custo horário após a absorção das despesas de energia e limpeza; (2) custo horário após a absorção dos custos indiretos específicos de cada divisão; (3) o custo horário após a absorção final de todos os custos indiretos.

5. Tomando em continuação os dados obtidos após a solução do exercício anterior, e sabendo que a empresa em questão produz três produtos, calcular o custo de fabricação de cada produto, considerando as seguintes horas utilizadas de cada processo por cada produto, apresentados no quadro a seguir.

	Horas utilizadas de cada processo		
Processos	Produto A	Produto B	Produto C
Processo 1	0,2	0,3	0,4
Processo 2	0,3	0,3	0,5
Processo 3	0,14	0,1	0,1
Processo 4	0,15	0,20	0,15

6. Em continuação ao exercício anterior, admita os seguintes dados de custo unitário de materiais e de preço de venda para os três produtos da empresa e calcule: (a) o custo unitário total de cada produto, que é a soma do custo unitário de fabricação obtido no exercício anterior mais o custo unitário dos materiais; (b) a margem bruta de lucro de cada produto; (c) a margem percentual bruta de cada produto.

	Produto A	Produto B	Produto C
Custos dos Materiais – $	92,57	133,23	155,09
Preço de Venda Unitário – $	150,00	165,00	300,00

7. Considerando os dados apurados no exercício anterior, e sabendo que as quantidades produzidas e vendidas no mês foram de 1.000 unidades do Produto A, 1.200 unidades do Produto B e 600 unidades do Produto C, calcule o resultado total do mês. Considere como informações adicionais que todos os produtos pagam 2% de comissões sobre as vendas e que as despesas totais administrativas foram de $ 17.500. Após isso, calcule a margem líquida geral da empresa no mês em questão.

8. Tomando como exemplo os setores abaixo, procure identificar as principais atividades que possam ser desenvolvidas por eles e que mereçam um tratamento de direcionadores de custos:

Departamento de Controladoria
Departamento Financeiro
Departamento de Auditoria Interna

Auditoria de Qualidade
Departamento de Faturamento
Administração de Comercialização

9. Com base na solução do Exercício 1, fazer o custeamento dos produtos **A** e **B** pelo critério de custeio por atividades (Custo ABC), considerando o detalhamento e as seguintes informações para os custos e despesas fixas indiretas. Comparar com o resultado final obtido pelo critério de custeio por absorção:

Gastos Indiretos
- Custos fixos $ 58.500
- Despesas Fixas $ 19.500

Detalhamento:

	Gasto Total	Quantidade dos Direcionadores		Direcionador
		Produto A	Produto B	
Custos Indiretos				
Departamento de Suprimentos	$ 12.000	8	32	Ordens de Compra
Departamento de Almoxarifado	$ 12.900	240	160	Movimentações de Estoque
Controle de Produção	$ 24.000	60	20	Lotes de Produção
Depreciação	$ 9.600	1.800	3.000	Horas de Máquinas
Total	$ 58.500			
Despesas Indiretas				
Departamento de Faturamento	$ 19.500	200	40	Faturas emitidas

10. Uma empresa produz dois tipos de fitas cassete, *standard* e de alta qualidade, e normalmente custeia seus produtos pelo método de absorção. Os custos indiretos de fabricação são normalmente alocados pelo critério de proporcionalidade sobre o valor da mão de obra direta empregada em cada produto.

Os seguintes dados foram levantados em um período:

	Standard	Alta Qualidade	Total
Mão de Obra Direta	$ 174.000	$ 66.000	$ 240.000
Materiais	125.000	114.000	239.000
Custos Indiretos de Fabricação	–	–	440.000
Quantidade Produzida	300.000 unid.	100.000 unid.	
Preço de Venda Unitário	$ 1,95	$ 3,60	

A empresa está descontente com o método tradicional, que indicava produto com prejuízo, e fez um estudo para implantar o Custo ABC, levantando os seguintes dados:

Direcionador de Custos	Custos Atribuídos	Quantidade de Direcionadores		
		Standard	Alta Qualidade	Total
Número de lotes de produção	$ 170.000	40	10	50
Testes de Qualidade efetuados	153.000	12	18	30
Pedidos de embarque processados	60.000	100	50	150
Número de setups	30.000	10	15	25
Número de kits de peças requisitadas e manuseadas	27.000	160	50	210
Total Custos Indiretos	$ 440.000			

Pede-se:
a) calcular o custo unitário de cada produto pelo critério tradicional por absorção;
b) calcular o custo por direcionador de atividade e o total dos custos indiretos por produto;
c) calcular o custo unitário de cada produto pelo método ABC;
d) fazer a análise comparativa de lucratividade dos produtos pelos dois critérios.

5

Formas de Custeio: Custo Padrão e Custo de Reposição

Definido o método de custeio, a etapa seguinte consiste em escolher a forma ou sistema de custeio. Como já vimos, a forma de custeio está ligada à teoria e modelos de mensuração. Nesse momento, trata-se de optar pelo padrão monetário a ser utilizado dentro do método de custeio.

O modelo de mensuração natural parece ser obviamente o custo real. Nos primórdios da contabilidade de custos isso era uma verdade. Contudo, a consolidação dos conceitos de planejamento, orçamento, administração por metas ou objetivos, desenvolvimento de produtos, trouxe a necessidade gerencial de antecipação da informação do custo futuro dos produtos e serviços. Tendo em vista que para ser calculado o custo real é necessário o uso de informações passadas, surgiu o conceito de custo padrão. O custo padrão é calculado baseado em eventos futuros de custos ou eventos desejados de custos, que podem ou não acontecer na realidade da empresa.

5.1 DEFINIÇÃO E CARACTERÍSTICAS

Um padrão representa medidas físicas e monetárias, relativos a elementos de receita e custo dos eventos, transações e atividades adequadamente mensurados, que deveriam ser atingidos a partir de condições preestabelecidas, vinculadas à decisão de elaborar uma unidade de produto ou serviço, num determinado momento de tempo.[1]

5.1.1 Características

O custo padrão tem as seguintes características:

- Compõe-se de elementos físicos e monetários.
- Utiliza-se de dados e informações que devem acontecer no futuro.
- Deve ser cuidadosamente predeterminado, dentro de bases unitárias.
- Aplicável basicamente a operações repetitivas, servindo como medida predeterminada estável para processos e atividades organizacionais específicas.
- Deve servir como modelo de comparação ou meta.

O conceito de custo padrão representa um grande avanço para a contabilidade de custos. Permite trabalhar a gestão de custos dos produtos e serviços de forma antecipada, ao mesmo tempo que dá a possibilidade de aplicação como parâmetro para avaliação de desempenho das tarefas e pessoas responsáveis pelas operações e aquisição de recursos.

5.1.2 Custos orçados ou estimados

A diferença entre custos orçados ou estimados e custo padrão está em que os custos orçados procuram identificar os custos que deverão ocorrer no futuro, enquanto o custo padrão pode incorporar metas de realização de custos. Os custos orçados têm por base antecipar os gastos que deverão ocorrer e que afetarão o custeamento dos produtos. Em outras palavras, os custos orçados ou estimados têm como foco os custos que *devem* acontecer, enquanto custo padrão tem como foco os custos que *deveriam* acontecer.

5.2 FINALIDADES DO USO DO CUSTO PADRÃO

O custo padrão é uma das técnicas para avaliar e substituir a utilização do custo real. Independentemente de a empresa utilizar o método do custeio direto ou

---

[1] PELEIAS, Ivam Ricardo. *Contribuição à formulação de um sistema de padrões e análise de sua aderência ao processo de gestão, sob a ótica do modelo Gecon*. 1999. Tese (Doutoramento) – São Paulo, FEA/USP, p. 102.

custeio por absorção, ela pode utilizar o conceito de custo padrão. Custo padrão se diferencia do custo real, no sentido de que ele é um custo normativo, um custo objetivo, um custo proposto ou um custo que se deseja alcançar.

Por isso, na elaboração do padrão, a empresa pode incorporar metas a serem atingidas pelos diversos setores fabris e operacionais, no sentido de que tais avaliações de custos sejam alcançadas. Nesse sentido, o custo padrão é uma ferramenta indispensável para controle dos custos, das operações e das atividades.

O custo padrão pode ser utilizado para diversas metas ou objetivos. Entendemos, porém, que o maior objetivo do custo padrão está ligado aos **conceitos de controlabilidade empresarial**. Assim, os objetivos mais importantes do custo padrão seriam:

a) determinar o custo que deve ser, o custo correto;
b) avaliar as variações acontecidas entre o real e o padronizado;
c) definição de responsabilidades e obtenção do comprometimento dos responsáveis por cada atividade padronizada, servindo como elemento motivacional;
d) avaliação de desempenho e eficácia operacional;
e) base para o processo orçamentário.

Além disso, podemos identificar outros aspectos importantes, como veremos a seguir.

5.2.1 Substituir o custo real

O custo real representa o custo acontecido. Como instrumento de planejamento estratégico ou operacional, o custo real não tem nenhum significado. O custo real para avaliação de inventário serve apenas para atender às necessidades legais e fiscais da contabilidade empresarial.

O custo real tem validade apenas no sentido em que, após a análise de suas variações, em cima de um custo padrão, identificam-se as causas do porquê das variações, e através delas se permita corrigir os rumos atuais. Para o dia a dia, o custo padrão representa muito mais utilidade que o custo real. Além disso, o custo real apresenta muita variabilidade unitária, uma vez que depende do volume de atividade, produção ou venda. Adicionalmente, sabe-se que um sistema de apuração do custo real para todas as atividades, processos, produtos e serviços tende a ser lento e caro.

Outra vantagem na substituição do custo real está em que o custo padrão não precisa ser calculado mensalmente. O seu cálculo pode ser feito a períodos de tempos maiores, como seis meses ou um ano. A sua atualização pode ser feita pelos critérios de inflação interna da empresa.

5.2.2 Formação de preços de venda

É uma das melhores utilizações do custo padrão. Apesar de, teoricamente, ser o mercado que dá o preço de venda dos produtos, ele deve ser inicialmente calculado em cima das condições de custo das empresas. Dessa forma, como elemento inicial para formação de preços de venda, devemos utilizar o custo padrão, pois ele traz todos os elementos necessários para parametrizar um preço de venda ideal. Esse assunto será estudado no Capítulo 8.

5.2.3 Acompanhamento da inflação interna da empresa

Outra utilização do custo padrão é no acompanhamento da inflação interna da empresa. A estrutura de custos padrão é a base de dados mais recomendada para a construção das cestas de apuração da inflação da empresa. Mensalmente, utilizaremos as estruturas padrões para avaliar o crescimento do nível dos custos internos da companhia.

5.3 TIPOS DE PADRÃO

Como já apresentamos, na elaboração do padrão alguns conceitos podem ser adotados pelas empresas, e daí servir de base para a elaboração do custo padrão dos produtos. Vejamos os tipos principais.

5.3.1 Custo padrão ideal

Seria o custo padrão calculado de forma científica, em que todas as condições de utilização máxima dos recursos produtivos, de estrutura de produto e processo de fabricação pudessem ser alcançados. Representa o custo de um produto que acontecesse sem qualquer desperdício, ociosidade, em condições ideais de produção, com os melhores equipamentos e melhores recursos humanos. Tomado como meta, é muito provável que nunca vá acontecer, dadas as imperfeições ambientais, empresariais e de mercado.

Tomado como meta, levaria a que todos os setores da empresa se empenhassem por atingi-lo. Em não acontecendo, poderia até ser desmotivador.

5.3.2 Custo padrão corrente

Nesse caso, buscam-se padrões de custos e produção que, mesmo calculados cientificamente, considerem as eventuais condições correntes da empresa. O custo padrão corrente é tomado como meta para todos os setores da empresa, mas em patamares que, ao mesmo tempo que ideais e com certa dificuldade de obtenção, permitam, porém, o seu atingimento. É um custo ideal, adaptado, permitindo-se o seu alcance.

Deve-se incorporar no custo padrão todos os objetivos de busca de eficiência e produtividade, qualidade fabril, que estão ao alcance e disponíveis à empresa. No nosso entendimento, é o conceito mais adequado para a formação dos padrões de custos.

5.3.3 Custo padrão baseado em dados passados

O custo padrão também pode ser calculado em cima dos dados reais já acontecidos, no pressuposto de que os dados reais anteriores tenham significância e possam servir para parâmetros futuros. Como é próprio de informações futuras baseadas em dados do passado, é importante saber que o que aconteceu antes não seguramente se repetirá.

Nesse aspecto, os riscos de falhas na construção do padrão são possíveis com esse tipo de padrão. Não recomendamos a adoção desse procedimento, uma vez que a possibilidade de incorreções tende a ser grande.

5.4 CUSTO PADRÃO, CUSTEAMENTO POR ABSORÇÃO E ORÇAMENTO

A aplicação da forma de custeamento padrão serve para qualquer método de custeio, seja custeamento direto/variável, custeamento por absorção ou custeamento ABC. É natural a aplicação do custo padrão para o custeamento direto/variável, por serem os principais elementos de custos.

A questão que pode ser colocada é sobre a validade, para fins de tomada de decisão, da elaboração de custo padrão com os métodos que tenham rateio, como o custeamento por absorção e custeamento ABC. Em outras palavras, a questão é se deve-se fazer padrões para os custos indiretos de fabricação.

5.4.1 Custo padrão para custos indiretos de fabricação (*overhead*)

Os custos indiretos de fabricação, também denominados na literatura norte-americana de custos de *overhead*, representam os gastos com os setores, departamentos ou atividades de apoio à fábrica. Os principais setores indiretos que apoiam a fábrica são:

a) Diretoria ou gerência industrial;
b) Planejamento e controle de produção (PCP);
c) Manutenção;
d) Qualidade;
e) Controle de estoques;
f) Compras, eventualmente etc.

Nosso entendimento é que é necessária a estruturação do custo padrão para os setores indiretos, para cada unidade de negócio industrial, uma vez que os responsáveis pelas fábricas devem ter um padrão de *overhead* ou gasto com setores de apoio. Em outras palavras, deve-se ter metas financeiras, incorporadas ao custo padrão, de custos máximos admissíveis para os setores de apoio fabris.

5.4.2 Nível de atividade

A construção dos padrões de custos indiretos de fabricação está intrinsecamente ligada ao padrão de quantidade ou nível de atividade em que serão estruturados os padrões. Ou seja, como os padrões são construídos para determinado período de tempo, deve-se assumir um nível de atividade (volume ou quantidade de produção) que fique estático para aqueles padrões sendo construídos.

Nesse sentido, a análise das variações do custo padrão dos custos indiretos de fabricação tem validade, uma vez que estão alinhados com apenas um único nível de capacidade.

5.4.3 Orçamento

Os dados para estruturação dos padrões devem vir, primariamente, dos dados constantes do orçamento para o período em questão. Quando o orçamento compreende um nível de atividade normal, os dados a serem utilizados para a construção dos padrões serão os mesmos, exceto, eventualmente, na depreciação, onde poderão ser aplicadas formas de mensuração diferentes.

Em linhas gerais, os dados do orçamento deverão sofrer adaptação para construção dos padrões, quando o orçamento já prevê que no período orçado a empresa estará trabalhando com capacidade ociosa. Como a construção dos padrões prevê que eles sejam construídos em condições normais de produção e venda, nesse caso, os dados do orçamento terão que ser adaptados para a construção dos padrões.

5.5 CONSTRUÇÃO DO PADRÃO

Tendo como foco o custo unitário dos produtos e serviços, devemos construir padrões para todos os elementos de custos formadores do custo dos produtos e serviços.

A literatura tradicional propõe a construção de três blocos de custos padrões, quais sejam:

a) Custo padrão dos materiais diretos;
b) Custo padrão da mão de obra direta;
c) Custo padrão dos custos indiretos de fabricação.

Atualmente, a prática dos negócios e os ERP têm estruturado os padrões em quatro blocos de gastos:

a) Custo padrão dos materiais diretos;
b) Custo padrão do custo direto de fabricação, para cada departamento direto;
c) Custo padrão do custo indireto de fabricação, para os departamentos indiretos;
d) Custo padrão da depreciação direta.

Adotaremos em nosso exemplo a segunda abordagem, que julgamos a mais coerente para o momento atual.

5.5.1 Materiais diretos

Os materiais necessários, com suas respectivas quantidades, para produzir determinado produto, são evidenciados pela estrutura do produto. Normalmente, esses dados são originados pela engenharia de desenvolvimento de produtos, quando da feitura do projeto original, mais as suas atualizações.

Muitos produtos, principalmente os que são elaborados por processo contínuo utilizando matéria-prima a granel, têm um certo grau de perda ou refugo, que, dentro de condições técnicas ou científicas, devem ser incorporados ao padrão de quantidade.

O preço padrão dos materiais diretos são os obtidos em condições normais de negociação de compra. A ele devem ser incorporadas as eventuais despesas que devem fazer parte do custo unitário dos materiais.

É importante ressaltar aqui a questão inflacionária. O preço padrão dos materiais e dos demais insumos industriais deve ser sempre calculado na condição de **compra com pagamento à vista**. Todos os encargos financeiros incorporados nos preços de compra devem ser expurgados, para trazer os preços na condição de preços deflacionados. Com isso será possível a adoção de um custo padrão numa data base e sua atualização pela inflação interna da empresa.

Exemplo:

Quadro 5.1 *Custo padrão de materiais diretos*.

Materiais Diretos	
Padrão de quantidade	
Toneladas de Material A por unidade de produto	21,0
Perda normal no processo estimada	0,8
Estimativa de refugos	0,3
Quantidade padrão por unidade de produto	22,1
Padrão de preço	
Preço de compra sem impostos recuperáveis	$ 20,70
(–) Custo financeiro de pagamento a prazo	(2,70)
Preço de compra à vista	18,00
Frete e despesas de recebimento	2,00
Preço padrão do Material A	$ 20,00

5.5.2 Mão de obra direta

Normalmente, a mão de obra direta padrão é determinada pela quantidade de horas necessárias do pessoal, ou da quantidade de funcionários diretos, em todas as fases do processo de fabricação do produto.

A base para a construção dos padrões de mão de obra direta é então o processo de fabricação. Todas as atividades e processos necessários para fazer o produto requerem operários para manuseio dos materiais ou dos equipamentos durante os processos.

As estimativas ou padrões de necessidade de mão de obra direta podem ser cientificamente calculados quando se trabalha em ambientes de alta tecnologia de produção, gerenciados computacionalmente. Em outros casos, podem ser feitos estudos de tempo, através de operações simuladas antecipadamente em ambientes reais. Em todos os casos deve haver um estudo para quebras, refugos, retrabalhos, manutenção e necessidades do pessoal.

A base para a valorização dos custos de mão de obra direta deve incluir toda a remuneração dos trabalhadores mais os encargos sociais de caráter genérico. De um modo geral se utiliza o critério de custo médio horário dos salários de cada departamento de produção ou da célula/atividade de processo por onde passa o produto, através dos centros de custos ou centros de acumulação por atividades.

Exemplo:

Quadro 5.2 *Custo padrão de mão de obra direta.*

Mão de Obra Direta	
Padrão de quantidade	
Horas necessárias de mão de obra para montagem completa de uma unidade do produto final	10,00
Paradas para manutenção e necessidades pessoais	1,00
Horas estimadas de retrabalhos de qualidade	0,50
Horas padrão por unidade de produto	11,50
Padrão de valor	
Salário horário médio do setor de montagem	$ 11,62
Encargos sociais legais	9,29
Benefícios espontâneos	2,32
Custo horário de mão de obra direta	$ 23,23

5.5.3 Custo direto de fabricação

A mão de obra direta é o principal gasto do custo direto de fabricação. O custo direto de fabricação é representado pelos setores, departamentos ou atividades que manipulam objetivamente os produtos e serviços e que compreendem os gastos com a mão de obra direta aplicada nos roteiros de fabricação.

Dentro dos gastos dos setores diretos de fabricação, além da mão de obra direta, também ocorrem outros gastos, comumente (até equivocadamente) denominados custos indiretos. São eles:

 a) Mão de obra indireta da chefia;
 b) Consumo de materiais indiretos para os processos fabris;
 c) Gastos utilizados pela mão de obra direta (energia elétrica, materiais de consumo, treinamento, materiais de expediente etc.);

d) Depreciação dos equipamentos ou instalações indiretas como móveis, computadores, ferramentas etc.

Exceto com relação a mão de obra indireta da chefia, os demais gastos claramente têm vinculação com a mão de obra direta e decorrem da existência dela. A questão que poderia ser discutida é com a mão de obra da chefia. Mesmo que, conceitualmente, esta seja indireta, ela não deve ser relevante. Além do mais, ela também tem um vínculo intrínseco com a mão de obra direta. Nesse sentido, entendemos que é mais adequado tratá-la, junto com os demais gastos dos setores diretos, como *custo direto de fabricação*.

Nesse critério teremos então, ao invés de padronizarmos apenas o custo horário da mão de obra direta, a padronização do custo horário total de cada setor direto, que estamos denominando custo direto de fabricação.

Os dados apresentados a seguir mostram um exemplo de cálculo incorporando ao custo da mão de obra direta os demais custos do departamento, exceto a depreciação direta. No exemplo, os setores diretos são os setores X e Y. A base para o cálculo dos padrões é a quantidade de horas, que é utilizada para todos os gastos de cada departamento.

Quadro 5.3 *Cálculo do custo padrão do custo direto de fabricação.*

Construção de Padrões – Custo Direto de Fabricação – Valores Orçados Anuais

Custo da Mão de Obra Direta Setor/Processo/ Departamento DIRETOS	Homens Diretos	MO Direta	Horas Diretas b	Custo Horário a/b
Setor X	20	906.400	40.000	22,66
Setor Y	30	1.393.930	60.000	23,23
Total/Média	50	2.300.330	100.000	23,00

Custos Indiretos – Setores Diretos Setor/Processo/ Departamento DIRETOS	MO Indireta	Despesas Gerais	Materiais Indiretos	Depreciação Indireta	Total a	Horas Diretas b	Custo Horário a/b
Setor X	100.000	20.000	200.000	30.000	350.000	40.000	8,75
Setor Y	150.000	120.000	350.000	38.000	658.000	60.000	10,97
Total/Média	250.000	140.000	550.000	68.000	1.008.000	100.000	10,08

Dentro dessa abordagem de construção do custo padrão, o custo padrão horário do Setor X será de $ 31,41, que compreende o custo horário específico da mão de obra direta, $ 22,66, mais o custo horário dos demais elementos de custos desse departamento, $ 8,75.

Custo direto de fabricação por departamento direto

	Mão de Obra Direta	Demais custos do departamento	Custo Direto de Fabricação
Setor X	22,66	8,75	31,41
Setor Y	23,23	10,97	34,20

5.5.4 Custo indireto de fabricação

O padrão desse elemento de custo vai utilizar apenas os gastos dos departamentos de apoio à fábrica, que estamos denominando custo indireto de fabricação ou *overhead*, conforme exemplo apresentado a seguir.

Quadro 5.4   *Custo padrão do custo indireto de fabricação.*

Construção de Padrões – Custo Indireto de Fabricação – Valores Orçados Anuais

Custos Indiretos – Setores Indiretos Setor/Processo/ Departamento	MO Indireta	Despesas Gerais	Materiais Indiretos	Depreciação Indireta	Total	
Setor A	200.000	170.000	20.000	12.000	402.000	
Setor B	350.000	150.000	45.000	15.000	560.000	
Total/Média	550.000	320.000	65.000	27.000	962.000	a
Gastos Diretos de Fabricação – MO Direta e Outros					3.308.330	b
Overhead					29,08%	a/b

Construção de Padrões – Custo Total de Fabricação – Valores Orçados Anuais

Custo Total de Fabricação	Custos Diretos		Soma	Indiretos OH – %	OH – Valor	Custo Total
	MOD	Demais				
Setor X	22,66	8,75	31,41	29,08%	9,13	40,54
Setor Y	23,23	10,97	34,20	29,08%	9,95	44,14
Total/Média	23,00	10,08	33,08	29,08%	9,62	42,70

O exemplo contempla o critério de absorção dos custos indiretos de fabricação em cima do total dos custos diretos de fabricação de todos os departamentos da fábrica ou unidade de negócio. No nosso exemplo, a fábrica ou unidade de negócio estão representados no custo direto de fabricação pelos Setores Diretos X e Y. Os setores indiretos de apoio estão representados pelos Setores A e B.

Foi apurado que a somatória dos gastos dos setores diretos é de $ 962.000. A somatória dos setores diretos é de $ 3.308.330 ($ 2.300.330 de Mão de Obra Direta e $ 1.008.000 dos demais custos dos Setores X e Y).

O percentual de *overhead* ou absorção obtido é de 29,08%. Isso quer dizer que, em média, para o padrão a ser adotado, para cada $ 1,00 de custos *diretos* de fabricação a empresa gasta $ 0,2908 de custos *indiretos* de fabricação.

A conclusão do padrão de custo indireto de fabricação é a aplicação do percentual de 29,08% ao custo horário unitário de cada setor direto, obtendo-se o custo indireto de fabricação a ser adicionado, a partir da aplicação do percentual.

5.5.5 Depreciação direta

A literatura tradicionalmente trata todo o valor da depreciação como custo indireto. Como vimos no Capítulo 2, a depreciação dos equipamentos utilizados nas fases dos roteiros de fabricação ou de execução dos serviços deve ser alocada diretamente e unitariamente aos produtos e serviços produzidos. Portanto, todos os equipamentos diretos devem ter sua depreciação transformada em custo padrão.

Os dados apresentados a seguir mostram um exemplo de cálculo da depreciação direta de equipamentos constantes do roteiro de fabricação.

Quadro 5.5 *Custo padrão da depreciação direta.*
   Construção de Padrões – Depreciação Direta – Valor Orçados Anuais

Depreciação Direta	Dados Padrões		Custo
	Valor	Horas	
Máquina H	300.000	4.000	75,00
Equipamento Z	500.000	6.000	83,33

Como o custo padrão é um instrumento gerencial, o valor base dos equipamentos para apuração do padrão horário (pode ser por volume, quando os equipamentos têm relação direta com a quantidade) pode ser o custo de reposição do equipamento, não devendo se prender ao custo da depreciação contabilizada ou utilizada para fins fiscais.

O cálculo do custo padrão da depreciação direta também deve ser consistente com o critério das práticas contábeis de tal forma que se incorpore ao padrão o custo baseado no valor depreciável, ou seja, o custo de reposição menos o valor residual, conforme exemplo a seguir.

Critério de cálculo consistente com as práticas contábeis

Valor do bem (valor de reposição)	$ 200.000
(–) Valor residual após a vida útil esperada	(80.000)
= Valor depreciável	120.000

Tendo como base o valor depreciável, aplica-se a taxa de depreciação obtida pela determinação da vida útil do bem, ou seja, o tempo ou volume estimado de utilização.

No caso específico de serviços, haverá a necessidade de dar ênfase para a questão da capacidade utilizada. Isso quer dizer que a base para tradução do custo da depreciação direta em ternos de custo unitário de depreciação, a ser aplicado nos diversos serviços disponíveis, deverá ser a capacidade esperada de venda, e não a capacidade técnica, ou mesmo a capacidade cheia. Em outras palavras, a base quantitativa deverá ser a capacidade que se espera vender em condições normais de operação e não a capacidade disponibilizada do equipamento ou bem utilizada nos serviços.

5.6 FICHA PADRÃO OU FICHA TÉCNICA

O resumo dos dados padrões de cada produto, quantidades e valores, deve ser apresentado conjuntamente num relatório denominado ficha padrão, *também conhecido como ficha técnica ou receita.*

5.6.1 Responsabilidades

A responsabilidade da composição da ficha técnica e dos dados quantitativos não é uma responsabilidade do setor de custos, mas, sim, responsabilidade das áreas técnicas.

Nas indústrias, a responsabilidade pela composição do produto é da engenharia de produto ou engenharia de desenvolvimento, enquanto a responsabilidade pelo roteiro, equipamentos a serem utilizados e tempo gasto nos processos, é de responsabilidade da engenharia de processo ou de fábrica.

Nas empresas de serviços, a responsabilidade é dos gestores das áreas operacionais, aqueles que definem e determinam quais os serviços que serão oferecidos.

O custo padrão segue totalmente a estrutura de custos que desenvolvemos no Capítulo 3, composta da Estrutura do Produto ou Serviço e o Roteiro de Fabricação ou Processo de Execução.

5.6.2 Exemplo numérico

O Quadro 5.6 mostra um exemplo de custo padrão de um determinado produto tendo como referência os números obtidos nos exemplos anteriores.

Quadro 5.6 *Ficha padrão – custo padrão de produto.*

Ficha Padrão	Quantidade	Unidade de Medida	Custo Unitário – $	Total – $
Materiais Diretos	22,1	Toneladas	20,00	442,00
Mão de Obra Direta – Setor Y	11,5	Horas	23,23	267,17
Custos Indiretos – Setores Diretos	11,5	Horas	10,97	126,12
Custos Indiretos – Setores Indiretos	11,5	Percentual	9,95	114,43
Subtotal	11,5		44,15	507,71
Depreciação Direta – Máquina H	11,5	Horas	75,00	862,50
Total				1.812,21

Não necessariamente um produto ou serviço utiliza-se de todos os materiais diretos, assim como não necessariamente utiliza todas as operações disponíveis na empresa e nem todos os equipamentos diretos à disposição, como é o caso deste exemplo, cujo produto não utiliza o equipamento Z.

5.7 PERIODICIDADE DA CONSTRUÇÃO DO PADRÃO

O custo padrão deve ser feito periodicamente, e, em nosso entendimento, tendo como referência os dados orçados. Algumas empresas fazem o cálculo mensalmente, enquanto outras preferem trabalhar com períodos anuais.

5.7.1 Custo padrão mensal

Apesar de possível, não é condizente com a filosofia do custo padrão, como elemento que carrega dentro de si metas a serem alcançadas, que normalmente se supõem num período mais longo. Além disso, ficaria muito trabalhoso, o que também vai contra os conceitos de sua construção, que é permitir a substituição do custo real.

5.7.2 Custo padrão numa data-base

É a prática mais utilizada. Elabora-se o custo padrão num determinado mês, considerando aspectos de projeções e metas a serem alcançadas dentro de determinado período, seja seis meses ou um ano.

5.7.3 Custo padrão em outras moedas

Nesse caso, elabora-se o custo padrão em uma moeda estrangeira (dólar, euro, marco, iene etc.), para acompanhamento de unidades de negócios dentro de uma corporação multinacional. Também pode servir como meta para acompanhar preços em âmbito de competitividade internacional.

5.7.4 Custo padrão em data base atualizado pela inflação interna da empresa

Integrando a construção do padrão com periodicidade anual ou semestral, numa data base, com o objetivo de incorporar metas a serem alcançadas no período futuro, entendemos como a opção mais viável de acompanhamento das variações de preços do custo padrão a sua atualização por indicadores de inflação interna da companhia.

Com isso manteremos o controle das variações dos preços, bem como o conceito de padrão como meta, que não deve ser alterado pelas flutuações de preços.

Como já frisamos anteriormente, é importante a construção do padrão com preços à vista sem encargos financeiros ou efeitos monetários embutidos, para que se possa aplicar convenientemente os conceitos de inflação interna da companhia.

5.8 ANÁLISE DAS VARIAÇÕES

Um dos pontos-chaves na elaboração do custo padrão, que contém metas a serem atingidas, é a sua verificação junto ao custo real. Temos então a análise das variações entre o custo padrão, que é o que deveria ser atingido, e o custo real, que é o que aconteceu. Diante das análises, verificam-se os problemas e se tomam medidas corretivas para que os padrões possam ser alcançados.

5.8.1 A equação fundamental de contabilidade de custos

Toda a análise das variações se fundamenta na equação fundamental de custos, que é a resultante da multiplicação do preço unitário dos fatores de custo pelas quantidades utilizadas desses insumos industriais.

Equação Fundamental de Custo

Custo do Insumo = Preço do Insumo × Quantidade de Insumo Utilizada

Abreviando, temos:

$$C = P \times Q$$

5.8.2 Esquema genérico de análise das variações

O conceito geral de análise das variações entre o custo padrão e o custo real está em separar do total da variação de cada tipo de insumo industrial a parcela que foi ocasionada por variações de volume ou quantidade da parcela que foi ocasionada por variações de preços.

Assim, um esquema geral para análise das variações dos insumos industriais pode ser representado pelo seguinte modelo:

```
                        Variação Total
```

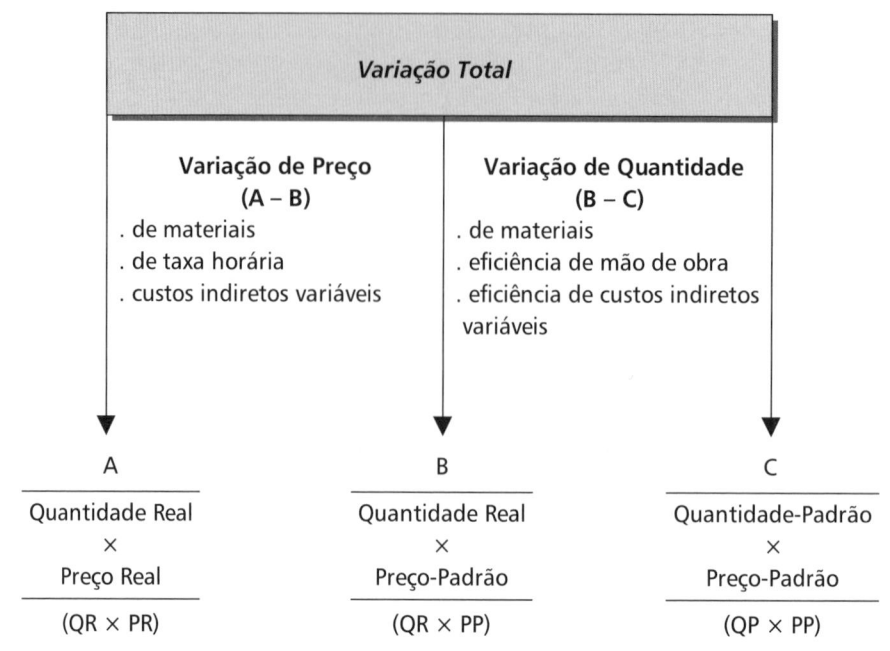

```
     Variação de Preço              Variação de Quantidade
          (A – B)                           (B – C)
     . de materiais                   . de materiais
     . de taxa horária                . eficiência de mão de obra
     . custos indiretos variáveis     . eficiência de custos indiretos
                                        variáveis
```

A	B	C
Quantidade Real	Quantidade Real	Quantidade-Padrão
×	×	×
Preço Real	Preço-Padrão	Preço-Padrão
(QR × PR)	(QR × PP)	(QP × PP)

Figura 5.1 *Esquema genérico de análise das variações.*

A seguir apresentamos, no Quadro 5.7, dados para desenvolver uma análise das variações dos elementos diretos de custos de um produto.

Quadro 5.7 *Dados de um produto – real × padrão.*

Elemento de Custo	Custo Padrão – $	Custo Real – $	Variações $	Favorável (F) Desfavorável(D)
Materiais Diretos				
. Material A	413.662	433.029	19.367	Desfavorável(D)
. Material B	353.034	360.000	6.966	Desfavorável(D)
Soma	766.696	793.029	26.333	Desfavorável(D)
Custo Direto de Fabricação	813.048	795.528	– 17.520	Favorável (F)

5.8.3 Análise das variações de materiais diretos

A Figura 5.2 apresenta os dados para análise das variações do Material A e a Figura 5.3 do Material B.

FORMAS DE CUSTEIO: CUSTO PADRÃO E CUSTO DE REPOSIÇÃO

Variação Total: $ 19.367 (D)

Variação de Preço	Variação de Quantidade

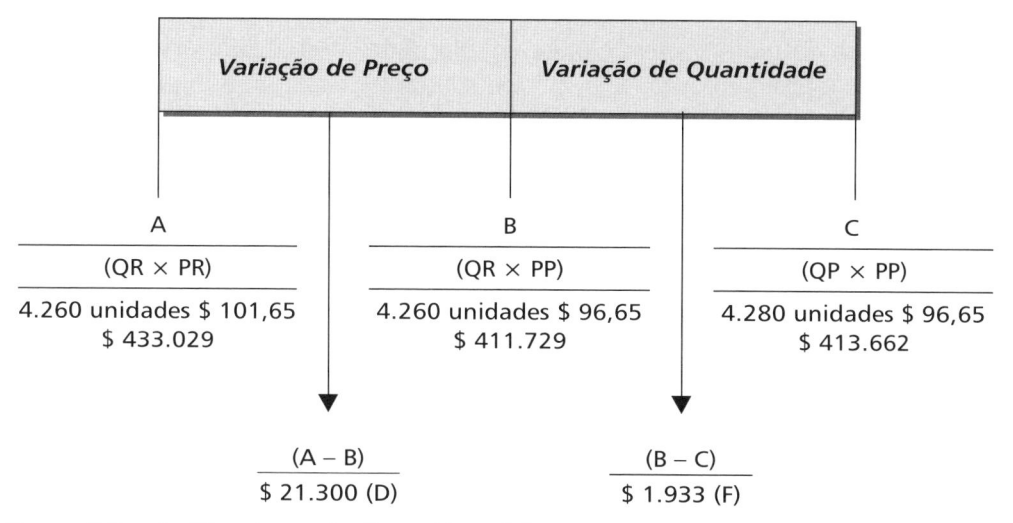

A	B	C
(QR × PR)	(QR × PP)	(QP × PP)
4.260 unidades $ 101,65	4.260 unidades $ 96,65	4.280 unidades $ 96,65
$ 433.029	$ 411.729	$ 413.662

(A − B)
$ 21.300 (D)

(B − C)
$ 1.933 (F)

Figura 5.2 *Análise das variações – Material A.*

Variação Total: $ 6.966 (D)

Variação de Preço	Variação de Quantidade

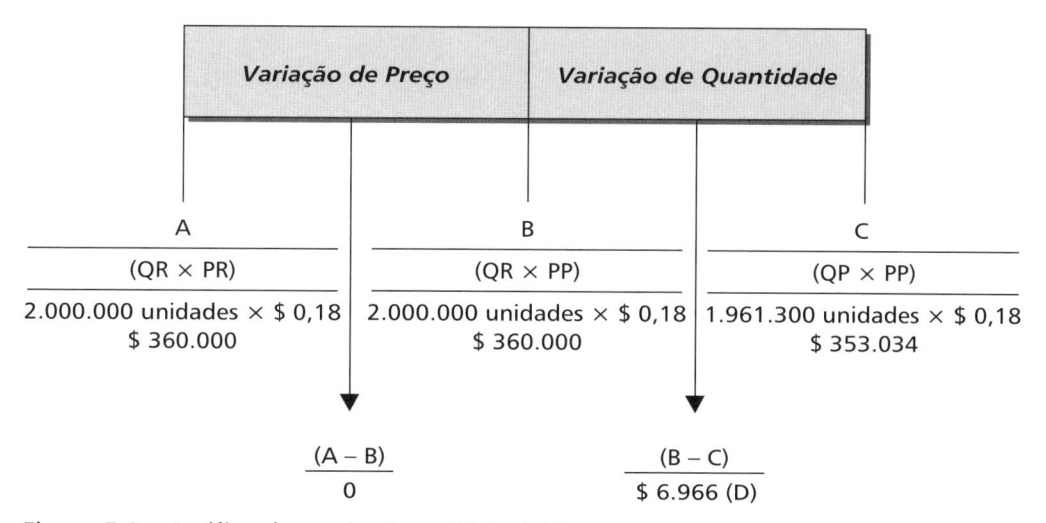

A	B	C
(QR × PR)	(QR × PP)	(QP × PP)
2.000.000 unidades × $ 0,18	2.000.000 unidades × $ 0,18	1.961.300 unidades × $ 0,18
$ 360.000	$ 360.000	$ 353.034

(A − B)
0

(B − C)
$ 6.966 (D)

Figura 5.3 *Análise das variações – Material B.*

A variação desfavorável do Material B de $ 6.966 foi devida apenas à variação de quantidade, já que o preço real foi igual ao preço padrão. Assim, a necessidade de utilização de uma maior quantidade de material do que o previsto ocasionou uma variação desfavorável decorrente apenas de quantidade.

Já o Material A, que teve uma variação desfavorável no total de $ 19.367, apresentou variações inversas. Os preços variaram desfavoravelmente, já que o custo unitário da matéria-prima paga efetivamente ($ 101,65 por unidade) foi maior do que o preço padrão ($ 96,65 por unidade), ocasionando uma perda total motivada por preço de $ 21.300. Outrossim, uma variação favorável de quantidade, ou seja, o consumo efetivo de matéria-prima, foi menor do que o padrão, provocou uma variação favorável de $ 1.933, amenizando parcialmente os efeitos negativos da variação de preço.

5.8.4 Análise das variações do custo direto de fabricação

No nosso exemplo, a variação total foi favorável em $ 17.520. Apesar de a taxa horária (o custo horário médio) ter aumentado de $ 3,80 para $ 3,81, provocando uma variação de custos desfavorável de $ 2.088, uma melhor produtividade, denominada variação de eficiência, permitiu que com menos horas trabalhadas se construíssem as unidades de produtos finais, ocasionando uma variação favorável de $ 19.608.

Variação Total: $ 17.520 (F)

Variação da Taxa Horária	Variação de Eficiência

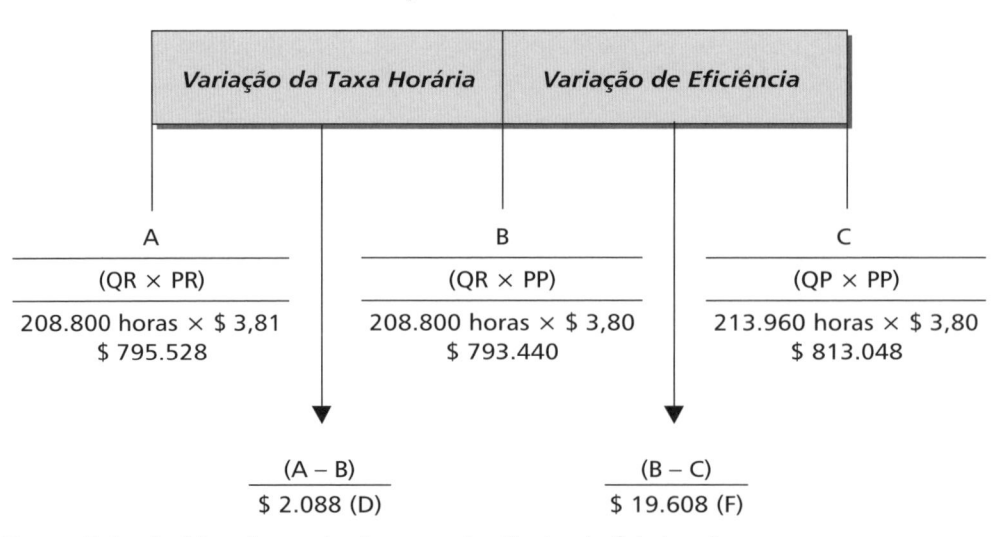

A	B	C
(QR × PR)	(QR × PP)	(QP × PP)
208.800 horas × $ 3,81	208.800 horas × $ 3,80	213.960 horas × $ 3,80
$ 795.528	$ 793.440	$ 813.048

(A – B) = $ 2.088 (D)

(B – C) = $ 19.608 (F)

Figura 5.4   *Análise das variações – custo direto de fabricação.*

5.8.5 Análise das variações e administração por exceção

As atenções dos administradores devem centrar-se primariamente nos elementos de custos que apresentam as maiores distorções, objetivando o direcionamento dos esforços e do tempo, que são escassos para a empresa, em cima do que é realmente relevante. Assim, a análise das variações, além de calcular as variações ocorridas entre os custos e quantidades reais com os preços e quantidades padronizadas, deve também providenciar meios de relatar as variações que realmente devem ser merecedoras de atenção e ação gerencial corretiva. Denominamos esse enfoque de *administração por exceção, ou administração por relevância*.

Para identificação correta do que deve ser considerado relevante, padrões de variações deverão ser construídos, de forma a parametrizar os limites máximos e mínimos permitidos para as variações. Técnicas de métodos quantitativos, como os quadros de controles estatísticos, poderão ser utilizadas para esse fim.

5.8.6 Análise das variações simplificada

De um modo geral, entende-se a análise das variações a cada transação de custo efetuada. Mesmo utilizando as técnicas de administração por exceção, é bastante provável que esse enfoque de análise das variações apresente dificuldades operacionais, dado o grande volume possível de dados.

Assim, é possível trabalhar o conceito de análise das variações periodicamente, ao invés de trabalhar a análise das variações a cada transação. A análise das variações simplificada, como a chamamos, seria feita por verificação periódica da estrutura do produto, padrão e real, pela estrutura do processo padrão *versus* o que está realmente acontecendo, pela observação de todos os preços dos materiais, também periodicamente, verificando os preços reais dos esperados pelo custo padrão, e assim sucessivamente.

5.9 CONSIDERAÇÕES COMPLEMENTARES

O custo padrão é um custo técnico, e, consequentemente, tem que utilizar de todo o arcabouço tecnológico existente na empresa, seja em termos de equipamentos operacionais, seja em termos de sistemas de informações.

5.9.1 Custo padrão em novas tecnologias de produção e em *just in time*

As novas tecnologias computadorizadas de produção, expressas pelo conceito de CIM (*Computer Integrated Manufacturing*), possibilitam um enorme avanço na qualidade dos padrões de produção. As estruturas de produtos e os processos de fabricação em ambientes computadorizados devem promover um aumento da qualidade dos padrões quantitativos, de forma significativa, já que as partes a serem fabricadas são objeto de um trabalho pormenorizado, ligando a estrutura do produto, do processo e dos equipamentos de produção.

Num sentido inverso, porém, a crescente automação tende a diminuir a importância dos custos de mão de obra direta, ensejando menor necessidade de controle de seus custos. É possível, até, que o tratamento da mão de obra direta como um custo fixo seja possível ou necessário, já que a necessidade de manipulação do produto por pessoas também é reduzida.

Com relação aos materiais, também se diminuem as possibilidades de perdas, quebras ou utilização não padronizada, tendo em vista o rigoroso controle de qualidade dos materiais exigido por ambientes automatizados.

Em ambientes administrados pelo conceito de JIT, há uma tendência natural de maiores ociosidades de pessoal, objetivando a redução dos estoques a nível zero, assumida naturalmente pelas empresas que implementam esse conceito de administração de produção. Nesse sentido, as variações de eficiência de mão de obra também tendem a não ser relevantes como instrumento de controle e administração de custos.

5.9.2 Custo padrão e sistema de informação contábil

O sistema de informação contábil deve estar preparado para receber os dados do custo padrão, de tal forma que a análise das variações seja efetuada mensalmente. O custo padrão deve ser inserido no sistema de informação contábil da mesma forma como é inserido o orçamento. Portanto, não há nenhuma dificuldade. O custo padrão dos produtos acompanhará as contas contábeis e conceitos de controladoria de forma idêntica a todas as informações orçamentárias.

5.10 CUSTO DE REPOSIÇÃO

O custo de reposição também se caracteriza como uma forma de custeio. Um pouco diferente do custo padrão propriamente dito, o custo de reposição representa o próximo custo real, mas não é, enquanto reposição, um custo histórico ou custo médio.

5.10.1 Objetivos do custo de reposição

São fundamentalmente dois objetivos do custo de reposição:

a) ter um custo atualizado, mensalmente, para tomada de decisão sobre a evolução dos elementos do custo unitário dos produtos e serviços;

b) atualizar os preços de venda formados a partir do custo unitário.

No âmbito empresarial, é comum denominar o custo de reposição como custo padrão, mas, essencialmente, não são as mesmas coisas. O custo padrão é um custo predeterminado, que serve como meta para confrontar com os custos ocorridos e fornecer metas de desempenho para os gestores ligados aos custos. O custo de reposição é um custo atualizado, mas não contém o conceito de meta.

5.10.2 Validade do custo de reposição

Sua validade está diretamente associada com seus dois objetivos principais. O custo de reposição distancia-se do custo real médio histórico e foca no próximo preço, no custo de reposição. Com isso, dá uma informação valiosa para os gestores, que permanentemente podem trabalhar numa visão proativa.

Além disso, o custo de reposição é a variável principal para o sistema de inflação interna ou inflação da empresa, instrumento gerencial de grande amplitude e importância gerencial de controle de gastos.

5.10.3 Formação do custo de reposição de produtos e serviços

O custo de reposição segue a estrutura básica de todos os procedimentos de custeamento unitário:

a) o custo dos materiais;
b) o custo de fabricação;
c) o custo indireto de fabricação (*overhead*);
d) o custo da depreciação direta.

O custo dos materiais deve ser coletado em tempo real, ou pelo menos mensalmente, por meio das cotações de todos os materiais que compõem a estrutura do produto ou serviço.

O custo de fabricação, o custo indireto de fabricação e o custo da depreciação direta podem ser extraídos do sistema orçamentário ou do sistema de custo padrão. Nosso entendimento é que esses elementos do custo de reposição podem ser os mesmos calculados pelo custo padrão e serem mantidos como reposição enquanto o padrão for considerado como válido.

Dentro dessa metodologia, o custo dos materiais será revisto mensalmente e os demais elementos de custo serão mantidos os mesmos enquanto for mantido o custo padrão desses elementos.

5.10.4 Exemplo numérico

O Quadro 5.8 mostra os conceitos apresentados anteriormente. Mensalmente apura-se o custo dos materiais diretos e adicionam-se os demais elementos de custos extraídos da construção dos padrões.

Quadro 5.8 *Custo de reposição e formação de preços de venda.*

Elementos de custos	Mês 1	Mês 2	Mês n
Custo dos materiais diretos	40,00	38,00	45,00
Custo direto de fabricação	20,00	20,00	20,00
Custo indireto de fabricação	9,20	9,20	9,20
Depreciação direta	8,00	8,00	8,00
Custo unitário de reposição total	77,20	75,20	82,20
Mark-up	2,20	2,20	2,20
Preço de venda calculado	169,84	165,44	180,84

Com isso, tem-se a possibilidade de acompanhar permanentemente a evolução dos custos reais tendo como referência o custo de reposição. Além disso, aplicando-se o multiplicador construído para formar preços de venda a partir do custo, o *Mark-up*, tem-se também atualizado o preço de venda considerando os custos de reposição.

QUESTÕES E EXERCÍCIOS

1. Discorra sobre as características e objetivos do custo padrão baseado em dados anteriores, o custo padrão ideal e o custo padrão corrente.

2. Um produto elaborado por processo contínuo de fabricação é obtido pela utilização de uma única matéria-prima para obtenção do produto final. Para cada quantidade de matéria-prima que entra no processo, há uma perda de 6% na saída do processo. Após isso, há um refugo médio no controle de qualidade de 5% do produto acabado.

   O preço de nota fiscal da matéria-prima é de $ 4,00/kg, que inclui 15% de ICMS recuperável. Além disso, inclui juros de 5%, porque a matéria-prima é paga a 60 dias. Despesas de frete e seguro representam em média 10% do valor à vista sem impostos.

   Pede-se:

a) Calcular o padrão de quantidade para fazer 1 kg de produto final pronto para venda;
b) Calcular o padrão de preço;
c) Calcular o custo unitário dos materiais para o produto final.

3. Fazer a análise das variações considerando os seguintes dados:

Dados Padrões de Materiais
Preço Padrão = $ 108,65
Consumo Padrão = 4.260 unidades
Total de Consumo = $ 462.849

Dados Reais
Preço Real = $ 109,65
Consumo Real = 4.240 unidades
Total de Consumo = $ 464.916

4. Foram obtidas as seguintes informações sobre determinado produto:

Horas reais de mão de obra direta utilizadas = 315 horas
Preço-padrão dos materiais = $ 2,50 por unidade
Horas-padrões de mão de obra direta = 300 horas
Quantidade-padrão de materiais = 450 unidades
Custo horário real de mão de obra direta = $ 3,00
Quantidade real de material utilizado = 445 unidades
Custo horário-padrão de mão de obra direta = $ 3,10
Custo real de materiais = $ 2,52 por unidade

Pede-se: montar um quadro para análise da:
a) variação total de materiais;
b) variação total de mão de obra direta;
c) variação de quantidade de materiais;
d) variação de preço de materiais;
e) variação de eficiência da mão de obra;
f) variação de custo horário da mão de obra.

5. Com as informações dadas abaixo, calcule o custo-padrão por unidade de produto acabado.

Volume da atividade normal = 10.000 unidades
Padrões de Custos

Material Direto	$ 2,00 por quilo
Mão de obra Direta	$ 4,20 por hora
Custos Indiretos Variáveis	$ 2,75 por hora de mão de obra direta
Custos Indiretos Fixos	$ 30.000
Padrões de Quantidade	
Material Direto	5 quilos por unidade
Mão de obra Direta	3 horas por unidade

6. Em continuação com os dados do exercício anterior, e considerando que os gastos e quantidades reais foram as que estão dadas a seguir, prepare um quadro completo das variações entre o real e o padrão, bem como todas as análises de variações de quantidade e valor, para todos os custos.

Volume Real Produzido = 9.600 unidades

Material Direto Consumido = 48.480 kg – $ 94.536

Mão de obra Direta = 27.840 horas – $ 125.280

Custos Indiretos Variáveis = $ 77.952

Custos Indiretos Fixos = 25.920

Parte II

Aplicação

6

Estrutura Técnica para Custo de Serviços

A apuração do custo unitário dos serviços segue a linha geral de custeamento dos produtos. Para a apuração do custo dos recursos utilizados deve-se seguir os mesmos conceitos desenvolvidos no Capítulo 2. As informações básicas de cada serviço também seguem a linha geral do custo dos produtos, que é a estrutura do produto, *agora estrutura do serviço*, e o processo de fabricação, *agora, processo de execução*, apresentados no Capítulo 3. Aplica-se o método de custeamento escolhido e apura-se o custo de cada serviço.

Os elementos necessários para o custeamento unitário dos serviços são os seguintes:

1. Conhecimento da estrutura de cada serviço, para obtenção de todos os materiais que o compõem;
2. Conhecimento dos equipamentos diretos utilizados na prestação de cada serviço, quando o serviço é baseado em equipamentos;
3. Conhecimento do processo de execução de cada serviço, considerando todas as fases necessárias para sua realização, para obtenção dos dados da mão de obra direta aplicada em cada fase do serviço;
4. Conhecimento de serviços obtidos de terceiros que são acoplados a determinados serviços;
5. Conhecimento dos serviços prestados por outros setores da empresa para determinados serviços finais;

6. Procedimentos de alocação de gastos dos setores indiretos que apoiam genericamente a área operacional da execução dos serviços, caso se adote método de custeamento que contenha elementos de absorção ou rateio.

Esses elementos serão apresentados a seguir com suas principais características e resumidos numa figura para complementação do entendimento geral.

6.1 ESTRUTURA DO SERVIÇO

Quando um serviço é desenvolvido, ele tem um processo de caracterização genérico, que é explicitado através da *estrutura do serviço*. Mesmo considerando a característica da variabilidade inerente aos serviços, é possível e necessário construir uma estrutura genérica básica. Por exemplo, na confecção de cartões de visitas, apesar de o nome da pessoa e empresa ser individual, o serviço básico em si é o mesmo, podendo ser estruturado de forma genérica. Assim, na estruturação do serviço do cartão de visita pode ser definido o tipo de papel, sua qualidade, sua quantidade, bem como outros complementos, como tintas aplicadas, tipo de embalagem etc.

Um serviço de transporte, um frete de uma cidade a outra, também pode ser caracterizado em termos de estrutura de serviço. Deverá ser definido o equipamento básico, a quantidade de quilômetros a ser percorrida, equipamentos adicionais de carga e descarga a serem utilizados, a quantidade de mão de obra necessária para o transporte (motoristas, navegadores, carregadores), o tipo e a quantidade de combustível, materiais auxiliares necessários (óleos, aditivos, estrados de madeira etc.), pedágios que serão incorridos etc.

Num serviço de auditoria deve ser definido que tipo de profissional deverá ser alocado, se auditor simples ou sênior, gerente ou sócio de auditoria, equipamentos e *softwares* a serem utilizados, profissionais de apoio (advogados, analistas de sistemas) etc.

6.1.1 Apresentação da estrutura do serviço

A estrutura do serviço pode ser apresentada graficamente de forma esquemática evidenciando os níveis e os principais conjuntos, subconjuntos e materiais, conforme apresentamos na Figura 6.1. Neste exemplo, tomamos como referência o produto hambúrguer, que é o aspecto visível da indústria de fornecimento de alimentação rápida (*fast-food*), indústria esta de prestação de serviços de massa através de produtos alimentares padronizados.

ESTRUTURA TÉCNICA PARA CUSTO DE SERVIÇOS   127

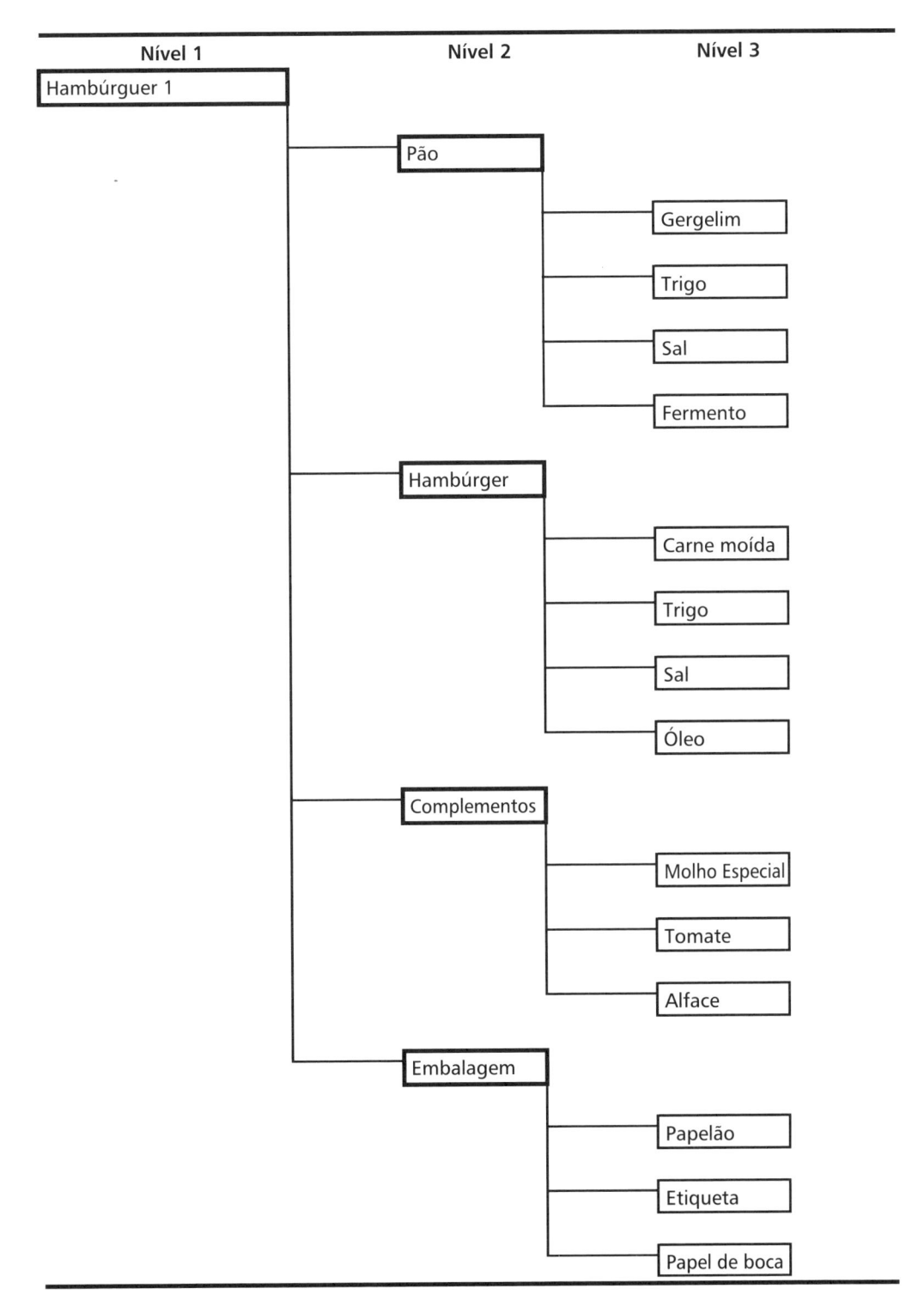

Nível 1	Nível 2	Nível 3

- Hambúrguer 1
  - Pão
    - Gergelim
    - Trigo
    - Sal
    - Fermento
  - Hambúrger
    - Carne moída
    - Trigo
    - Sal
    - Óleo
  - Complementos
    - Molho Especial
    - Tomate
    - Alface
  - Embalagem
    - Papelão
    - Etiqueta
    - Papel de boca

Figura 6.1   *Exemplo de estrutura de produto/serviço – hambúrguer.*

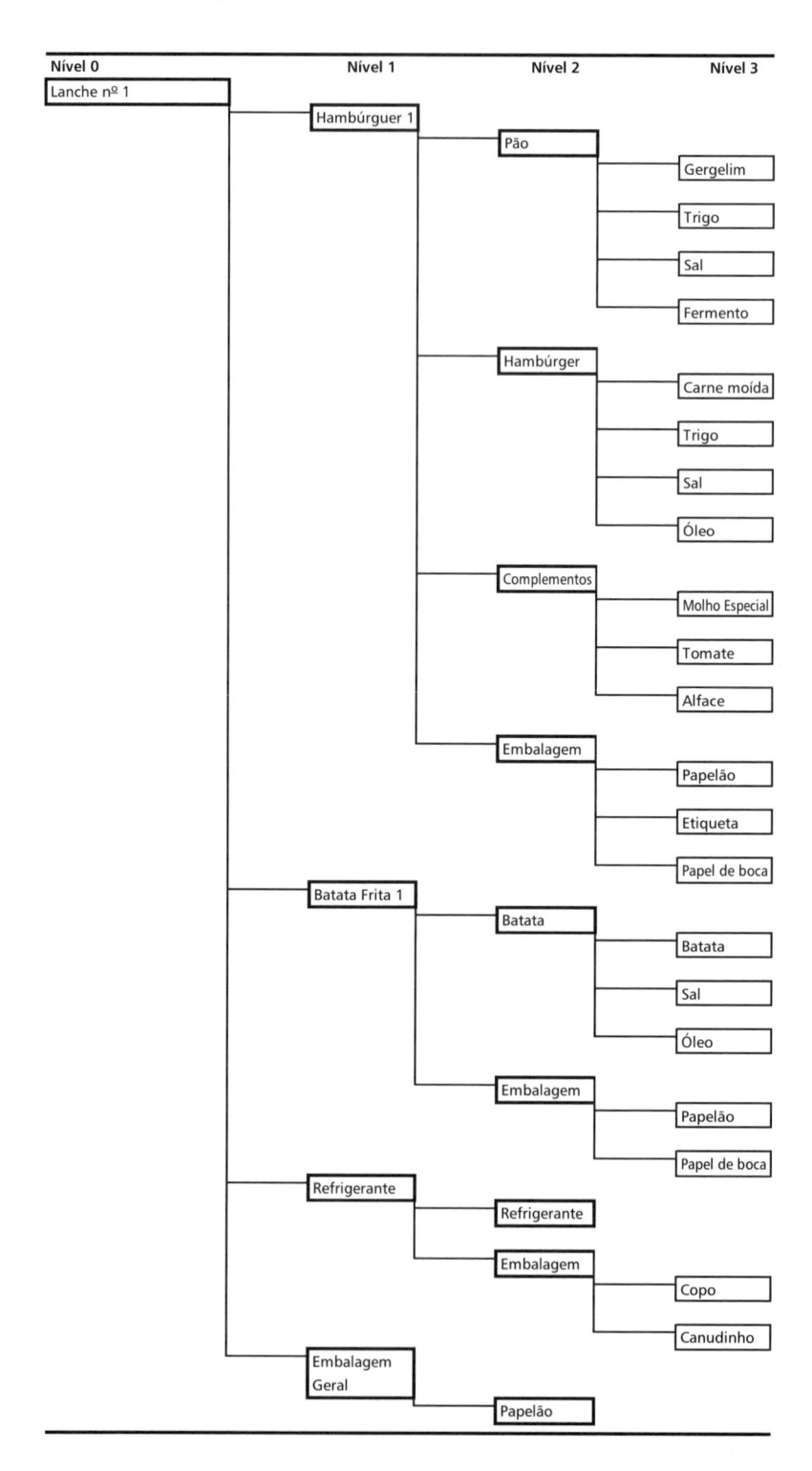

Nível 0	Nível 1	Nível 2	Nível 3
Lanche nº 1			
	Hambúrguer 1		
		Pão	
			Gergelim
			Trigo
			Sal
			Fermento
		Hambúrger	
			Carne moída
			Trigo
			Sal
			Óleo
		Complementos	
			Molho Especial
			Tomate
			Alface
		Embalagem	
			Papelão
			Etiqueta
			Papel de boca
	Batata Frita 1		
		Batata	
			Batata
			Sal
			Óleo
		Embalagem	
			Papelão
			Papel de boca
	Refrigerante		
		Refrigerante	
		Embalagem	
			Copo
			Canudinho
	Embalagem Geral		
		Papelão	

Figura 6.2 *Exemplo de estrutura de produto/serviço – lanche completo.*

É muito comum que alguns produtos considerados produtos finais especificados também façam parte de outros produtos. No exemplo do hambúrguer, esse produto poderia tanto ser vendido separadamente quanto fazendo parte de um outro produto final, complementado por outros produtos, também finais, formando um novo produto final, que seria o agregado de outros produtos finais. Continuando o exemplo da Figura 6.1, apresentamos na Figura 6.2 uma estrutura de produto de um conjunto de produtos finais, vendido também como um outro produto final.

A responsabilidade pelo desenvolvimento da estrutura do serviço é da área operacional da empresa. Nas indústrias, a estrutura do produto é de responsabilidade da engenharia de produto ou engenharia de desenvolvimento. Nas empresas de serviços, a responsabilidade é dos responsáveis técnicos pelas operações, conforme alguns exemplos apresentados a seguir.

Empresa de Serviços	Responsável Técnico pela Estrutura do Serviço
Hospital	Médico
Restaurante	Chefe de cozinha
Transporte	Chefe de logística
Auditoria externa	Sócio gerente
Curso de graduação	Chefe do departamento
Projetos de engenharia	Engenheiro civil

6.1.2 Custeamento da estrutura do serviço

O custeamento da estrutura do serviço dá-se pela atribuição a cada item de sua estrutura dos preços de custo desses materiais, considerando as quantidades utilizadas. Como já vimos, existem basicamente duas grandes possibilidades de custos, custo real e custo prévio.

Quando se quer fazer o custeamento da estrutura do serviço com dados reais, o sistema de informação abastecedor é o sistema de recebimento de materiais e controle de estoques, através das entradas dos materiais e da posterior requisição dos mesmos. Temos duas opções básicas de custeamento com dados reais: custo da última entrada ou o custo médio ponderado. Para fins fiscais, o custo médio tem sido o mais utilizado. Para fins gerenciais, recomenda-se pelo menos o custo da última entrada.

O custeamento da estrutura do serviço com dados não históricos pode ser feito através do custo padrão ou de custo de reposição. Normalmente, o sistema de compras tem essas informações de custo não histórico, ambas de grande utilidade para fins gerenciais.

No Quadro 6.1, apresentamos um exemplo da utilização da estrutura do serviço e o custeamento dos materiais diretos dessa estrutura. A estrutura do serviço, além da lista dos materiais e dos níveis de relacionamento, também apresenta dados como a descrição e especificação dos materiais, origem, quantidades e unidades de medida.

Cabe ao setor de custos, utilizando a integração das informações de custos unitários constantes do sistema de controle de estoques ou sistema de compras, aplicar o custo unitário em cada item de material direto, obtendo o custo por material, e consequentemente, o custo unitário total de todos os materiais diretos do produto especificado.

No exemplo apresentado a seguir, o produto especificado é o Hambúrguer 1. Para fins de simplificação do exemplo, consideramos que os itens pão e hambúrguer sejam comprados de terceiros e que a unidade produtora do hambúrguer apenas produza os complementos e a embalagem.

Quadro 6.1 *Custeamento da estrutura do serviço.*

Produto/Material	Dados da Estrutura do Serviço					Dados de Custo	
	Especificação	Nível da Estrutura	Origem	Quantidade	Unidade de medida	Custo Unitário	Custo Total
HAMBÚRGUER	Tipo 1	1					
PÃO	Tipo Hambúrguer	2	Comprado	1	unidade	0,20	0,20
HAMBÚRGUER	Carne Bovina	2	Importado	1	unidade	0,90	0,90
COMPLEMENTOS	Combinação 1	2	Fabricado				
Molho Especial	Sabor 1	3	Comprado	5	gramas	0,04	0,20
Tomate	Graúdo	3	Comprado	1	fatia	0,16	0,16
Alface	Branca	3	Comprado	1	folha	0,12	0,12
Subtotal							0,48
EMBALAGEM	Tipo 1	2	Fabricado				
Papelão	Desenho 1	3	Comprado	1	unidade	0,15	0,15
Etiqueta	Desenho 1	3	Comprado	1	unidade	0,05	0,05
Papel de boca	10 × 10	3	Comprado	3	unidade	0,08	0,24
Subtotal							0,44
Total Geral							2,02

6.2 PROCESSO DE EXECUÇÃO

Complementando a estrutura do serviço, define-se o processo de execução, ou seja, as atividades, etapas, tarefas que serão necessárias para executar os serviços, e a quantidade de tempo despendida em cada uma dessas atividades.

No caso de cartões de visitas, deve-se estimar o tempo da mão de obra direta que opera os processos, tais como tempo dos operadores das máquinas, do desenhista do cartão, dos montadores e embaladores do serviço.

No caso de um serviço de transporte, deverá ser estimada a quantidade de horas necessárias para determinado serviço de frente, incluindo as horas dos motoristas, dos profissionais auxiliares. Isso só poderá ser feito se se especificar o roteiro do frete, as ruas e estradas a serem utilizadas, as paradas necessárias para descarga ou coleta etc.

No caso de um serviço de auditoria, deve-se especificar quais os procedimentos que serão adotados, quais as análises e verificações que deverão ser feitas, quais os papéis de trabalhos que deverão ser elaborados, quais os relatórios que serão apresentados. Tudo isso mensurado em termos de tempo e profissionais que serão alocados para cada tarefa.

O processo de execução compreende as atividades, tarefas, etapas ou fases necessárias para a realização ou execução dos serviços, incluindo a descrição dos equipamentos e utensílios necessários para a execução dessas atividades e tarefas. *Fazendo uma analogia com a receita de uma refeição, enquanto a estrutura do produto representa os ingredientes, o processo de fabricação representa o modo de preparo.*

A avaliação dos roteiros de execução para a maior parte dos serviços tem como base o tempo despendido em cada uma das etapas ou fases de execução. Os dados físicos e quantidades são obtidos no sistema de Processo de Execução, sistema de informação este de responsabilidade dos responsáveis técnicos pelas operações. O sistema de processo de execução deve ser totalmente integrado com o sistema de estrutura do serviço. Em linhas gerais, cada serviço final, conjunto, subconjunto, parte ou serviço de apoio constante da estrutura do serviço tem associado a ele um roteiro de execução, apresentando os tempos necessários para todas as atividades produtivas, sejam tempos de mão de obra direta, sejam tempos dos equipamentos utilizados nos processos.

Diante disso, fica claro também que o processo de execução tem uma associação direta com a departamentalização. Ou seja, cada atividade ou etapa do processo necessário para a realização ou execução dos serviços deve ser representada na contabilidade pelo conceito de centros de custos. Os centros de custos contábeis associados com o processo de execução são todos os centros de custos que acumulam as informações de custos da mão de obra direta e equipamentos diretos. Os centros de custos de mão de obra indireta não devem fazer parte do processo de execução, pois os funcionários nele lotados não manipulam o serviço ou seus materiais.

6.2.1 Apresentação do processo de execução

O processo de execução pode ser apresentado dentro do enfoque sistêmico, onde as fases intermediárias do processo (os roteiros) são consideradas subsistemas. Isso permite a apresentação do processo de execução gráfica. Na Figura 6.3 apresentamos um processo de execução com a produção de hambúrguer, considerando os departamentos que trabalham com a mão de obra direta.

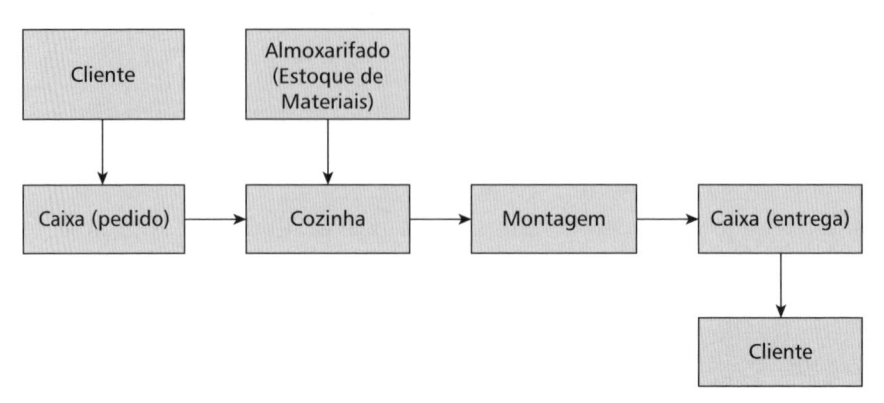

Figura 6.3 *Fluxo do processo de produção/execução de hambúrguer, venda (pedido) e entrega.*

Ressaltamos que os processos de: Caixa (pedido), Cozinha, Montagem e Caixa (entrega) são executados pelas atividades de fabricação do hambúrguer. O setor de almoxarifado representa uma área de apoio, não sendo considerada uma atividade produtiva. Portanto, a departamentalização, a segregação dos gastos por centros de custos contábeis, deve ser feita considerando os setores, atividades ou departamentos que executam o processo produtivo, bem como os setores que apoiam o processo.

6.2.2 Custeamento do processo de execução

O custeamento do processo de execução deve ser feito para cada uma das atividades constantes do processo das partes, subconjuntos, conjuntos e conclusão do serviço. A base quantitativa está em cada fase do roteiro de execução, onde constam os tempos despendidos em cada etapa do processo. Associa-se à quantidade de tempo despendido um custo horário direto de fabricação.

O custo horário direto de fabricação é obtido através dos dados da contabilidade societária, onde temos os gastos por departamento, setor ou atividade. O Quadro 6.2 mostra um relatório contendo as contas contábeis de despesas de uma empresa, classificadas também pelo conceito de departamentalização por centros

ESTRUTURA TÉCNICA PARA CUSTO DE SERVIÇOS

Quadro 6.2 Departamentalização – gastos classificados por setor em centros de custos contábeis.

GASTOS GERAIS POR CONTA CONTÁBIL	POR DEPARTAMENTOS (CENTROS DE CUSTOS)					Administração/Comercialização		Total Geral
	Caixa Entrega	Cozinha	Montagem	Atendimento Geral	Chefia de Produção	Administração	Comercialização	
Mão de Obra Direta	**3.280**	**3.280**	**3.280**	**0**	**0**	**0**	**0**	**9.840**
Salários	1.600	1.600	1.600	0	0	0	0	4.800
Encargos Sociais	1.680	1.680	1.680	0	0	0	0	5.040
Mão de Obra Indireta	**0**	**0**	**0**	**2.460**	**3.075**	**5.125**	**4.100**	**14.760**
Salários	0	0	0	1.200	1.500	2.500	2.000	7.200
Encargos Sociais	0	0	0	1.260	1.575	2.625	2.100	7.560
Materiais Indiretos	**190**	**460**	**460**	**190**	**140**	**140**	**140**	**1.720**
Materiais Auxiliares	0	100	100	0	0	0	0	200
Utensílios	100	100	100	50	0	0	0	350
Combustíveis/Lubrificantes	0	100	100	0	0	0	0	200
de Manutenção e Conservação	20	120	120	100	20	20	20	420
de Segurança	20	20	20	20	20	20	20	140
de Expediente	50	20	20	20	100	100	100	410
Gastos Gerais	**210**	**810**	**710**	**210**	**560**	**1.060**	**7.260**	**10.820**
Energia Elétrica	100	500	400	100	100	100	100	1.400
Água e Esgoto	50	50	50	50	0	0	0	200
Aluguéis	0	0	0	0	0	0	1.200	1.200
Arrendamento Mercantil	0	200	200	0	0	100	0	500
Viagens	0	0	0	0	200	200	200	600
Fretes/entregas	0	0	0	0	0	0	100	100
Publicações/Propaganda	0	0	0	0	0	100	2.000	2.100
Comunicações	0	0	0	200	200	500	600	1.300
Treinamentos	50	50	50	50	50	50	50	350
Licenciamento	0	0	0	0	0	0	3.000	3000
Outros	10	10	10	10	10	10	10	70
Depreciação	**100**	**160**	**150**	**50**	**50**	**500**	**50**	**1.060**
Equipamentos Diretos	50	110	100	0	0	0	0	260
Demais imobilizados	50	50	50	50	50	500	50	800
Total Geral	**3.780**	**4.710**	**4.600**	**2.910**	**3.825**	**6.825**	**11.550**	**38.200**

de custos. Os centros de custos representam os setores em que a organização é estruturada, para que a contabilidade apure os gastos por áreas de responsabilidade e que também são utilizadas para o custeamento do processo de execução dos serviços.

Complementam-se os dados em valores obtidos na contabilidade societária, com os dados de horas trabalhadas pelos departamentos. A quantificação das horas dos setores diretos apresenta as seguintes opções:

a) quantificar as horas pagas aos funcionários diretos;
b) quantificar as horas efetivamente trabalhadas nos produtos e serviços finais, através de sistemas de apontamento de horas;
c) quantificar as horas padrões constantes dos produtos e serviços produzidos no período analisado.

A variação resultante entre as horas pagas e as demais quantidades é considerada uma medida de eficiência da operação. Se relacionarmos as horas pagas com as horas trabalhadas, teremos uma medida de eficiência que indica a real utilização dos funcionários diretos. A ineficiência seria resultante de necessidades normais de paradas de trabalho para necessidades dos funcionários diretos.

$$\frac{\text{Horas trabalhadas}}{\text{Horas pagas}} = \text{Eficiência de utilização da mão de obra direta}$$

Se relacionarmos as horas efetivamente trabalhadas com as horas previstas nos tempos padrões, teremos uma medida da eficiência da meta de tempo.

$$\frac{\text{Horas padrão}}{\text{Horas trabalhadas}} = \text{Eficiência de alcance da meta de tempo}$$

Para o nosso exemplo, vamos considerar como premissa que as horas efetivamente trabalhadas correspondam às horas padrão esperadas, e portanto, 100% de eficiência, ou seja, nenhuma ineficiência. Supondo que cada setor direto trabalhe no período (mensal) 300 horas, teríamos os seguintes custos horários diretos de execução. O Quadro 6.3 apresenta os cálculos efetuados com os departamentos diretos. Não estamos neste momento trabalhando o conceito de alocação dos custos indiretos dos departamentos de apoio.

ESTRUTURA TÉCNICA PARA CUSTO DE SERVIÇOS 135

Quadro 6.3 *Cálculo do custo horário direto de execução das fases do processo.*

	Departamentos Diretos			
	Caixa Entrega	Cozinha	Montagem	Total *
Gastos Totais (obtidos no Quadro 6.2) – $	3.780	4.710	4.600	13.090
Horas trabalhadas	300	300	300	900
Custo Horário de Execução – $	12,60	15,70	15,33	14,54
Custo de Execução por Minuto – $	0,21	0,26	0,26	0,24

* Coluna inserida com o objetivo de se apurar um custo médio, para fins de análise comparativa.

Obtido o custo horário de realização ou execução de cada centro de custo direto, aplica-se esse custo unitário ao total de tempo requerido para cada uma dessas atividades para o produto final. No nosso exemplo, o produto/serviço final é o hambúrguer. O setor técnico operacional, além da definição e desenho do processo de execução do serviço, também é responsável pela medição do tempo despedido, necessário para cada fase do processo. Esses tempos são introduzidos no sistema de informação de processo de execução, juntamente com outras informações necessárias para a execução dos processos.

Tomando-se então os dados dos tempos despendidos constantes do sistema de processo de execução e multiplicando-os pelo custo horário, teremos o custeamento do processo de execução. Esse custeamento, relembramos, refere-se exclusivamente ao custo dos setores de mão de obra direta. O Quadro 6.4 apresenta um exemplo de custeamento do processo de execução.

Quadro 6.4 *Custeamento do processo de execução.*

Produto/Fase	Dados do Processo de Execução							Dados de Custo	
	Preparação do Equipamento*				Tempo de Execução	Lead Time	Tempo Total	Custo Unitário	Custo Total
	Equipamento	Tempo de Preparação	Lote de Produção	Tempo Médio					
HAMBÚRGUER 1									
Fase 001 – Caixa/Pedido	Caixa registradora	0	1	0	1,2	0,2	1,4	0,21	0,29
Fase 002 – Cozinha	Fogão chapeira	60	200	0,3	3	0,2	3,5	0,26	0,92
Fase 003 – Montagem	Banca	0	1	0	1,2	0,2	1,4	0,26	0,36
Fase 004 – Caixa/Entrega	Bandeja	0	1	0	0,8	0,5	1,3	0,21	0,27
Total Geral							7,6		1,84

Tempo = em minutos.
* Também denominado de *set-up*.
** Tempo de espera entre uma fase e outra.

6.3 EQUIPAMENTOS UTILIZADOS E CONCEITO DE DEPRECIAÇÃO A SER ADOTADO

Para uma série enorme de serviços, os equipamentos utilizados são de grande significado, tanto em termos de estrutura do serviço, como em termos de relevância do valor. Alguns serviços dependem tanto de equipamento que passam a ser o único custo direto/variável a ser considerado. Tome-se como exemplo transportes de serviços urbanos, onde o custo dos ônibus tem relevância considerável. Outro exemplo são exames médicos através de equipamentos (ver tomografia computadorizada, radiografias etc.), onde o preço do serviço decorre substancialmente do tempo de utilização do equipamento e do valor considerado elevado desses equipamentos.

Para a alocação do custo do equipamento, em linhas gerais, deve-se considerar o tempo gasto em cada tipo de serviço e aplicar-se uma taxa de custo decorrente da depreciação do mesmo, baseado na vida útil estimada do bem. A vida útil e a mensuração básica poderão assumir critérios diferenciados, tais como depreciação anual linear ou depreciação acelerada nos primeiros anos, depreciação pela soma dos dígitos etc.

O principal conceito a ser adotado é o conceito de depreciação direta. Em outras palavras, deverá ser identificado cada equipamento relevante que será utilizado em cada serviço, verificar e medir o tempo de sua utilização ou disponibilização (ou outro elemento de mensuração quantitativa) e aplicar-se a taxa de depreciação de cada equipamento em cada etapa do processo de produção do serviço.

O conceito de depreciação indireta, eventualmente objeto de rateio, deverá ser utilizado para os demais equipamentos e imobilizados, ou seja, aqueles cuja utilização é genérica para todos os serviços vendidos pela empresa (imóveis, equipamentos de computação central, equipamentos de escritório etc.).

6.3.1 Cálculo da depreciação direta

O Quadro 6.5 apresenta um exemplo simples de cálculo da depreciação baseado no tempo de utilização.

Quadro 6.5 *Cálculo da depreciação de equipamentos*.

	Valor do Equipamento $	Vida útil estimada	Depreciação Anual $	Estimativa de horas diretas de utilização por ano	Custo Horário de Depreciação $
Caminhão modelo X	300.000	10 anos	30.000	2.000	15,00
Guincho modelo Z	75.000	5 anos	15.000	1.200	12,50

Após o cálculo da taxa ou custo horário de depreciação, aplica-se esta taxa no serviço específico, obtendo-se o custo direto da depreciação do serviço. A necessidade de tratar a depreciação como custo direto e implementar critérios para sua medição acurada é determinada por alguns fatores, dos quais os principais são:

a) o valor da depreciação dos equipamentos diretos é material (valor significativo, relevante);
b) a utilização dos equipamentos é muito diferente para cada serviço ou componente dos serviços;
c) os equipamentos utilizados constituem-se num fator produtivo restritivo, ou seja, a utilização de um equipamento em determinado serviço ou componente impede a produção de outro serviço ou componente, obrigando a empresa a otimizar a utilização dos recursos restritivos;
d) há possibilidades de mensuração acurada do "esforço" do equipamento em cada um dos serviços ou componentes;
e) é possível traduzir o custo da depreciação numa unidade de medida coerente com sua utilização no processo de execução dos serviços.

Normalmente, a unidade de medida mais utilizada também é o tempo, no caso dos equipamentos diretos, que são fatores restritivos. Dessa maneira, caso a depreciação dos equipamentos diretos deva ser tratada como custo direto, o tratamento informacional será o mesmo da mão de obra direta, podendo constar tanto no sistema de informação de processo de fabricação como no sistema de informação da estrutura do serviço.

As horas serão obtidas no sistema de processo de execução ou na estrutura do serviço e o custo horário será a divisão do valor da depreciação do período pela quantidade de horas utilizadas do equipamento no período.

A inserção do custo dos equipamentos diretos no custo unitário dos serviços se dá pela multiplicação dos custos horários de depreciação (Quadro 6.5) pelo tempo constante no sistema de informação da estrutura do serviço ou processo de execução, conforme exemplificado no Quadro 6.6.

Quadro 6.6 *Custo de depreciação do serviço – frete XYZ.*

Equipamento Utilizado	Tempo de Utilização	Custo Horário – $	Custo de Depreciação – $
Caminhão modelo X	5 horas	15,00	75,00
Guincho modelo Z	2 horas	12,50	25,00
Total			100,00

6.3.2 Depreciação, aluguel e *leasing*

Muitas empresas fazem a opção de trabalhar com o aluguel ou *leasing* de máquinas e equipamentos para suas operações. As práticas internacionais recomendam que se o aluguel ou o *leasing* de máquinas e equipamentos se caracterizarem como *leasing* financeiro, esses bens deverão ser imobilizados.

Independentemente da prática contábil, quando a empresa tem por diretriz o aluguel ou o *leasing* (muito comum em empresas de aviação comercial), o valor do aluguel ou do *leasing* é a base para identificar o custeamento dos equipamentos diretos, utilizando os mesmos critérios de cálculo por hora da depreciação.

6.4 SERVIÇOS DE TERCEIROS

Muitos serviços prestados englobam outros serviços adquiridos de outras empresas, que denominamos serviços de terceiros. Assim, um serviço final que é prestado por uma empresa pode englobar outros serviços realizados por terceiros, e o seu custo deve ser incorporado ao custo do serviço final. Alguns exemplos estão apresentados a seguir.

Serviço Final	Serviços de Terceiros Incorporados
Cirurgia médica	Anestesista
Transporte de carga	Carregador temporário, serviço de entrega fracionada
Transporte de carga	Serviços de rastreamento por satélite
Seguro (residência, veículos etc.)	Corretor de seguro
Viagem de férias ou a negócios	Operadora de turismo
Plano de Saúde	Internações hospitalares
Refeições e hospedagens	Compras coletivas
Treinamento	Aluguel de salas comerciais, equipamentos, refeições
Treinamento	Recepcionista temporária, operador de equipamentos
Avaliação de empresas	*Due dilligence*, auditoria externa, serviços advocatícios
Ensino superior	Professores temporários de MBA, especialização etc.

A característica desse tipo de elemento de custo é que tem seu valor facilmente mensurável porque são pagos individualmente, tendo característica genérica de custos variáveis para a maior parte dos serviços. Alguns são pagos por percentuais de comissão, outros por tarefa, outros por hora. Esses serviços devem fazer parte do sistema que identifica o processo de execução do serviço final.

6.5 SERVIÇOS INTERNOS DE APOIO DIRETO

Vários tipos de serviços envolvem um alto grau de complexidade, de tal forma que um serviço final é o resultado que engloba diversos outros serviços intermediários anteriormente executados dentro da própria empresa. Estamos denominando esses serviços intermediários de serviços internos de apoio direto ao serviço final.

Assim, para se calcular o custo do serviço final, é necessário, antes, calcular o custo de cada serviço de apoio direto que foi utilizado no produto final. Não necessariamente um produto final consome todos os serviços intermediários. A seguir apresentamos vários exemplos de serviços finais que incorporam outros serviços internos de apoio direto.

Serviço Final	Serviços Internos de Apoio Direto
Serviço hospitalar	Consulta médica Exames diagnósticos Esterilização de utensílios Cirurgia – Centro cirúrgico Internação – UTI Internação – Leito Alimentação hospitalar Lavanderia
Hospedagem	Manobrista, garagem, transporte Restaurante e café da manhã Lavanderia Limpeza e arrumação *Business center* Atividades físicas e de lazer
Transporte de carga	Gestão da logística Armazenagem Carga e descarga Distribuição fracionada
Correio e Encomendas	Recepção e embalagem Entrega manual local Transporte rápido regional Transporte aéreo
Passagem aérea	Venda de passagens – aeroportos Equipe de *check-in* e embarque Equipe de desembarque Equipe de manutenção – aeroportos

6.5.1 Custo unitário dos serviços internos de apoio direto

O custo unitário de cada um dos serviços internos de apoio direto deve ser calculado separadamente, como se fosse um serviço final. Dessa maneira, cada um dos serviços oferecidos por cada um setores de apoio direto deve ter a sua estrutura e seu processo de execução, da mesma maneira que um serviço comum, conforme a Figura 6.4.

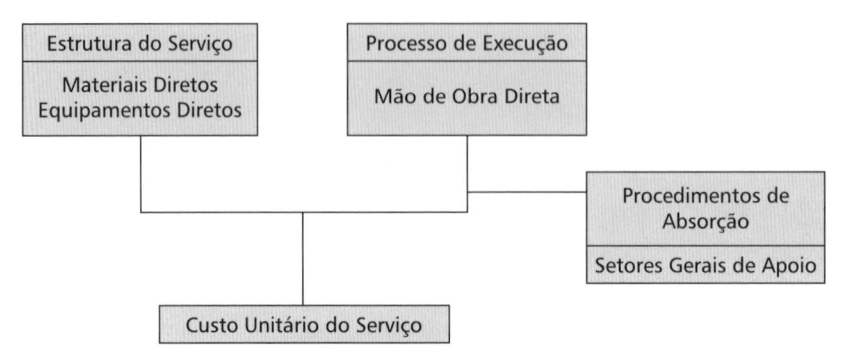

Figura 6.4 *Estrutura para custeamento unitário de serviço de apoio direto.*

Um setor de serviço de apoio direto poderá realizar mais de um serviço. Por exemplo, num setor de exames clínicos e diagnósticos, vários tipos de exames são realizados, com materiais e equipamentos aplicados específicos, fases e tempos de execução diferenciados etc., fazendo com que haja a necessidade de identificar todos os serviços oferecidos pelo setor de apoio direto, com suas respectivas estruturas e processo de execução.

6.5.2 Serviços internos de apoio direto, unidades de negócio e preços de transferência

Em termos gerenciais, os serviços internos de apoio caracterizam-se como unidades de negócio ou centros de lucros. Dessa maneira, o sistema de informação contábil deve dar esse tratamento contábil gerencial a todas as unidades de negócio que existem internamente.

O que caracteriza um centro de lucro (centro de resultado, unidade de negócio) para fins de contabilidade gerencial é que a unidade produz um serviço que tem um preço de venda. Assim, não basta calcular o custo unitário dos diversos serviços realizados. É necessário também identificar o preço de venda.

Dependendo da atividade, o setor de apoio direto pode vender os serviços internamente, para outras áreas da empresa, como pode vender os serviços para terceiros (fora da empresa). Por exemplo, um setor de análises e diagnósticos de um hospital pode fazer o serviço para uma cirurgia ou procedimento a ser realizado dentro do próprio hospital, como pode fazer os mesmos serviços para terceiros, sem compor outro procedimento interno. Da mesma forma, o restaurante de um hotel pode tanto atender os hóspedes como prestar o serviço para pessoas não hospedadas.

Dessa maneira, o critério ideal para o valor da incorporação dos serviços de apoio direto fornecidos internamente deve ser o *preço de transferência*. Define-se preço de transferência como o preço praticado nos serviços e produtos transferidos entre setores da mesma empresa. São vários tipos de preços de transferência passíveis de aplicação.

Tipos de Preços de Transferência para Serviços de Apoio Direto
Custo Real
Custo de Reposição
Custo Padrão
Custo Padrão mais margem de lucro
Preço de Venda Mercado – Valor Realizável Líquido
Preço Negociado
Preço Arbitrado

Mesmo havendo várias opções de preços de transferência, a recomendação é uma só: aplicação do preço de venda de mercado, pelo valor realizável líquido. Valor realizável líquido é o preço de venda de mercado reduzido das despesas comerciais e tributos não recuperáveis, uma vez que a venda interna não necessariamente exige os esforços de venda.

Não recomendamos, em hipótese nenhuma, a aplicação de outro tipo de preço de transferência. Todos os demais têm suas limitações gerenciais. Transferir ao custo, por exemplo, não provoca a motivação de quem faz o serviço, e, ao mesmo tempo, pode transferir as ineficiências de custos. Preços negociados ou arbitrados também não trazem motivação nem permitem a gestão empreendedora da área. Dessa maneira, o único aceitável é o preço de venda de mercado, já que traz o parâmetro externo para manter a competitividade.

6.6 CUSTOS INDIRETOS

Os custos indiretos referem-se aos setores de apoio à operação de serviços. Não estamos considerando como custos indiretos de apoio os setores ligados à administração e comercialização da empresa de serviços. Os custos indiretos de apoio referem-se às atividades necessárias para dar suporte à operação dos diversos serviços oferecidos pela entidade.

A seguir alguns exemplos de custos indiretos de apoio, representados pelos setores que se responsabilizam por essas atividades, em diversos tipos de empresas de serviços.

Serviço Final	Serviços Indiretos de Apoio
Serviço hospitalar	Diretoria Clínica ou Médica Recepção e encaminhamento Logística e transporte Manutenção e Calderaria Qualidade Arquivo Médico e Estatísticas
Hospedagem	Diretoria Operacional Recepção Manutenção Qualidade
Transporte de carga	Diretoria Operacional Garagem Manutenção Qualidade
Correio e Encomendas	Diretoria Operacional Administração da loja Manutenção Depósito Qualidade
Passagem aérea	Diretoria Operacional Gerências de aeroportos Qualidade Administração das rotas

Os serviços indiretos de apoio caracterizam-se por serem atividades necessárias à operação e que não têm vínculo intrínseco com cada serviço realizado. Normalmente, são os setores de recepção, qualidade, administração da operação, manutenção, depósitos etc. O custo dos serviços indiretos de apoio também recebe a denominação *custos de overhead,* extraído da forma norte-americana de expressar os custos indiretos.

6.6.1 Incorporação dos setores de apoio ao custo unitário dos serviços

Caso se entenda necessária a incorporação dos custos indiretos de apoio aos diversos custos unitários dos serviços oferecidos pela empresa, há a necessidade de se adotar algum critério de alocação (apropriação, absorção, distribuição ou rateio são sinônimos de alocação).

Como vimos no Capítulo 4, qualquer critério de rateio contém elementos de arbitrariedade. Contudo, para formar preços de venda, é aceitável a adoção de algum método que contenha elementos de alocação dos custos indiretos.

6.6.2 Critérios de alocação dos custos indiretos de apoio

Em linhas gerais, os critérios de alocação dos custos indiretos de apoio foram estudados no Capítulo 4 e são duas linhas básicas:

a) o método de custeamento por absorção;
b) o método de custeamento por atividades (Custeamento Baseado em Atividades – ABC).

O método ABC exige um sistema de informação complementar ao sistema tradicional contábil de centros de custos, porque exige a visão dos gastos dos setores indiretos detalhados nas principais atividades desenvolvidas por esses setores.

O método de absorção claramente apresenta mais facilidade de utilização, pois pode ser trabalhado até com apenas um critério geral de rateio. Adotaremos em nosso trabalho o critério de absorção utilizado no Capítulo 5 – Custo Padrão.

6.6.3 Custeamento dos custos indiretos de apoio

O nosso exemplo numérico deste capítulo (lanche hambúrguer) não contempla custo de serviços de terceiros, a depreciação direta apurada separadamente, nem serviços internos de apoio indireto. Contempla, além do custo da estrutura do produto, do custo do processo de execução, os custos indiretos de apoio e os gastos administrativos e comerciais.

Para continuarmos a exemplificação numérica, adotaremos o método de absorção por um único indicador, para alocação dos custos indiretos. O critério que estamos adotando é obter a relação entre o total dos custos indiretos de apoio sobre o total dos custos dos setores diretos, conforme apresentado no Quadro 6.7. Os dados de valor foram extraídos do Quadro 6.2.

Quadro 6.7   Cálculo do índice de absorção.

Gastos dos setores diretos produtivos	
Caixa	3.780
Cozinha	4.710
Montagem	4.600
Total (a)	13.090
Gastos dos setores indiretos de apoio	
Atendimento geral	2.910
Chefia de produção	3.825
Total (b)	6.735
Índice de absorção c = b/a	**0,515**

O índice de absorção tem a seguinte leitura: para cada 1 real de custos dos setores diretos produtivos, a empresa gasta, em média, $ 0,515 centavos de custos indiretos de apoio. Com esse índice geral de absorção, podemos transformar o total dos custos dos setores indiretos de apoio em termos de custo unitário do serviço, conforme demonstrado no Quadro 6.8.

Quadro 6.8   Cálculo do custo indireto unitário.

Custo do processo de execução (a)	1,84	Quadro 6.4
Índice de absorção (b)	0,515	Quadro 6.7
Custo indireto unitário absorvido c = a * b	0,947	

Esse cálculo quer dizer que devemos adicionar mais $ 0,947 (ou $ 0,95, arredondando) ao custo da estrutura do produto e do processo de execução, para obter o custo unitário do serviço considerando todos os setores da produção ou operação.

6.7 CUSTO UNITÁRIO TOTAL DO SERVIÇO

O custo unitário total é a somatória dos custos unitários de todas as etapas anteriores, ou seja, contempla todos os custos unitários da operação.

Custo unitário total do serviço
Custo unitário dos materiais diretos
Custo unitário da depreciação ou *leasing* dos equipamentos diretos
Custo unitário dos setores diretos ou produtivos
Custo unitário dos serviços de terceiros recebidos
Custo unitário dos serviços internos de apoio direto recebidos
Custo unitário dos setores indiretos de apoio por meio de alocação

Nosso exemplo numérico contempla apenas três dessas etapas do custeamento unitário dos serviços. O Quadro 6.9 mostra o resultado final do custeamento unitário do hambúrguer.

Quadro 6.9 *Custo unitário do serviço – hambúrguer.*

Custo dos materiais – Estrutura do Produto	2,02	Quadro 6.1
Custo de execução – Processo de Execução	1,84	Quadro 6.4
Custos indiretos absorvidos	0,95	Quadro 6.8
Custo unitário total	**4,81**	

Nesse método, não foram alocados os custos administrativos e de comercialização. Adotamos o custeamento por absorção, que contempla apenas os custos da operação (fabricação, produção). Os gastos administrativos e comerciais serão incorporados quando da formação do preço de venda, apresentado a seguir no item 6.9.

6.8 A QUESTÃO DA CAPACIDADE

Como já havíamos introduzido no Capítulo 1, a questão da capacidade permeia todo o custeamento unitário dos serviços, de forma mais intensa que as empresas comerciais e industriais. A questão da capacidade de produção ou comercialização é fundamental para qualquer empresa. Mas queremos ressaltar que essa questão se torna muito mais importante nas empresas de serviços, uma vez que os serviços não podem ser estocados.

Uma vez que os serviços não podem ser estocados, qualquer tempo disponível não utilizado na produção dos serviços é perdido e redunda em prejuízo. A administração da capacidade torna-se, então, um fator fundamental para a obtenção sustentável e regular dos lucros do empreendimento das empresas de serviços.

6.8.1 O que é capacidade

Capacidade é a medida física de transformação dos recursos produtivos em unidades de produtos ou serviços finais. Representa o grau máximo de utilização dos recursos produtivos à disposição das empresas para a produção dos produtos ou serviços finais.

É necessária a mensuração da capacidade de cada recurso produtivo para que se tenha a quantificação máxima de quanto se pode produzir ou vender. A partir daí, define-se o volume de vendas dos diversos produtos e serviços que ocupam os diversos recursos produtivos.

Sabendo-se a capacidade máxima, naquele momento, pode-se então se fazer a projeção das vendas possíveis para o período planejado, considerando os volumes a serem produzidos e vendidos, dentro do *mix* de produtos e serviços que a empresa quer ou projeta vender. A seguir estão exemplos de tipos de mensuração de capacidade para diversas empresas de serviços.

Exemplos de capacidade	
Passagem aérea	Número de assentos
Serviço de consultoria, auditoria	Horas diretas disponíveis
Supermercado	Metros quadrados
Exame diagnóstico	Horas do equipamento Horas diretas disponíveis
Procedimentos médicos	Profissionais disponíveis
Refeições	Número de cozinheiros Homens diretos
Restaurantes	Mesas Ocupação das mesas
Transporte de passageiros	Lugares
Fretes	Metros cúbicos Capacidade de carga do caminhão (peso)
Hospedagem	Número de quartos

Exemplificando, para se saber a receita total de um voo, toma-se a quantidade de assentos disponíveis, classificados pelas classes (econômica, negócios, primeira classe), e obtém-se a receita máxima que se pode ter para um voo, considerando o *mix* de assentos distribuídos para aquele voo ou avião e os preços de venda de cada tipo de passagem.

A questão da capacidade fica evidente quando não se consegue preencher todos os assentos existentes nas diversas classes de lugares. A não ocupação total da capacidade implica na queda da receita e no aumento médio do custo unitário das passagens, uma vez que há uma série de custos fixos na composição do custo total do voo. Dessa maneira, quando do processo de custeamento unitário dos serviços, há a necessidade da decisão de adotar um nível de capacidade para o custeamento dos custos fixos.

Um elemento fundamental na gestão da capacidade geral da empresa é identificar, dentro do conjunto dos recursos produtivos (operacionais, comerciais, administrativos), quais são aqueles que se caracterizam como elementos restritivos.

6.8.2 Onde a capacidade interfere: recursos de custos fixos

A capacidade, para fins de custeamento unitário dos serviços, fica evidente nos recursos de custos fixos da empresa. Os recursos que são adquiridos de terceiros e que são variáveis (materiais, por exemplo), em tese, não recebem a interferência da questão da capacidade, partindo da premissa que a oferta dos fornecedores estará disponível.

Dessa maneira, dentro do nosso modelo geral de custeamento dos serviços e formação do preço de venda, a capacidade interfere diretamente nos seguintes elementos, e, consequentemente, na mensuração do custo ou preço unitário:

a) custo dos equipamentos diretos;
b) serviços internos de apoio direto;
c) formação do preço de venda.

Em princípio, a capacidade não interfere diretamente nos seguintes elementos de custos:

a) materiais diretos;
b) mão de obra direta;
c) custos indiretos de apoio;
d) elementos do *mark-up*.

É possível que em determinadas empresas de serviços o nível de utilização da capacidade interfira na utilização da mão de obra direta, como em restaurantes onde o pessoal direto da cozinha fique ocioso quando o nível de ocupação é baixo. Mas de um modo geral, a mão de obra direta é contratada já pressupondo o nível normal de utilização da capacidade.

6.8.3 Nível de utilização de capacidade: ocupação

O custeamento unitário dos serviços e a formação do preço de venda devem ser feitos a partir do conceito de custo padrão, ou seja, o custo e preço em condições normais de operação. O conceito de *condições normais de operação* remete ao entendimento do volume ou quantidade em que a empresa normalmente opera a transformação de seus recursos em serviços finais.

Em alguns tipos de serviços, a capacidade pode ser utilizada de forma completa em determinadas situações e tem uma limitação técnica objetiva. Em outros tipos de serviços, a capacidade é medida em termos de capacidade média, mas permite à empresa alguma flexibilidade de aumento temporário da utilização dos recursos. Denominamos nível de utilização da capacidade o percentual real de sua utilização em relação à capacidade total.

O termo-chave para a prestação de serviços e a otimização dos recursos produtivos é *a ocupação da capacidade*. Quanto mais hábil for a empresa em ocupar ao máximo sua capacidade, ou seja, utilizar a capacidade no nível máximo de utilização, mais eficiente é a operação. Essa eficiência operacional, decorrente do máximo da utilização da capacidade, resultará na maior eficácia empresarial com a obtenção de maiores lucros e rentabilidade.

6.8.4 Procedimentos para incorporação da capacidade no custeamento unitário

Para cada recurso onde a capacidade interfere, deve-se fazer um estudo para se determinar qual o nível de capacidade que será adotado para o custeamento unitário. Como já salientamos, a capacidade interfere nos elementos que contêm custos fixos relacionados com os equipamentos diretos e com o processo de execução.

No exemplo numérico deste capítulo, não contemplamos a questão do nível de utilização de capacidade. No Quadro 6.10 mostramos a mensuração da quantidade de serviço final que será possível com a capacidade existente, sem redução do nível de utilização.

Quadro 6.10 *Mensuração da capacidade.*

Horas totais disponíveis pelos setores diretos	900	horas
Minutos disponíveis (900 horas × 60 minutos)	54.000	minutos
Tempo de execução por unidade de lanche-minuto	7,60	Quadro 6.4
Capacidade de produção	**7.105**	unidades (lanches)

A capacidade deve ser determinada, para fins de custeamento unitário, basicamente em cima da capacidade esperada de utilização em cima da capacidade máxima existente.

Exemplo de níveis de utilização de capacidade					
Serviço	Recurso	Ocupação Plena ou Técnica	Ocupação Média Histórica	Ocupação Esperada	Ocupação Estendida
Passagem aérea	Assentos	140	91	100	0
Hospedagem	Quartos	200	116	120	0
Restaurante	Lugares – Mesas	80	52	50	100
Internação hospitalar	Leitos	120	96	100	135
Consultoria técnica	Horas mensais	176	114	90	198

A *ocupação esperada* é o nível de utilização que deverá ser utilizado para o custeamento unitário padrão e para a formação do preço de venda e é a mesma que deverá constar do planejamento orçamentário.

Normalmente, a capacidade esperada é definida tendo as seguintes informações:

a) a ocupação média histórica dos últimos períodos representativos para a operação futura;
b) a expectativa de utilização para o próximo exercício, em função das premissas de crescimento da economia, do setor e das vendas da empresa.

Para alguns serviços, há a possibilidade de, momentaneamente, otimizar o uso da capacidade, que denominamos capacidade estendida. A extensão da capacidade pode dar-se por:

a) aumento de turnos;
b) remanejamento de horários;
c) aumento da disponibilidade de horas para prestação de serviços em fins de semana;
d) remanejamento do espaço físico etc.

De um modo geral, o uso da ocupação da capacidade estendida não deve ser transferido para o custeamento unitário (reduzindo o custo e o preço de venda). Deve ser apenas um elemento para melhorar a lucratividade.

O Quadro 6.11 mostra um exemplo resumido e introdutório de cálculo do custo unitário considerando a capacidade esperada.

Quadro 6.11 Cálculo do custo unitário considerando a capacidade.

Serviço	Recurso	Capacidade Plena		Capacidade Esperada	
		Quantidade	Custo Unitário	Quantidade	Custo Unitário
Passagem aérea	Assentos	140	480,00	100	672,00
Hospedagem	Quartos	200	200,00	120	333,33
Restaurante	Lugares – Mesas	80	20,00	50	32,00
Internação hospitalar	Leitos	120	120,00	100	144,00
Consultoria técnica	Horas mensais	176	155,00	90	303,11

No caso da passagem aérea, se houvesse a ocupação total dos assentos, o custo unitário seria de $ 480,00. Pela capacidade esperada o custo unitário aumentaria para $ 672,00 ($ 480,00 * 140/100), uma vez que não seriam ocupados todos os assentos e os custos, na sua grande maioria fixos, teriam que ser deslocados como média para a ocupação esperada de 100 assentos.

6.8.5 Administração da capacidade

A administração da capacidade torna-se elemento fundamental na gestão das empresas de serviços porque é o fator mais importante para a otimização dos custos fixos e obtenção da rentabilidade. Dessa maneira, a administração da capacidade envolve todos os recursos à disposição da empresa, dentro da abordagem sistêmica.

A abordagem sistêmica contém, fundamentalmente, quatro fatores principais, conforme mostrado na Figura 6.5.

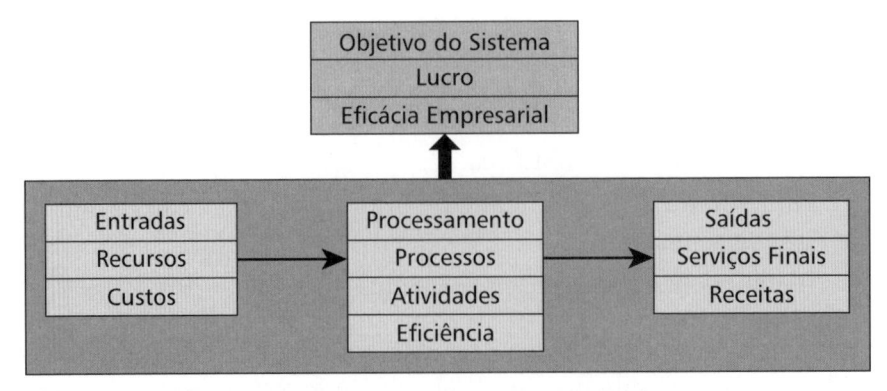

Figura 6.5 *Abordagem sistêmica para o fluxo empresarial.*

A administração da capacidade deve compreender todos os aspectos apresentados na Figura 6.5. O objetivo do sistema é seu elemento mais importante. Assim, as saídas do sistema devem estar totalmente aderentes e convergentes com aquilo que se espera do sistema, seu objetivo final. O objetivo econômico do sistema empresa é o lucro, que mede a eficácia da gestão. Se os lucros planejados forem obtidos totalmente, há a eficácia de 100%.

Portanto, na gestão da capacidade, com foco na eficácia empresarial, há a necessidade de trabalhar todos os elementos do sistema de forma conjunta, uma vez que os elementos do sistema são interligados entre si na busca do objetivo final.

A complexidade da gestão da capacidade envolve um sem-número de possibilidades e necessidades, e devem ser trabalhadas em todos os níveis do processo de gestão, do planejamento estratégico ao planejamento operacional, programação, execução e controle. Os aspectos apresentados a seguir mostram essa complexidade e representam elementos e conceitos para a gestão da capacidade.

a) *Responsabilidade pela decisão de capacidade*: a decisão mais importante em relação à capacidade está compreendida no planejamento estratégico, quando se define o início do negócio, definição essa que compreende o serviço ou serviços que serão oferecidos, que mercado se espera atender, em que volume e preços planejados. Portanto, uma decisão equivocada da dimensão da capacidade nessa etapa do processo de gestão dificilmente poderá ser revertida na operação. Essa decisão tem como foco o longo prazo e determina a parcela dos custos da empresa com a necessidade dos custos fixos comprometidos (depreciações, custo de capital, serviços permanentes de apoio etc.).

b) *Responsabilidade pela gestão da capacidade operacional*: essa responsabilidade tem curso de curto e médio prazo e cabe primariamente ao gestor operacional, uma vez que há espaço para otimização da capacidade, com decisões táticas como modificação do *layout*, provocar a extensão temporária ou permanente da capacidade etc. No âmbito financeiro e de custos, esse aspecto é denominado alavancagem operacional, uma vez que o uso estendido da capacidade provoca a otimização dos custos fixos.

c) *Administração das restrições*: todo o processamento compreende um conjunto integrado e sequencial de processos. Para que o sistema flua de forma eficiente, as restrições devem ser removidas. A teoria das restrições mostra que removida a principal restrição, surgirá outra restrição, agora menor, que, também resolvida, fará surgir outra restrição e assim sucessivamente. Em outras palavras, sempre haverá uma restrição e a administração das restrições é um processo contínuo, objetivando manter sempre o sistema fluindo com o mínimo de restrições possíveis.

d) *Custo e eficiência dos recursos*: nem sempre um custo menor provoca um lucro maior. Cada recurso utilizado tem dentro de si sua eficiência. Deve-se sempre buscar o menor custo dos recursos, desde que não comprometa a receita esperada. Materiais de qualidade inferior, mão de obra mais barata etc. podem provocar perda do valor percebido pelo consumidor no serviço oferecido e o efeito será negativo no lucro.

e) *Mix de produtos e margem de contribuição por fator restritivo*: como a empresa trabalha com um conjunto médio de produtos (*mix*), ações que maximizem o lucro privilegiando produtos com maior margem de contribuição em relação a fatores momentaneamente restritivos (horas de mão de obra, horas de equipamento, espaço, volume etc.) permitirão maiores lucros.

f) *Precificação*: as estratégias de precificação baseadas no valor percebido pelos clientes são fundamentais para maiores lucros. No âmbito de serviços, em função de sua grande variedade e possibilidades de customização, as abordagens de criação de valor para o cliente são muito mais amplas do que na indústria e comércio, onde as pressões de mercado sobre os preços são maiores. O uso integrado da precificação explorando a capacidade máxima torna-se uma ação importante para o objetivo de lucro.

g) *Administração da receita* (yeld management):[1] aplicação fundamental para empresas de serviços de capacidade fixa e perecível no curto prazo, como hotéis, transporte aéreo etc. Assim, a *gestão real time* da ocupação da capacidade, à medida que está sendo preenchida, permite a determinação de preços variados em função dos vetores de ocupação de capacidade, podendo chegar a dezenas de preços diferentes para o mesmo dia ou voo. O objetivo é maximizar a receita, ocupando toda a capacidade, aumentando preços em situação momentânea de alta demanda e diminuindo os preços em situação momentânea de baixa demanda. O foco é preencher toda a capacidade, maximizando a receita.

Os aspectos apresentados não esgotam o assunto, tendo como objetivo encaminhar os gestores para identificar e utilizar todas as situações e possibilidades de maximização da capacidade, e, consequentemente, da receita e dos lucros.

6.9 VISÃO GERAL DA ESTRUTURA TÉCNICA DE CUSTO DE SERVIÇOS E FORMAÇÃO DO PREÇO DE VENDA

Os pontos apresentados até agora permitem a estruturação de um modelo genérico para custeamento dos serviços e a formação dos preços de venda que

---

[1] CORRÊA, Henrique L.; CAON, Mauro. *Gestão de serviços*. São Paulo: Atlas, 2011. p. 291.

congrega todos os conceitos apresentados neste capítulo. Reforçando nosso entendimento, apesar da grande variedade de tipos de serviços, todos podem ser visualizados dentro de uma estrutura técnica genérica, que tem como referência básica a estrutura do serviço e o processo de execução. *Esse modelo genérico está representado na Figura 6.6 e é o* **elemento principal** *da nossa proposta de custeamento e preços de serviços.*

A estrutura do serviço compreende o custo dos materiais diretos aplicados e os equipamentos diretos necessários. Os *materiais diretos* são custos variáveis e são mensurados considerando as quantidades necessárias para cada serviço e seu preço de aquisição.

Com relação aos *equipamentos diretos*, um custo fundamental nos serviços baseados em equipamentos, o custeamento a ser aplicado em cada unidade de serviço, será determinado pelo valor da depreciação do equipamento ou da parcela do *leasing* paga no período e pela medida da ocupação de cada serviço no equipamento. Para esse tipo de custo, por ser de natureza de comportamento fixo, há a necessidade da determinação do nível de utilização da capacidade. Assim, para se fazer o custeamento da unidade de medida do equipamento (hora, volume, processamento) ocupada para cada tipo de serviço, deve-se, primeiramente, adotar o nível de utilização da capacidade esperada.

No processo de execução, o primeiro componente do custo do serviço é a *mão de obra direta*, ou seja, a mão de obra que realmente executa o serviço. A mão de obra direta está lotada e contabilizada nos centros de custos dos setores diretos. O esforço da mão de obra direta na produção de cada serviço é medido normalmente em termos de segundos, minutos ou horas. Há a necessidade da medição do esforço da mão de obra direta em cada serviço, para a correta dimensão da capacidade operacional. Essa mesma medição é a base para o custeamento unitário da mão de obra direta para cada serviço da empresa.

Muitos serviços finais contemplam *serviços executados por terceiros* de fora da empresa. Os serviços de terceiros são executados por empresas ou pessoas que não constam da folha de pagamento da empresa. Em termos da estrutura do serviço, *os serviços de terceiros são custos variáveis*, ou seja, só existirão na medida em que o serviço final da empresa é realizado. Têm a mesma característica dos materiais diretos que constam da estrutura do serviço. Caso a empresa tenha serviços de terceiros que são caracterizados como custos fixos (pagamento mensal, independentemente de volume de utilização), este tipo de gasto não se enquadraria nesse item do processo de execução, devendo ser alocado nos dois itens seguintes, serviços internos de apoio direto ou custos indiretos de apoio, e incorporarão o preço ou custo dessas atividades.

Os *serviços internos de apoio direto* decorrem das diversas unidades de serviços internas da organização, que produzem serviços que incorporarão o serviço final ou poderão também ser fornecidos para terceiros. Dessa maneira, há a necessidade de calcular o seu custo específico, para formar seu preço de venda. A estrutu-

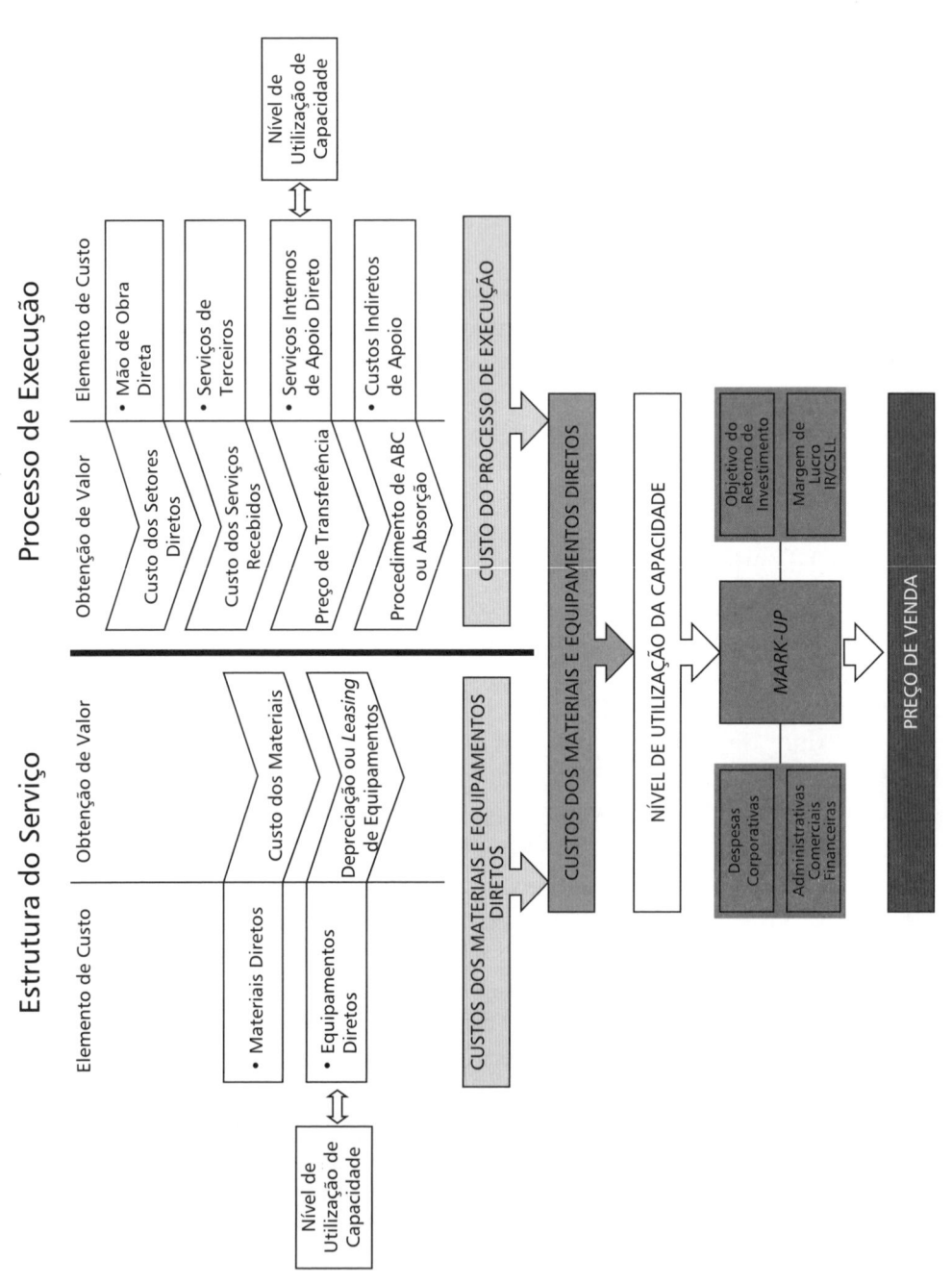

Figura 6.6

ra técnica para calcular o custo do serviço interno de apoio direto é a mesma da Figura 6.6, pois cada serviço interno de apoio direto tem seus materiais diretos, seus equipamentos diretos, sua mão de obra direta e eventualmente serviços de terceiros. Em outras palavras, é um serviço comum que vai para outro serviço dentro da própria empresa.

O único cuidado que se deve ter no custeamento de um serviço interno de apoio direto é que não se duplique a absorção dos custos indiretos de apoio. Ou seja, se o custo unitário do serviço indireto já contemplar a absorção de custos indiretos de apoio, essa parcela não deverá ser, novamente, incorporada ao custo unitário do serviço final.

Para fins de custeamento dos serviços internos de apoio direto, volta a questão da capacidade. Deve-se determinar o nível de utilização esperada da capacidade como elemento quantitativo para distribuir os custos fixos dos serviços indiretos de apoio e formar seu preço de venda.

Para fins de incorporação ao custo do serviço final, o valor a ser utilizado não é o obtido pelo custeamento unitário, e, sim, o *preço de transferência*. Em linhas gerais, um serviço interno de apoio direto é uma unidade de negócio, cujo serviço pode ser fornecido tanto dentro da empresa quanto para terceiros fora da empresa. Assim, para que o custo unitário do serviço final não fique fora da realidade de mercado, ele deve incorporar como custo do serviço de apoio direto o valor de venda, por meio do preço de transferência. Como já colocamos anteriormente, o preço de transferência adequado é o preço de mercado, excluindo gastos de comercialização, já que será fornecido internamente, caracterizando-se como um preço de mercado com valor realizável líquido.

O último elemento de custo para o custeamento unitário do serviço são os *custos indiretos de apoio*. Decorrem dos setores ou departamentos que não trabalham diretamente com os serviços finais e serviços internos de apoio direto, tais como recepção, manutenção, gestão operacional, qualidade, estoques etc. Caso a empresa entenda válida a sua incorporação ao custo unitário de cada serviço, haverá a necessidade de se adotar procedimentos de absorção ou rateio, ou utilizar a metodologia do custeamento por atividades (Custo ABC).

A somatória dos custos dos materiais e equipamentos diretos mais o custo de todo o processo de execução dá o *custo unitário total do serviço final*. Esse valor será utilizado para a parametrização do preço de venda formado a partir do custo.

Nessa estrutura, fizemos a opção de alocar os equipamentos diretos junto com os materiais na estrutura do serviço, diferentemente dos produtos industriais. No caso de empresas de serviços baseados em equipamentos, estes representam a expressão mais importante do serviço para o consumidor e têm uma analogia com os materiais nas indústrias. O aluguel de um carro de luxo representa para o consumidor que pode ser mais caro do que o aluguel de um carro simples.

Também fizemos a opção de alocar os serviços de terceiros, apesar de serem variáveis para os serviços, no processo de execução. Os serviços de terceiros nas indústrias (oxidação, cromeação, tratamento térmico etc., feitos fora da empresa) são normalmente alocados na estrutura do produto. No caso de serviços, optamos por alocá-los no processo de execução porque, nos principais serviços, eles são executados em conjunto com a mão de obra direta.

Reforçamos mais uma vez que essa estrutura de custeamento unitário tem como referência o conceito de mensuração do *custo padrão*. A apuração do custo real do serviço será feita por meio de outro instrumento de gestão, que é a ordem de serviço, onde serão acumulados os gastos reais, com suas eventuais eficiências ou ineficiências. Além disso, o custo real pode apurar o custo de um lote de produção, e não necessariamente o custo de uma unidade produzida.

6.10 FORMAÇÃO DO PREÇO DE VENDA

A formação do preço de venda a partir do custo pode seguir os mesmos critérios adotados para qualquer outro tipo de bem ou serviço, seja produto comercial ou industrial. Isso porque a formação de preço de venda a partir do custo parte do custo unitário do serviço, e os itens a serem considerados para a formação de preços de venda são os mesmos para qualquer tipo de empresa, tendo características de gastos gerais ou corporativos.

Os elementos necessários para formar o preço de venda a partir do custo são:

a) Incorporação da estimativa média das despesas administrativas da empresa ou corporação;

b) Incorporação da estimativa média das despesas comerciais da empresa ou corporação;

c) Incorporação da estimativa média do impacto dos custos do capital de terceiros, as despesas financeiras, da empresa ou corporação;

d) A incorporação da margem de lucro desejada, para cobrir os tributos sobre o lucro (IR/CSLL) e dar o retorno do investimento dos acionistas.

Esses elementos são aglutinados num índice (multiplicador ou divisor) a ser aplicado sobre o custo unitário, denominado *Mark-up*, e indicarão o preço de venda determinado a partir do custo unitário de cada serviço. Esse tema será explorado com mais detalhes no Capítulo 8.

Tendo como referência o exemplo numérico que desenvolvemos neste capítulo, o custo do hambúrguer, o preço de venda formado pelo custo seria decorrente dos cálculos apresentados a seguir.

Quadro 6.12 *Custos totais para o volume esperado e receita necessária.*

	Quantidade	Custo	Total
Materiais	7.105	2,02	14.353
Gastos dos setores			
Caixa			3.780
Cozinha			4.710
Montagem			4.600
Atendimento geral			2.910
Chefia de produção			3.825
Administração			6.825
Comercialização			11.550
Total dos Gastos (a)			52.553
Margem desejada sobre as vendas (b)			10%
Receita necessária para cobrir todos os custos e dar a margem desejada c = a / 1 – b			58.392

Para fins de exemplificação, adotamos a premissa de que a margem desejada pela empresa é de 10% sobre a receita líquida total (sem impostos) e não consideramos os tributos sobre o lucro de IR/CSLL para simplificação. O valor total obtido de $ 58.392 é a receita total necessária para cobrir todos os custos fixos e variáveis (os únicos custos variáveis do exemplo são os materiais da estrutura do serviço) para o volume de produção possível de 7.105 unidades de hambúrguer e dar os 10% de margem desejada.

Com isso, podemos identificar o percentual médio que as despesas administrativas e comerciais representam da receita líquida de vendas, bem como provar a margem esperada, conforme Quadro 6.13.

Quadro 6.13 *Faturamento esperado e percentuais de despesas.*

Serviço	Hambúrguer	Percentual
Quantidade esperada – unidades	7.105	
Preço de venda unitário – $	8,22	
Faturamento esperado	58.392	100,0%
Gastos administrativos	6.825	11,7%
Gastos de comercialização	11.550	19,8%
Margem desejada		10,0%
Total		**41,5%**

O objetivo do cálculo do *Mark-up* é facilitar a parametrização do preço de venda de qualquer produto ou serviço da empresa, considerando que as despesas administrativas, comerciais, financeiras e a margem desejada sejam as mesmas para qualquer produto ou serviço. Obtido o *Mark-up* e calculando-se o custo de cada serviço, obtém-se o preço de venda unitário para qualquer outro serviço.

A técnica básica é somar os percentuais médios que as despesas e a margem desejada representam sobre o faturamento sem impostos, transformando-os em um índice multiplicador. No nosso exemplo, teríamos:

Percentual médio sobre o faturamento sem impostos

Despesas administrativas	11,7%
Despesas comerciais	19,8%
Margem desejada	10,0%
Soma	41,5%

Se o preço de venda desejado tem que cobrir o custo do serviço, cobrir as despesas administrativas e comerciais e dar a margem desejada, que somam 41,5% sobre esse mesmo preço, o índice multiplicador sobre o custo, o *Mark-up*, é obtido matematicamente da regra de três:

Preço de venda líquido dos tributos	= 100,0%
Valor a ser coberto pelo preço de venda	= 41,5%
Diferença	= 58,5%
Mark-up = 100,0% / 58,5%	= 1,70848

O custo industrial do lanche é de $ 4,81, apresentado no Quadro 6.9. O preço de venda calculado com o critério de *Mark-up* dá $ *8,214* ($ 4,81 * 1,70848), o mesmo do Quadro 6.13, $ *8,22*, com arredondamento.

QUESTÕES E EXERCÍCIOS

1. Imagine uma hospedagem simples em um hotel categoria 3 estrelas e identifique todo o mobiliário normalmente alocado em um quarto dessa categoria. Em seguida, identifique quais os serviços diretos e indiretos prestados para uma diária em condições normais. Após isso, monte uma estrutura de serviço e processo de execução para uma diária simples.

2. Tome como referência um lanche vendido na rua, do tipo cachorro-quente, e elabore uma estrutura de serviço e processo de execução. Considere equipamentos no valor de $ 5.000. Com seus conhecimentos gerais, procure identificar o custo desse serviço de alimentação rápida.

7

Custeamento Unitário de Serviços

Este capítulo destina-se a apresentar exemplos de custeamento de serviços. Os exemplos procuram deixar claro que a estrutura técnica apresentada no Capítulo 6 é adaptável a qualquer tipo de serviço e que deve ser o modelo utilizado como referência para esse tipo de trabalho. Os exemplos numéricos não têm a pretensão de serem exatos, mas têm a finalidade de mostrar os caminhos para a estruturação do custo de qualquer tipo de serviço.

Adotaremos o método do custeamento por absorção, tendo como referência que estaremos elaborando o custo dos serviços na forma de custo padrão, tendo como referência a obtenção do custo unitário do serviço para formação de preço de venda.

7.1 CUSTO DE SERVIÇO DE MÃO DE OBRA PROFISSIONAL

Tomemos como exemplo um consultor técnico, especializado, trabalhando individualmente numa empresa constituída como empresa individual. Esse tipo de mão de obra cobra seus serviços, de forma geral, com base no total de horas gastas na consultoria realizada nos clientes.

Os pontos referenciais para apurar o custo horário do serviço são os seguintes:

a) remuneração líquida desejada pelo profissional, dentro de parâmetros de mercado;

b) lucro para recuperação do investimento necessário/realizado na estruturação da empresa (escritório, móveis, equipamentos, sistemas de informação, secretaria, comunicação, *know how* etc.);

c) gastos indiretos para manutenção da atividade (mão de obra de secretaria, limpeza, assessores, materiais indiretos, manutenções de *softwares*, equipamentos e imóveis etc., despesas gerais etc.)

d) equipamentos específicos utilizados em cada consultoria, se for o caso.

e) estimativa de horas disponibilizadas/realizadas de prestação de serviço junto aos clientes (ocupação média da atividade);

f) encargos tributários sobre os serviços, que devem ser recuperados através do preço de venda.

O Quadro 7.1 apresenta um modelo genérico para apuração de um custo de mão de obra profissional. No exemplo, o fato de o custo contemplar a remuneração desejada e o retorno mínimo de investimento poderia também ser considerado como um preço de venda básico. Contudo, é importante lembrar que o preço de venda pode ser superior, caso o mercado assim o admita.

Quadro 7.1 *Exemplo de custo unitário de serviço hora – profissional – base: período mensal.*

	$	
1. Remuneração Líquida Desejada	10.000	
2. Encargos Sociais	9.500	INSS, FGTS, Seguro Saúde, Previdência Privada, Alimentação, Transporte, 13º, Férias etc.
3. Mão de Obra de Terceiros	5.000	Incluindo encargos sociais
4. Despesas Gerais	2.580	Materiais indiretos, despesas gerais
5. Depreciação	400	Sobre o valor dos equipamentos utilizados
6. Remuneração do Investimento ($ 100.000 × 0,015)	1.500	1,5% ao mês sobre o valor do investimento (valor do empreendimento considerando inclusive ativos intangíveis)
7. Total	28.980	
8. Horas Disponíveis/Realizadas	112	Estimando-se um grau de ocupação de 70% em cima de 160 horas mensais
9. Custo Horário sem Impostos (7:8)	258,75	
10. Encargos Tributários	20%	ISS, IR na Fonte, INSS Autônomos, Simples etc.
11. Custo Horário com Impostos (9 : (1 – 10))	323,44	

Dois aspectos importantes estão presentes nesse tipo de serviço. Primeiramente, esse tipo de serviço compõe-se fundamentalmente por gastos fixos. Em toda atividade de prestação de serviços que é estruturada em cima de gastos fixos, a variável mais relevante para gestão de sua rentabilidade é a ocupação da capacidade. Assim, o segundo aspecto mais relevante é a administração da capacidade.

Para fins de custeamento do serviço, neste exemplo, a questão da capacidade está contemplada na quantidade de horas utilizadas para a divisão do total dos gastos do período. Deve-se utilizar a quantidade de horas esperadas de ocupação e não a quantidade de horas disponíveis.

Dessa maneira, na administração da capacidade do período, pode-se até fazer preços de venda mais baixos a partir da ocupação constante da formação do preço de venda original, como forma de aumentar a lucratividade.

7.2 CUSTO DE SERVIÇO BASEADO EM EQUIPAMENTO – PASSAGEM AÉREA

Tomaremos como exemplo o custo de uma passagem aérea, onde claramente o equipamento utilizado deve ter uma relevância sobre a estrutura de custos. Outra característica desse tipo de serviço é a utilização intensiva de custos fixos, uma vez que há necessidade de muitos serviços de apoio, principalmente em terra.

Neste exemplo, fica bastante claro que a estrutura básica de informações, a estrutura do serviço e o processo de execução são os elementos que permitem individualizar o custo dos diversos serviços oferecidos por uma organização.

Quadro 7.2 *Exemplo de custo unitário de serviço baseado em equipamento – passagem aérea.*

	Quantidade		Custo Unitário – $	Total – $
A – Estrutura do Serviço				
Equipamento e Materiais Diretos				
Equipamento Tipo XYZ 100 lugares*	6	horas	2.200,00	13.200
Combustível G	2000	litros	1,70	3.400
Lubrificação O	50	litros	8,00	400
Manutenção Aeronave	20	itens	140,00	2.800
Manutenção Serviços Internos	10	itens	200,00	2.000
Passageiros				
Serviço de Bordo – Almoço	100	unidades	8,00	800
Serviço de Bordo – Café	100	unidades	5,00	500
Bebidas	4	carrinhos	200,00	800
Utensílios de Conforto	200	unidades	3,00	600
Soma				24.500
B – Processo de Execução				
Tripulação – Mão de Obra Direta				
Comandante	6	horas	125,00	750
Subcomandante	6	horas	70,00	420
Tripulação – 4 pessoas	24	horas	30,00	720
Serviços de Terceiros				
Infraero – Decolagem	1	Serviço	2.000,00	2.000
Infraero – Aterrisagem – Conexão 110	1	Serviço	1.000,00	1.000
Infraero – Decolagem – Conexão 110	1	Serviço	1.000,00	1.000
Infraero – Aterrisagem	1	Serviço	2.200,00	2.200
Soma				8.090
Subtotal – Custos Diretos				32.590
C – Serviços Internos Apoio Direto				
Equipe Aeroporto Decolagem	3	horas	809,00	2.427
Equipe Aeroporto Aterrisagem	1,5	horas	1.080,00	1.620
Soma				4.047
D – Custos Indiretos de Apoio	Índice de Absorção**			
Logística	0,4			3.236
Comercialização	0,5			4.045
Administração	0,3			2.427
Soma				9.708
Subtotal – Custos Indiretos				13.755
Total Geral				46.345
Custo Unitário por Passageiro – Ocupação Plena – 100 pessoas				463,45
Custo Unitário por Passageiro – 60% de Ocupação – 60 pessoas				772,42

* Custo da depreciação do equipamento.
** Sobre custo total do Processo de Execução ($ 8.090).

Dentro da estrutura do serviço identificamos o equipamento e os materiais diretos utilizados para o custeamento da passagem aérea para determinado voo. Dentro do processo de execução identificamos a mão de obra direta utilizada, bem como os serviços de terceiros (no caso, como exemplo, Infraero). Os serviços diretos internos de apoio foram exemplificados pela equipe permanente no aeroporto, da folha de pagamento da empresa aérea. Para cada voo é possível estimar o tempo dedicado à decolagem (*check-in*), bem como o tempo utilizado na aterrisagem (*check-out*) e serviços de apoio à conexões.

Neste exemplo foram considerados como gastos absorvidos os demais setores da empresa, representados pela logística, comercialização e administração.

A questão da capacidade neste exemplo foi tratada na apuração do custo unitário final. Caso a ocupação média do voo seja normalmente plena, o custo unitário é de $ 463,45 e servirá de base para calcular o preço de venda. Caso, outrossim, a ocupação média deste voo seja de 60%, o custo médio subirá para $ 772,42, provocando necessidade de um preço de venda maior da passagem.

7.3 CUSTOS HOSPITALARES

Provavelmente, a atividade hospitalar é o empreendimento mais complexo em termos de apuração de custos unitários. A atividade hospitalar compreende um aglomerado de diversos serviços necessários para atendimento dos pacientes, podendo e devendo, os diversos conjuntos desses serviços, serem considerados como unidades de negócio. Dessa maneira, exploraremos com mais amplitude esse tipo de atividade, pois permite deixar mais claros os conceitos adotados, uma metodologia para levantamento dos custos unitários dos diversos serviços oferecidos, e que pode ser explorado de forma similar em outras atividades de serviços.

7.3.1 Caracterização da entidade hospitalar

A estrutura de atividades dentro de um hospital pode ser segmentada em três grandes blocos de setores, conforme apresentado na Figura 7.1:

    a) setores administrativos;
    b) setores de apoio;
    c) setores produtivos.

```
┌─────────────────────────────────────────────────────────┐
│              Estrutura Organizacional                    │
│                    Hospitalar                            │
└─────────────────────────────────────────────────────────┘

┌──────────────┐      ┌──────────────┐      ┌──────────────┐
│ Administração│      │  Setores de  │      │   Setores    │
│  e Finanças  │      │    Apoio     │      │  Produtivos  │
└──────────────┘      └──────────────┘      └──────────────┘
```

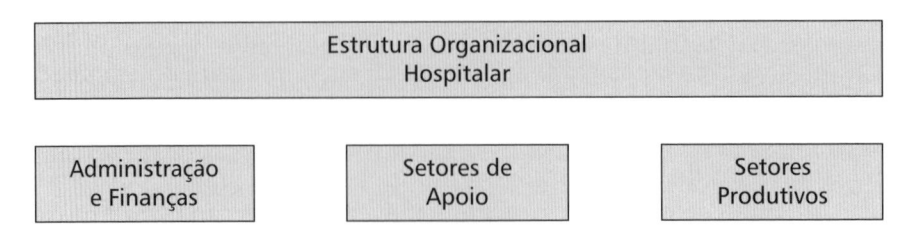

Figura 7.1   *Estrutura organizacional hospitalar*

Os setores administrativos estão apresentados na Figura 7.2.

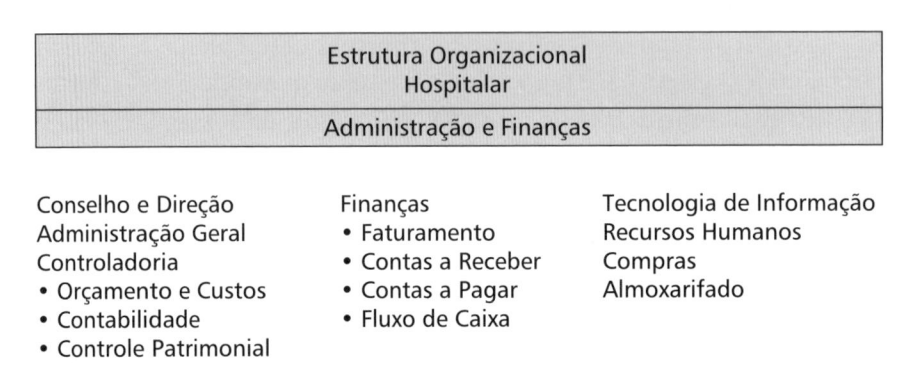

```
┌─────────────────────────────────────────────────────────┐
│              Estrutura Organizacional                    │
│                    Hospitalar                            │
├─────────────────────────────────────────────────────────┤
│              Administração e Finanças                    │
└─────────────────────────────────────────────────────────┘
```

Conselho e Direção   Finanças   Tecnologia de Informação
Administração Geral   • Faturamento   Recursos Humanos
Controladoria   • Contas a Receber   Compras
• Orçamento e Custos   • Contas a Pagar   Almoxarifado
• Contabilidade   • Fluxo de Caixa
• Controle Patrimonial

Figura 7.2   *Estrutura organizacional hospitalar – administração e finanças.*

Os setores de apoio estão apresentados na Figura 7.3.

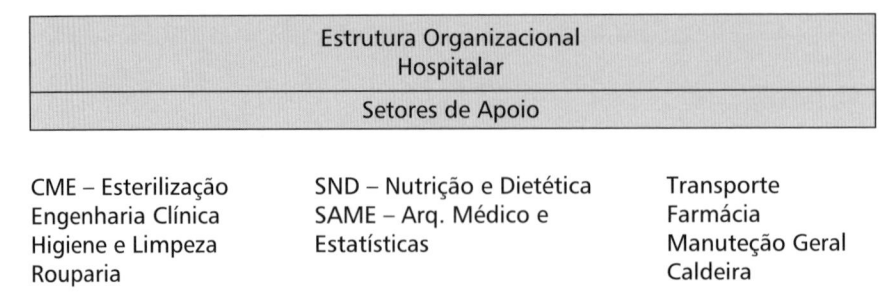

```
┌─────────────────────────────────────────────────────────┐
│              Estrutura Organizacional                    │
│                    Hospitalar                            │
├─────────────────────────────────────────────────────────┤
│                   Setores de Apoio                       │
└─────────────────────────────────────────────────────────┘
```

CME – Esterilização   SND – Nutrição e Dietética   Transporte
Engenharia Clínica   SAME – Arq. Médico e   Farmácia
Higiene e Limpeza   Estatísticas   Manuteção Geral
Rouparia   Caldeira

Figura 7.3   *Estrutura organizacional hospitalar – setores de apoio.*

É importante ressaltar que os setores de apoio devem ser divididos em dois grandes grupos:

I – Setores de Apoio Direto;

II – Setores de Apoio Indiretos.

Os setores de apoio direto são prestadores de serviços internos para os setores produtivos do hospital, para onde são canalizados os demais custos. São eles: CME – Esterilização, SND – Nutrição e Dietética, Higiene e Limpeza e Rouparia. Para essas atividades é necessário identificar todos os serviços oferecidos, para cálculo dos custos unitários e formação dos preços de venda.

Os demais setores são considerados indiretos (engenharia clínica, SAME, Transporte, Farmácia, Manutenção Geral e Caldeira), porque os serviços prestados têm relação com a entidade muito mais do que com os serviços oferecidos e cobrados.

A Figura 7.4 mostra os setores denominados produtivos.

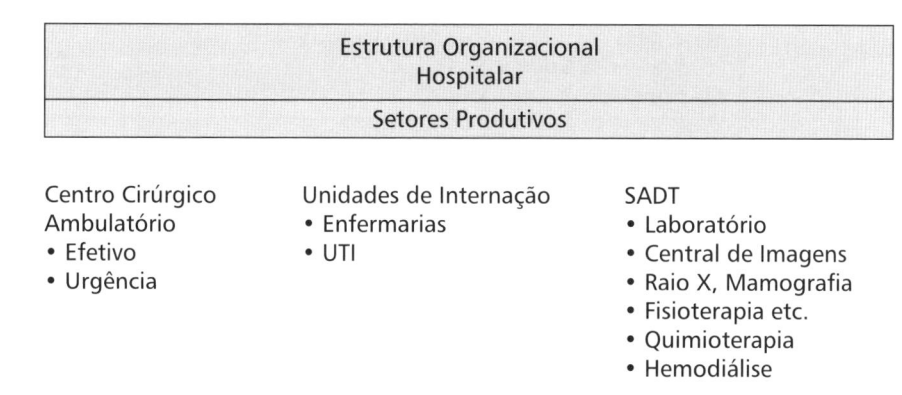

Estrutura Organizacional Hospitalar
Setores Produtivos

Centro Cirúrgico Ambulatório	Unidades de Internação	SADT
• Efetivo	• Enfermarias	• Laboratório
• Urgência	• UTI	• Central de Imagens
		• Raio X, Mamografia
		• Fisioterapia etc.
		• Quimioterapia
		• Hemodiálise

SADT – Serviços de Exames e Diagnósticos

Figura 7.4 *Estrutura organizacional hospitalar – setores produtivos*.

Esses setores são denominados setores produtivos porque o cliente identifica claramente o serviço prestado e a cobrança que deverá ser feita por cada tipo de serviço consumido.

7.3.2 Procedimento hospitalar

A base para a prestação dos serviços hospitalares são os procedimentos. Podemos definir procedimento hospitalar como o conjunto de atividades médicas, de enfermagem e de outros profissionais de saúde para solucionar um diagnóstico de correção de saúde de um paciente. Assim, há a ligação do procedimento hospitalar ao paciente, que é denominado cliente.

Um procedimento hospitalar contempla as estruturas de sistemas de informação aplicável a serviços, que são a estrutura do serviço e o processo de execução, conforme evidenciado na Figura 7.5.

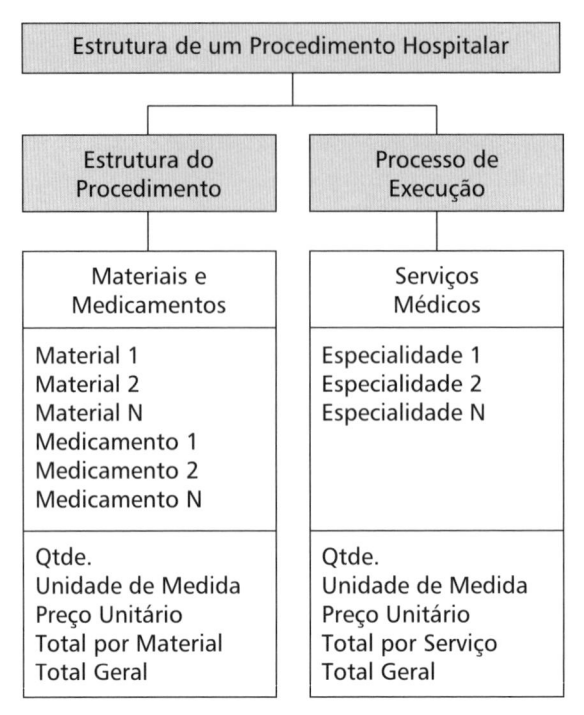

```
┌─────────────────────────────────────────┐
│   Estrutura de um Procedimento Hospitalar │
└─────────────────────────────────────────┘
              │
      ┌───────┴────────┐
      │                │
┌───────────┐   ┌───────────┐
│ Estrutura │   │ Processo  │
│    do     │   │    de     │
│Procedimento│  │ Execução  │
└───────────┘   └───────────┘

┌──────────────────────┐  ┌──────────────────────┐
│     Materiais e      │  │      Serviços        │
│    Medicamentos      │  │      Médicos         │
├──────────────────────┤  ├──────────────────────┤
│ Material 1           │  │ Especialidade 1      │
│ Material 2           │  │ Especialidade 2      │
│ Material N           │  │ Especialidade N      │
│ Medicamento 1        │  │                      │
│ Medicamento 2        │  │                      │
│ Medicamento N        │  │                      │
├──────────────────────┤  ├──────────────────────┤
│ Qtde.                │  │ Qtde.                │
│ Unidade de Medida    │  │ Unidade de Medida    │
│ Preço Unitário       │  │ Preço Unitário       │
│ Total por Material   │  │ Total por Serviço    │
│ Total Geral          │  │ Total Geral          │
└──────────────────────┘  └──────────────────────┘
```

Figura 7.5 *Exemplo de estrutura do procedimento hospitalar.*

Em linhas gerais, a estrutura do procedimento contempla os materiais e medicamentos necessários para cada atuação médica, para cada procedimento. O processo de execução compreende os serviços médicos necessários para realização dos procedimentos.

Esses dois conjuntos de dados representam os custos diretos do procedimento. Em seguida, são adicionados os serviços recebidos dos setores de apoio direto e os procedimentos de absorção dos setores de apoio indiretos.

7.3.3 Visão geral de custeamento de procedimento hospitalar e formação de preços de venda

Na Figura 7.6 apresentamos uma visão geral do custeamento de um procedimento hospitalar para um paciente.

Diagrama

Setores Administrativos Comerciais	Setores Indiretos Gerais	Produtivos de Apoio	Produtivos Finais
Administração Finanças	CCIH	CME	Unidades de Internação
RH	Recepções	Rouparia	SADT
Compras			Ambulatório
Estoques	SAME	Higiene e Limpeza	Terapias
Marketing etc.	Manutenção Engenharia	SND	Centros Cirúrgicos

Apontamentos → Custo do Atendimento ← Taxas de Utilização ou Agendamentos

Percentual de Absorção

Mat. Méd. Requisições — Serviços Médicos

Mark-up → Custo Hospitalar Total de Atendimento

Formação de Preço de Venda

Procedimento Hospitalar

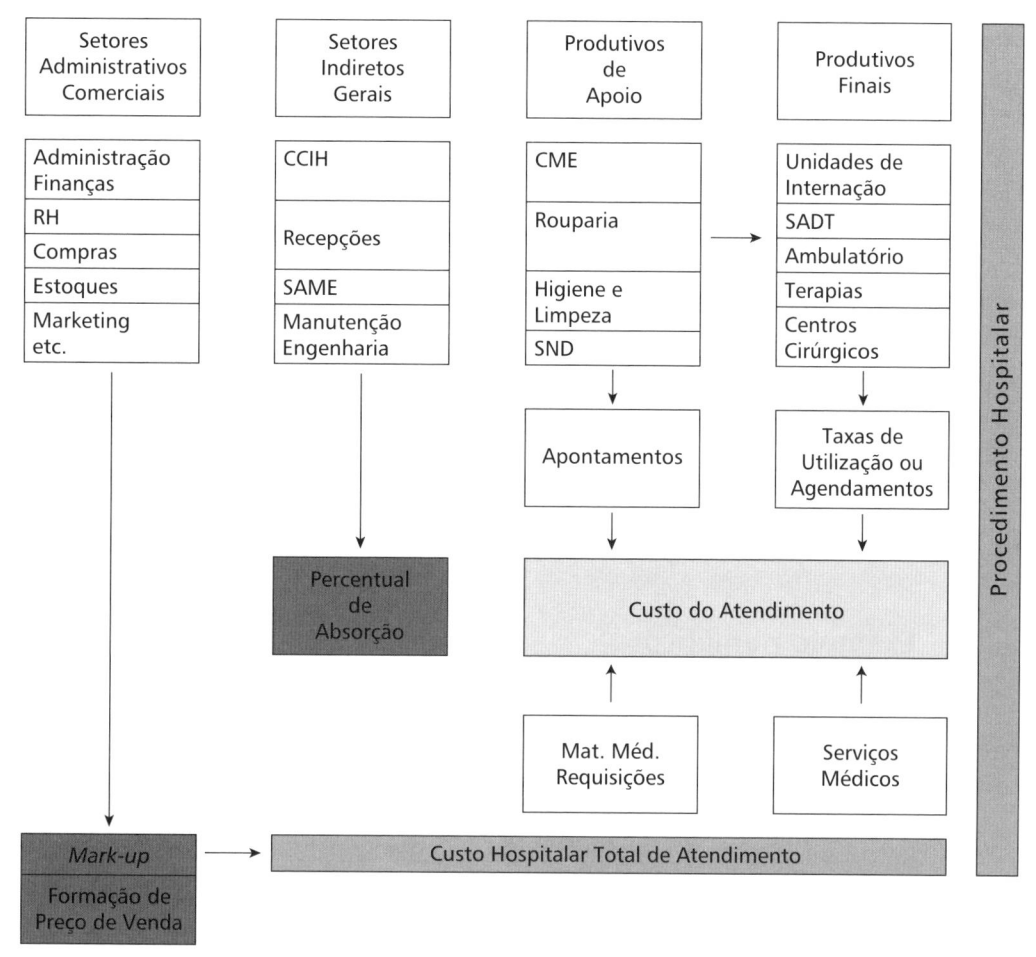

Figura 7.6 *Visão geral de custos e formação de preços de venda custeamento por absorção.*

O sistema de custo identifica todos os serviços diretos de um procedimento hospitalar realizados pelos setores produtivos de apoio (setores de apoio direto), bem como os serviços realizados pelos setores produtivos, no conjunto denominado custo do atendimento. Esses custos compreendem os materiais e medicamentos (Mat./Med.) do procedimento que são requisitados. Compreende também todos os serviços médicos executados.

Os custos dos setores indiretos gerais são alocados por procedimentos de absorção ou rateio, formando o custo hospitalar total do atendimento ou procedimento.

Para formação do preço de venda define-se a margem desejada e calcula-se o *mark-up* que cubra o custo hospitalar, os gastos administrativos e comerciais corporativos e dê a margem desejada.

7.3.4 Utilização do custo padrão

Uma característica dos serviços hospitalares é que nem sempre é possível realizar o procedimento hospitalar recomendado, principalmente nos casos não eletivos, de urgência, dada a possibilidade de necessidades adicionais de serviços em função de cada atendimento e do paciente.

Contudo, esse argumento não deve ser motivo para não se adotar a forma de custeamento padrão. Todos os procedimentos hospitalares devem ter sua estrutura e seu processo de execução identificados, quantificados e custeados, conforme exploramos no Capítulo 5 – Formas de Custeio, e cada procedimento hospitalar deve ter a sua ficha padrão ou ficha técnica, identicamente a qualquer indústria ou empresa de serviços.

As variações que ocorrerem deverão ser justificadas e explicadas por meio do procedimento da análise das variações entre o custo real e o custo padrão.

7.3.5 Exemplo numérico

Para a construção do exemplo numérico consideramos a seguinte organização e conceitos:

a) Os materiais diretos (materiais e medicamentos – mat./med.) são custos variáveis e que podem ser apurados especificamente para formar o custo unitário dos procedimentos (serviços) e não fazem parte dos gastos departamentais;

b) Os serviços executados por terceiros também são custos variáveis e que podem ser apurados especificamente para formar o custo unitário dos procedimentos, pois os prestadores desse tipo de serviços não fazem parte da folha de pagamento do hospital, e, portanto dos gastos departamentais;

c) Os gastos departamentais representam os gastos de mão de obra direta e indireta, consumo de materiais indiretos, gastos gerais do setor e a depreciação indireta do setor;

d) Os gastos dos departamentos diretos (produtivos e de apoio direto) serão transformados em custo unitário tomando como referência o principal serviço executado, utilizando-se a melhor unidade de medida física que representa o esforço do setor para cada procedimento médico;

e) os equipamentos diretos utilizados nos exames, procedimentos e serviços de apoio direto, serão calculados pela quantidade padrão de utilização;

f) Os gastos dos departamentos indiretos (setores indiretos de apoio) serão absorvidos em cada custo unitário dos departamentos diretos, por meio de um único índice de absorção, calculado sobre o total dos gastos dos departamentos diretos;

g) Os gastos dos setores administrativos não farão parte do custo unitário dos procedimentos e serão utilizados para a formação do *mark-up*, para formar os diversos preços de venda dos serviços de procedimentos;

h) O *mark-up* incluirá também a margem de lucro geral desejada pela entidade hospitalar;

i) *O procedimento que será utilizado parte da premissa de que as informações dos gastos constam do sistema orçamentário, já que utilizaremos como conceito básico a forma de custo padrão.*

O Quadro 7.3 mostra um exemplo numérico sintetizado, considerando teoricamente um período mensal, de todos os setores de uma organização hospitalar. Não estão incluídos os gastos com materiais e medicamentos (materiais diretos) nem os gastos com depreciações dos equipamentos diretos.

Quadro 7.3   *Gastos departamentais e custo unitário dos serviços prestados.*

Base: Dados mensais Setores	Mão de Obra (1)	Materiais Indiretos	Gastos Gerais	Depreciação Indireta	Total (2)
Produtivos					
UTI	60.000	10.000	5.000	3.000	78.000
Centro Cirúrgico	48.000	8.000	5.000	7.000	68.000
Enfermaria B	28.000	5.000	3.500	7.000	43.500
Enfermaria A	12.000	2.000	2.000	3.000	19.000
Ambulatório	9.000	4.000	2.000	3.000	18.000
SADT	14.000	5.000	2.000	1.000	22.000
Quimioterapia	3.000	2.000	2.000	1.000	8.000
Hemodiálise	3.000	2.000	2.000	1.000	8.000
Soma	177.000	38.000	23.500	26.000	264.500
de Apoio Direto					
Higiene e Limpeza	20.000	10.000	5.000	2.000	37.000
Rouparia	20.000	10.000	5.000	4.000	39.000
Nutrição	20.000	10.000	5.000	5.000	40.000
Esterilização	4.000	1.000	1.000	1.000	7.000
Soma	64.000	31.000	16.000	12.000	123.000
de Apoio Indireto					
Farmácia	10.000	1.000	1.000	1.000	13.000
Transporte	8.000	1.000	1.000	3.000	13.000
SAME	5.000	1.000	1.000	1.000	8.000
Manutenção	12.000	3.000	1.000	2.000	18.000
Serviço Social	7.000	1.000	1.000	1.000	10.000
Soma	42.000	7.000	5.000	8.000	62.000
Administrativos					
Compras	6.000	1.000	1.000	1.000	9.000
Recursos Humanos	12.000	5.000	1.000	1.000	19.000
TI	28.000	10.000	1.000	1.000	40.000
Marketing	6.000	1.000	1.000	1.000	9.000
Controladoria	15.000	1.000	1.000	1.000	18.000
Finanças	15.000	1.000	1.000	1.000	18.000
Recepção	4.000	1.000	1.000	1.000	7.000
Soma	86.000	20.000	7.000	7.000	120.000
Total Geral	369.000	96.000	51.500	53.000	569.500

(1) Funcionários lotados no setor. Inclui todas as verbas salariais, bem como os encargos sociais, obrigatórios e espontâneos.

(2) Não inclui materiais e equipamentos aplicados nos procedimentos, nem os serviços e executados por terceiros.

Esses dados são obtidos normalmente pelo sistema de contabilidade, por meio da estruturação dos centros de custos.

A primeira etapa é calcular o índice de absorção, para incorporar o custo médio dos setores indiretos de apoio, para os custos unitários dos setores diretos (produtivos e de apoio direto). Utilizaremos a metodologia de um único índice de absorção, que julgamos que contempla menor arbitrariedade, por ser genérico. Esse procedimento e seu cálculo estão apresentados no Quadro 7.4.

Quadro 7.4 *Cálculos do índice de absorção.*

Total dos Custos dos Setores Indiretos de Apoio (a)	62.000
Total dos Custos dos Setores Produtivos	264.500
Total dos Custos dos Setores de Apoio Direto	123.000
Soma (b)	387.500
Índice de Absorção (a/b)	16,00%

Esse índice tem a seguinte leitura: em média, para cada R$ 1,00 real de custos dos setores diretos, gastam-se R$ 0,16 de custos indiretos de apoio.

Em seguida, apura-se o custo unitário de cada serviço de cada setor direto, utilizando-se a melhor medida de quantificação do serviço desenvolvido, e as quantidades esperadas ou padrões para o período orçado. *As quantidades esperadas ou padrões já contemplam o nível médio de ocupação* esperado para o próximo período.

No mesmo quadro, calcula-se e acrescenta-se o resultado da absorção dos custos indiretos de apoio, conforme mostrado no Quadro 7.5.

Quadro 7.5 *Cálculo do custo unitário dos serviços produtivos e de apoio direto.*

	Gasto Total do Setor – $	Serviços Prestados		Custo Unitário do Serviço		
		Unidade de Medida	Quantidade Padrão	Custo Direto Unitário	Absorção 16,00%	Custo Unitário com Absorção
Setores Produtivos						
UTI	78.000	horas	1.300	60,00	9,60	69,60
Centro Cirúrgico	68.000	horas	1.040	65,38	10,46	75,85
Enfermaria B	43.500	diárias	960	45,31	7,25	52,56
Enfermaria A	19.000	diárias	180	105,56	16,89	122,44
Ambulatório	18.000	atendimentos	450	40,00	6,40	46,40
SADT	22.000	horas	520	42,31	6,77	49,08
Quimioterapia	8.000	sessões	88	90,91	14,55	105,45
Hemodiálise	8.000	sessões	176	45,45	7,27	52,73
Setores de Apoio Direto						
Higiene e Limpeza	37.000	m²/dia	60.000	0,62	0,10	0,72
Rouparia	39.000	quilos	10.000	3,90	0,62	4,52
Nutrição	40.000	pontos	20.000	2,00	0,32	2,32
Esterilização	7.000	unidades	140	50,00	8,00	58,00

Essa estrutura pode ser explorada mais detalhadamente. Por exemplo, pode-se detalhar na UTI e no Centro Cirúrgico os gastos com enfermagem e com o corpo médico fixo, quebrando o setor em dois subcentros de custos e construindo duas taxas horárias. Pode-se também explorar as quantidades do centro cirúrgico, detalhando em cirurgias de pequeno, médio e grande porte.

O ambulatório também pode ser explorado e detalhado em consultas e exames. Os serviços de diagnóstico podem ser explorados e detalhados por conjuntos de exames similares. A rouparia pode ser explorada, ao invés de kilos, por principais tipos de peças de roupas (lençóis, cobertores, aventais, toalhas etc.). Para a nutrição, utilizamos o conceito de pontos, onde a menor refeição vale 1 ponto e a refeição mais completa vale 7 pontos, por exemplo, tendo em vista que são refeições bastante padronizadas. Nada impede de se fazer diferente, construindo um custo unitário padrão para cada tipo de refeição oferecida.

Sempre que se trabalhar com mais de uma unidade de medida, é necessário ter condições de apurar de forma objetiva, com a maior acurácia e sem rateios, os gastos realizados pelo setor relacionado com cada serviço e sua respectiva unidade de medida.

O próximo cálculo a ser feito é para custear os diversos equipamentos diretos utilizados nos diversos procedimentos. Para tanto, parte-se do valor depreciável (valor de reposição menos o valor residual) e utiliza-se a quantidade padrão de cobrança e custeio. Nesse caso, também, *a quantidade padrão já deve contemplar a ocupação média esperada para o período*. O Quadro 7.6 mostra um exemplo de cálculo.

Quadro 7.6 *Cálculo da depreciação dos equipamentos diretos.*

Equipamentos Diretos	Valor Depreciável	Depreciação Mensal	Unidade de Medida	Quantidade Padrão	Custo Unitário
Tomógrafo	300.000	5.000	Exames	100	50,00
Monitor cardíaco	60.000	1.500	Horas	300	5,00
Oximetro	80.000	2.000	Horas	300	6,67
Respirador	60.000	1.500	Horas	300	5,00
Equimanento X	100.000	2.500	Horas	300	8,33
Equipamento N – Demais	2.100.000	35.000	Horas	6.000	5,83
Soma		47.500			

Com os custos unitários obtidos nos Quadros 7.5 e 7.6, é possível fazer o custo unitário de todos os procedimentos, tanto em termos de custos reais quanto em termos de custo padrão. Lembramos mais uma vez que os materiais diretos e serviços de terceiros são obtidos de forma objetiva e direta para cada procedimento, porque são custos variáveis e não há necessidade de quantificação padrão. Esses custos são obtidos pela própria estrutura do procedimento, no caso do custo padrão, ou por apontamentos ou requisições, no caso do custo real.

O Quadro 7.8 mostra um exemplo de um custo unitário de um serviço hospitalar, um procedimento, bem como o preço de venda formado a partir da identificação e mensuração do custo unitário do procedimento.

Para o cálculo da formação de preço de venda, é necessário construir o *mark-up*, um multiplicador que, aplicado ao custo unitário, obtenha-se o preço de venda. O *mark-up* tem a função de adicionar ao custo unitário um valor que cubra os custos médios corporativos (administrativos, comerciais e financeiros) e dê a lucratividade desejada. Fundamentalmente, duas informações são necessárias:

a) a participação média dos gastos administrativos em cima da receita líquida de vendas;
b) a margem de lucro desejada.

Esses dois temas estão explorados com bastante detalhamento no Capítulo 8 – Formação e gestão de Preços de Venda. Neste exemplo faremos um procedimento resumido.

A margem de lucro desejada decorre do retorno do investimento desejado e é uma meta de valor de lucro a ser calculada sobre o total da receita líquida de vendas. Para tanto, é necessário assumir um *faturamento padrão ou faturamento normativo*. O faturamento padrão ou normativo é a capacidade normal de faturamento que se pode realizar com a estrutura operacional existente. No nosso exemplo, adotamos o valor de $ 1.200.000,00.

Adotamos também a margem de lucro desejada de 12% sobre a receita líquida, o faturamento padrão ou normativo. Os conceitos para obtenção da margem desejada estão no Capítulo 8.

A participação média dos gastos administrativos sobre a receita líquida é obtida com as seguintes informações:

a) o orçamento de gastos administrativos para o próximo período;
b) o valor do faturamento padrão ou normativo.

O Quadro 7.7 mostra um exemplo do procedimento básico para apurar-se o índice de *mark-up*.

Quadro 7.7 *Cálculo do* mark-up.

Despesas Administrativas (a)	120.000
Faturamento Normativo (b)	1.200.000
Percentual Médio (c = a/b)	10,0%
Margem de Lucro Desejada (d)	12,0%
Percentual a ser coberto pelos preços de venda (e = c + d)	22,0%
Cálculo do Mark-up	
Preço de Venda sem Tributos	100,0%
Despesas e Margem	-22,0%
= Diferença	78,0%
Mark-up = (100,0%/78,0%)	1,28205

O *mark-up* será aplicado em todos os custos unitários de todos os serviços. O Quadro 7.8 mostra um exemplo de um custo unitário de um serviço, o Procedimento 1, bem como o preço de venda calculado a partir do custo unitário, com o *mark-up* apurado no Quadro 7.7.

No Quadro 7.8 podemos identificar todos os elementos que formam o custo desse serviço, tanto em termos da sua estrutura (materiais, medicamentos, equipamentos diretos utilizados), bem como do processo de execução (setores diretos ou produtivos, setores de apoio direto, serviços de terceiros), já incorporando o custo de absorção dos setores de apoio indireto.

Aplicando-se o multiplicador do *mark-up*, obtém-se o preço de venda desejado. O preço de venda calculado ou desejado não quer dizer que será aplicado, pois é muito comum nessa atividade que os preços de vendas sejam ditados por órgãos reguladores, por clientes-chaves etc. Porém, é necessário o cálculo do preço de venda desejado como parâmetro para tomada de decisão e reorientação dos negócios da atividade hospitalar.

Quadro 7.8 *Exemplo de custo unitário e preço de venda de um procedimento.*

Procedimento 1	Quantidade	Unidade de Medida	Custo Unitário	Total
Estrutura do Serviço				
Materiais Diretos				
Materiais	5	unidades	80,00	400,00
Medicamentos	10	unidades	20,00	200,00
Soma				600,00
Equipamentos Diretos				
Equipamento X	5	horas	8,33	41,67
Equipamento N	8	horas	5,83	46,67
Soma				88,33
Processo de Execução				
Setores Diretos				
UTI	2	horas	69,60	139,20
Centro Cirúrgico	5	horas	75,85	379,23
Enfermaria A	3	diárias	122,44	367,33
SADT	2	horas	49,08	98,15
Soma				983,92
Serviços de Terceiros				
Anestesista	1	serviço	300,00	300,00
Cirurgião	1	serviço	500,00	500,00
Soma				800,00
Serviços de Apoio Direto*				
Higiene e Limpeza	48	m²/dia	0,72	34,34
Rouparia	20	quilos	4,52	90,48
Nutrição	66	pontos	2,32	153,12
Soma				277,94
Custo Unitário Total do Serviço				**2.750,19**
Cálculo do Preço de Venda				
Custo Unitário Total do Serviço (a)				2.750,19
Mark-up (b)				1,28205
Preço de Venda (a × b)				**3.525,88**

* Recomenda-se que a aplicação do custo unitário dos serviços de apoio direto seja feita utilizando-se um preço de transferência baseado no mercado, uma vez que esses tipos de serviços podem ser executados por terceiros.

Esse modelo é aplicável a todos os procedimentos e com isso pode-se fazer o custeamento unitário de forma antecipada, com os conceitos de custo padrão de todos os procedimentos utilizados pela entidade hospitalar.

Para fins de apuração dos custos reais, o procedimento natural é a utilização do sistema de acumulação por ordem de serviço. Para cada atendimento feito a determinado paciente, abre-se uma ordem de serviço. Um atendimento pode contemplar mais de um procedimento. Assim, o custo real final do atendimento é o valor acumulado na ordem de serviço, que deve ser a soma de todos os procedimentos realizados. Esse valor será confrontado com os dados padronizados, para fins de análise das variações.

7.4 CUSTOS DE HOTELARIA

Similarmente à atividade hospitalar, a atividade de hotelaria compõe-se de um conjunto de serviços colocados à disposição dos hóspedes e outros usuários, sendo que, cada um desses serviços deve ser calculado de forma individual e oferecido também individualmente.

Um hotel caracteriza-se por oferecer diversos serviços concomitantes aos clientes, alguns cobrados pela utilização e outros não cobrados e oferecidos de forma genérica para todos, tais como:

a) diárias de acomodação;
b) serviços específicos de quarto (TV paga, frigobar etc.);
c) serviços de lavanderia;
d) refeições;
e) serviços de bar;
f) serviços disponibilizados (sauna, ginástica, piscina, telefonia etc.);
g) serviços de apoio (portaria, garagem, translados, manutenção etc.) etc.

Os serviços cobrados individualmente (os exemplos de *a* a *e*) podem ser calculados tomando-se como referência os modelos já apresentados. Alguns caracterizam-se por uma incidência maior de insumos variáveis (refeições, bar), outros caracterizam-se por incidência maior de equipamentos (quarto simples, quarto luxo) e outros caracterizam-se pela utilização maciça de mão de obra (lavanderia). Os serviços disponibilizados e não individualizados farão parte dos custos absorvidos.

No Capítulo 3, nos Quadros 3.2 e 3.3, exploramos como podem ser elaboradas as duas estruturas de informações quantitativas para dar suporte ao custeamento unitário de uma diária de um apartamento, que é o serviço mais importante do hotel, uma vez que esse é o principal apelo dessa atividade. Nesses quadros apresentamos um exemplo da *estrutura do serviço* e do *processo de execução* de uma diária de hotel. Com base nessas estruturas, faremos um exemplo de apuração de custo unitário de serviços de hotelaria.

Em termos de custos, a estrutura de um hotel é basicamente composta de gastos fixos, tanto em termos de imobilizados como em estrutura departamental. Os custos variáveis limitam-se aos consumos realizados pelos hóspedes em alimentação do restaurante e consumo de *room service* e frigobar ou alguns serviços de utilização de internet etc.

O serviço básico oferecido por um hotel é a *diária*. Além disso, outros serviços são oferecidos, que podem ser ou não consumidos pelos clientes. Cada hotel tem uma composição da diária. A maioria oferece um conjunto de pernoite, café da manhã e garagem. Esse conjunto básico compreende também a possibilidade de utilização da sala de ginástica, piscina, *business center*, sem cobrança adicional. Os serviços de refeições, *room service*, bar, lavanderia, telefonia normalmente são cobrados à parte.

7.4.1 Depreciação direta

O principal serviço de um hotel é a diária, que é a disponibilização de um espaço físico para o cliente, com suas respectivas acomodações, em conjunto com outros serviços necessários para que a acomodação esteja de acordo com a necessidade do cliente. Fundamentalmente, a diária inicia-se com o aluguel de uma parte do espaço físico do hotel para determinado cliente.

O espaço físico disponível para a diária caracteriza-se por um conjunto imobilizado, tendo como referência o edifício do hotel e suas instalações, assim como as instalações e mobília de cada tipo de apartamento ofertado. Dessa maneira, o primeiro cálculo necessário para o custeamento de uma diária é o custeamento da depreciação direta por apartamento, conforme mostra o Quadro 7.9.

Quadro 7.9 *Cálculo da depreciação do imobilizado direto – período mensal.*

Equipamentos Diretos	Valor Depreciável	Depreciação Mensal	Unidade de Medida	Quantidade Padrão	Custo Mensal Unitário
Prédio	12.000.000	60.000	m²	2.000	30,00
Ocupação Mensal – diárias					20
Custo Unitário por diária ocupada					1,50
Mobília					
Cama tipo A	6.000	100,00	Unidade	1	100,00
Enxoval	2.000	55,50	Unidade	1	55,50
Cofre	320	5,33	Unidade	1	5,33
TV 28"	2.150	35,83	Unidade	1	35,83
Frigobar	600	10,00	Unidade	1	10,00
Ar-condicionado	1.000	16,67	Unidade	1	16,67
Móveis de apoio	2.800	46,67	Unidade	1	46,67
Soma		60.270			270,00
Ocupação Mensal – diárias					20
Custo Unitário por diária ocupada					13,50

Separamos a depreciação do prédio da depreciação dos demais itens constantes de um quarto. Partimos da suposição de 100 apartamentos disponibilizados, cujo total de metros quadrados para todos os apartamentos é de 2.000 metros. A metragem ocupada pelos setores de apoio fica fora do cálculo, uma vez que a cobrança deverá ser apenas sobre as diárias. O objetivo de a unidade de medida ser o metro quadrado é que alguns apartamentos poderão ser maiores que outros, e a diária a ser cobrada deverá ser maior.

Outra suposição de nosso exemplo numérico é a ocupação média de 20 dias por mês, representando uma ocupação de dois terços da capacidade total do hotel. Essa ocupação será utilizada para os demais elementos de custo da diária.

7.4.2 Despesas departamentais

O Quadro 7.10 mostra um exemplo das despesas departamentais de um mês, com abordagem de custo padrão, ou seja, um custo em condições normais de operação.

Consideramos que os serviços diretos de um hotel são o departamento das camareiras, o restaurante e *room service*, bem como a recepção, uma vez que a maioria dos hotéis tem esse tipo de atividade. Na apuração dos gastos do restaurante não constam os materiais das refeições fornecidas fora da diária, nem os materiais consumidos no frigobar, uma vez que são cobrados à parte. Outrossim, os materiais consumidos para disponibilização de cafés, bem como os necessários para o café da manhã, estão alocados na coluna de materiais indiretos.

Quadro 7.10 *Gastos departamentais e custo unitário dos serviços prestados.*

Base: Dados mensais Setores	Mão de Obra (1)	Materiais Indiretos	Gastos Gerais	Depreciação Indireta	Total (2)
Diretos					
Depto. Camareiras	20.000	4.000	2.000	500	26.500
Restaurante e *Room Service*	40.000	6.000	5.000	2.000	53.000
Recepção	35.000	2.000	3.500	500	41.000
Soma	**95.000**	**12.000**	**10.500**	**3.000**	**120.500**
de Apoio Direto					
Garagem	12.000	1.000	2.000	500	15.500
Rouparia	9.000	2.000	1.000	1.200	13.200
Soma	**21.000**	**3.000**	**3.000**	**1.700**	**28.700**
de Apoio Indireto					
Segurança e Translado	8.000	1.000	1.000	1.000	11.000
Manutenção	8.000	3.360	2.000	1.000	14.360
Soma	**16.000**	**4.360**	**3.000**	**2.000**	**25.360**
Administrativos					
Compras	4.000	500	500	200	5.200
Recursos Humanos	4.000	500	500	500	5.500
TI	6.000	500	500	500	7.500
Marketing	4.000	500	5.000	500	10.000
Controladoria	9.000	500	500	500	10.500
Finanças	8.000	500	500	500	9.500
Soma	**35.000**	**3.000**	**7.500**	**2.700**	**48.200**
Total Geral	**167.000**	**22.360**	**24.000**	**9.400**	**222.760**

(1) Funcionários lotados no setor. Inclui todas as verbas salariais, bem como os os encargos sociais, obrigatórios e espontâneos.
(2) Não inclui materiais e equipamentos aplicados nas diárias ou serviços prestados por terceiros.

A garagem e a rouparia (lavanderia) são consideradas de apoio direto. Essa classificação foi feita uma vez que são serviços que podem ser terceirizados e transformados em serviços executados por terceiros, assim como podem ter cobranças feitas por serviços não cobrados na diária.

Os serviços de segurança, translado e manutenção são considerados indiretos de apoio, uma vez que o cliente não percebe sua cobrança na diária, e no nosso modelo, serão considerados custos absorvidos. O custo dos setores administrativos constou da formação do *mark-up*.

Fica evidente que a estrutura de custos de um hotel compõe-se basicamente de gastos fixos. Os custos variáveis referem-se às refeições servidas à parte, aos consumos de *room-service* e frigobar, lavanderia utilizada, gastos com telefonia e, eventualmente, internet.

7.4.3 Custos absorvidos

O Quadro 7.11 mostra o cálculo do percentual de absorção dos custos indiretos de apoio, para serem incorporados ao custo unitário dos serviços diretos e de apoio direto.

Quadro 7.11 *Cálculo do índice de absorção*.

Total dos Custos dos Setores Indiretos de Apoio (a)	25.360
Total dos Custos dos Setores Diretos	120.500
Total dos Custos dos Setores de Apoio Direto	28.700
Soma (b)	149.200
Índice de Absorção (a/b)	17,00%

7.4.4 Custo unitário dos serviços diretos

O Quadro 7.12 mostra o custo unitário dos serviços prestados de cada setor direto e de apoio direto, já incluindo os custos absorvidos dos setores indiretos de apoio.

Quadro 7.12   *Cálculo do custo unitário dos serviços diretos e de apoio direto.*

	Gasto Total do Setor – $	Serviços Prestados		Custo Unitário do Serviço		
		Unidade de Medida	Quantidade Padrão	Custo Direto Unitário	Absorção 17,00%	Custo Unitário com Absorção
Setores Diretos						
Depto. Camareiras	26.500	diárias	2.000	13,25	2,25	15,50
Restaurante e *Room Service*	53.000	refeições *	3.000	17,67	3,00	20,67
Recepção	41.000	diárias	2.000	20,50	3,48	23,98
Setores de Apoio Direto						
Garagem	15.500	diárias	2.000	7,75	1,32	9,07
Rouparia	13.200	enxovais**	3.000	4,40	0,75	5,15

* Cafés da manhã e refeições.
** Enxovais e peças avulsas.

A base de cálculo quantitativa é a quantidade padrão assumida em função da capacidade. São 100 apartamentos com uma ocupação média mensal de 20 dias, redundando em uma quantidade padrão de diárias mensal de 2.000 diárias.

No caso do restaurante e *room service*, e da rouparia, adicionamos uma quantidade mensal padrão de 1.000 para evidenciar que esses setores podem vender serviços adicionais, ou seja, refeições avulsas não cobradas na diária, bem como serviços de rouparia solicitados adicionalmente e cobrados também além da diária.

7.4.5   Construção do *mark-up*

O Quadro 7.13 mostra o cálculo do *mark-up*. No nosso exemplo, estamos arbitrando uma margem de lucro desejada de 20,0%, que somada ao custo médio administrativo de 10,5% dá o percentual a ser coberto pelo preço de venda, preço este que deve cobrir todos os custos diretos, indiretos e administrativos e dê a margem desejada.

Quadro 7.13 *Cálculo do* mark-up.

Despesas Administrativas (a)	48.200
Faturamento Normativo (b)	460.000
Percentual Médio (c = a/b)	10,5%
Margem de Lucro Desejada (d)	20,0%
Percentual a ser coberto pelos preços de venda (e = c + d)	30,5%
Cálculo do Mark-up	
Preço de Venda sem Tributos	100,0%
Despesas e Margem	– 30,5%
= Diferença	69,5%
Mark-up = (100,0%/69,5%)	1,43826

Para esse cálculo foi adotado também o conceito de faturamento padrão ou normativo, da ordem de $ 460.000 por mês.

7.4.6 Custo e preço de venda de uma diária

Com todos os elementos de cálculo necessários para custear uma unidade de serviço de uma diária, o Quadro 7.14 mostra um exemplo numérico de custeamento unitário de uma diária de hotelaria e seu preço de venda calculado baseado no custo. Nesse exemplo não está incluído nenhum serviço adicional cobrado à parte da diária, que deve ter seu cálculo feito especificamente.

Quadro 7.14   *Exemplo de custo unitário e preço de venda de uma diária.*

Diária Tipo 1	Quantidade	Unidade de Medida	Custo Unitário	Total
Estrutura do Serviço				
Materiais Diretos				
Material de higiene	6	unidades	2,00	12,00
Perdas no frigobar	14	unidades	0,40	5,60
Soma				17,60
Equipamentos Diretos				
Imóvel	20	m²	1,50	30,00
Mobília	1	conjunto	13,50	13,50
Soma				39,00
Processo de Execução				
Setores Diretos				
Depto. Camareiras	1	diária	15,50	15,50
Restaurante e *Room Service*	1	diária	20,67	20,67
Recepção	1	diária	23,98	23,98
Soma				60,16
Serviços de Terceiros				
TV a cabo	1	serviço	2,00	2,00
Soma				2,00
Serviços de Apoio Direto*				
Garagem	1	diária	9,07	9,07
Rouparia	1	diária	5,15	5,15
Soma				14,22
Custo Unitário Total do Serviço				**137,47**
Cálculo do Preço de Venda				
Custo Unitário Total do Serviço (a)				137,47
Mark-up (b)				1,43826
Preço de Venda (a × b)				**197,72**

* Recomenda-se que a aplicação do custo unitário dos serviços de apoio direto seja feita utilizando-se um preço de transferência baseado no mercado, uma vez que esses tipos de serviços podem ser executados por terceiros.

Além dos cálculos efetuados nos quadros anteriores, esse exemplo contempla dois outros itens de custo:

a) no grupo de materiais diretos, foi incorporado o custo médio de perdas no frigobar, uma vez que os produtos colocados à disposição podem não ser consumidos dentro do prazo de validade de cada um;
b) foi inserido o grupo Serviços de Terceiros, tendo como exemplo o pagamento de serviços de TV a cabo, também considerando uma ocupação média de 20 dias.

7.5 SERVIÇOS DE TRANSPORTE E LOGÍSTICA

Essa atividade de serviços é essencialmente uma atividade baseada em equipamentos (caminhões, ônibus, armazéns), mas também com um grande conjunto de custos variáveis (combustíveis, pedágios), além dos gastos de mão de obra direta e indireta.

Basicamente, a logística compreende os transportes internos e externos e, consequentemente, a necessidade de se apurar o custo unitário do frete das diversas rotas à disposição dos clientes, considerando os diversos tipos de equipamentos e veículos utilizados. Em linhas gerais, a logística trabalha com o conjunto da cadeia de suprimentos, segmentada genericamente em três blocos:

a) logística de distribuição;
b) logística de planta;
c) logística de abastecimento.[1]

Em todos esses segmentos, os dois serviços básicos são a *armazenagem* e o *transporte*. A logística de abastecimento engloba as atividades realizadas para colocar os materiais disponíveis para a produção ou distribuição. A logística de planta (interna ou operativa) envolve as atividades para o suporte à produção, como estoques e transporte interno. A logística de distribuição envolve os estoques de produtos acabados e sua disponibilização e entrega aos clientes.

Em termos de custos unitários, para formação de preços de venda e cobrança para os clientes, sejam internos ou externos, podemos canalizar os procedimentos para o cálculo em dois grandes tipos de serviços de fretes e logística:

a) serviços de transporte, representado pela cobrança dos fretes;

---

[1] FARIA, Ana Cristina de; COSTA, Maria de Fátima Gameiro da. *Gestão de custos logísticos*. São Paulo: Atlas, 2005. p. 22.

b) serviços de estocagem, representado pela cobrança das taxas de armazenagem.

7.5.1 Custo dos equipamentos diretos: transporte e movimentação

A primeira etapa a ser realizada é a apuração do custo unitário dos equipamentos e instalações consideradas diretas, ou seja, os ativos imobilizados que são utilizados na prestação dos diversos tipos de serviços de transporte e logística.

O Quadro 7.15 mostra um exemplo de cálculo de custo unitário de quilômetro rodado para uma empresa transportadora, considerando um tipo de veículo, para compor o custo do frete de uma determinada rota, considerando cinco anos de utilização do equipamento.

Quadro 7.15   *Cálculo da depreciação direta do equipamento de transporte.*

CAMINHÃO TIPO A	Quantidade	Unidade de Medida	Custo Unitário	Custo Total
Equipamento				
Custo de aquisição				250.000
Valor residual estimado				– 100.000
Valor depreciável				*150.000*
Manutenção				
Pneus	10	troca	8.000	80.000
Óleo	50	troca	200	10.000
Lavagens	50	lavagem	105	5.250
Filtros	50	troca	120	6.000
Revisões	25	revisão	1.000	25.000
Quebras	5	conserto	2.000	10.000
Soma				136.250
Tributos e Seguro				
IPVA	5	ano	5.000	25.000
Seguro	5	ano	7.750	38.750
Soma				63.750
TOTAL GERAL				350.000
Quilômetros de rodagem – quantidade padrão				500.000
Custo unitário por quilômetro rodado do equipamento				**0,70000**

O fundamento do cálculo desse custo unitário é identificar todos os gastos específicos para a operação de um veículo da frota, com suas especificações.

São três os aspectos fundamentais para o cálculo:

a) determinação da *vida útil do bem* na empresa, ou seja, o tempo ou a quantidade de quilômetros a serem utilizados com o referido bem;
b) identificação do *valor residual estimado*, ou seja, o valor provável de venda do bem após o uso no período de vida útil;
c) identificação dos gastos necessários para manter o bem em condições normais de operação, incluindo tributos e outros serviços necessários, como seguro.

A base para o cálculo está na estimativa da vida útil do bem, nesse caso, transformada em quantidade de quilômetros a serem rodados. Nosso exemplo assume uma quantidade de 500.000 quilômetros; a partir daí, em tese, a empresa faria a troca do veículo, adquirindo um novo e vendendo o usado.

Como a venda do bem usado gerará caixa, esse valor não deve ser depreciado. Assim, o valor base para o cálculo da depreciação no período da vida útil será obtido pela fórmula apresentada a seguir.

> **Valor depreciável = valor de aquisição (–) valor residual estimado**

Esse critério é consistente com as práticas contábeis internacionais, bem como com o modelo básico de avaliação da decisão de investimento pelo modelo de fluxo de caixa descontado.

Obtendo-se o custo médio do quilômetro rodado em condições de custo padrão (no exemplo numérico, $ 0,70 por quilômetro rodado), esse valor será aplicado na composição do custo do frete de cada rota que utilizará esse tipo de equipamento, no nosso exemplo, o Caminhão Tipo A.

Essa metodologia de cálculo deverá ser utilizada para todos os tipos de equipamentos e veículos diferentes constantes da frota da empresa de logística.

7.5.2 Procedimento para cálculo de carga fracionada

Quando a cobrança do frete tem como referência única a quantidade de quilômetros rodados na rota, basta utilizar o valor obtido no Quadro 7.15. Esse procedimento é normalmente utilizado nos transportes quando os materiais transportados são similares ou homogêneos, como, por exemplo, transporte de combustível, suco de laranja, bebidas, transporte de veículos e equipamentos, cana-de-açúcar, itens a granel etc., ou quando o transporte é feito para um único cliente ou quando o veículo é preparado para o transporte de um único tipo de material ou produto.

Quando numa mesma rota o transporte é para vários clientes, com produtos heterogêneos, com diferenças significativas no formato, peso etc., a cobrança do frete é denominada cobrança de carga fracionada, normalmente feitas por transportadoras que trabalham com transporte de encomenda de pequeno porte.

Nesse caso, a cobrança do frete pode ser feita considerando vários atributos do item transportado. Os principais atributos utilizados são:

a) peso;
b) dimensão;
c) valor da mercadoria.

A dimensão pode ser por metros quadrados ou metros cúbicos, dependendo da característica do tipo de serviço de transporte oferecido pela empresa. Para tanto, a empresa tem que fazer um estudo, no formato de padrão de quantidade, para identificar os seguintes elementos quantitativos que farão parte da estrutura do custo padrão de cobrança do frete:

a) peso médio carregado em cada rota ou pela frota;
b) capacidade em m^2 ou m^3 (metros quadrados ou metros cúbicos) normalmente ocupada em cada rota ou pela frota;
c) valor médio das notas fiscais das mercadorias transportadas em cada rota ou pela frota.

O Quadro 7.16 mostra um exemplo de procedimento que pode ser utilizado neste tipo de cálculo.

Quadro 7.16 *Custo do km rodado por tipo de mercadoria transportada – carga fracionada.*

Capacidade do Caminhão Tipo A	Custo Unitário por km rodado	Custo Unitário por Capacidade		33,3%
		Capacidade	Total	
Quilos	R$ 0,70	14.000	R$ 0,000050	0,0000167
Espaço – m³	R$ 0,70	20	R$ 0,035025	0,0116915
Valor – R$	R$ 0,70	10.000	R$ 0,000070	0,0000233

Nesse exemplo, partimos do valor de $ 0,70, que é o custo unitário por km rodado. Em seguida, identificamos o peso médio transportado para todas as mercadorias numa rota (14.000 quilos), a cubagem média utilizada em cada rota (20 m³) e o valor médio transportado de todas as mercadorias numa rota ($ 10.000,00).

Em seguida, foi feita a divisão de $ 0,70 para cada tipo dos três direcionadores de custo. Para fins de ponderação, em nosso exemplo, adotamos o critério que cada tipo de direcionador tem um mesmo peso para fins de custeamento unitário, e aplicados ao cálculo anterior, o multiplicador de 33,3%, obtendo o custo médio ponderado a ser aplicado em cada mercadoria transportada.

O Quadro 7.17 mostra um exemplo de aplicação desse procedimento, para obtenção do custo do quilômetro rodado para determinada mercadoria. Lembramos que outros custos deverão ser adicionados para a formação de preço de venda, que serão abordados em seguida neste tópico do capítulo.

Quadro 7.17 *Exemplo de cálculo de custo km rodado para carga fracionada.*

Cálculo do frete	Mercadoria A			Mercadoria T		
	Unidade	Unitário – $	Total – $	Unidade	Unitário – $	Total – $
Peso	50,00	0,0000167	0,00083	14.000,00	0,0000167	0,23333
m³	2,00	0,0116915	0,02338	20,00	0,0116915	0,23383
Valor	1.000,00	0,0000233	0,02333	10.000,00	0,0000233	0,23333
Total			0,04755			0,70050
Rota – km			200			200
Custo Total			9,51			140,10

No exemplo, a Mercadoria A a ser transportada tem um peso de 50 quilos, uma dimensão equivalente a 2 metros cúbicos, e o valor da nota fiscal é de $ 1.000,00. A cobrança do custo (apenas do equipamento) do quilômetro rodado para esse frete seria de $ 9,51 para uma rota de 200 quilômetros. No exemplo seguinte, a Mercadoria T ocuparia a média esperada da capacidade do caminhão. Verifica-se que o total por quilômetro rodado é o valor de $ 0,70, que é o custo médio geral, e aplicado à rota de 200 km, dá um custo de $ 140,10.

7.5.3 Custo das instalações diretas: armazenagem

Dentro do negócio de logística, a questão da armazenagem é elemento fundamental. Para algumas atividades de serviços de logística, esse tipo de serviço é a atividade básica. Para empresas atacadistas distribuidoras, os custos de transporte e armazenagem fazem parte do seu negócio principal. Para empresas comerciais que têm grandes centros de distribuição (CD), a relevância desse serviço também é um fator-chave de sucesso do negócio.

Nosso exemplo contempla uma área de armazenagem dentro de uma empresa de logística, servindo tanto para acolher mercadorias a serem transportadas posteriormente, quanto para cobrança do serviço de armazenagem para terceiros, aguardando a sua retirada pelo cliente, por ele mesmo ou por serviço de transporte da própria empresa.

O Quadro 7.18 mostra um exemplo de cálculo tendo como referência quantitativa de capacidade a ocupação por metros cúbicos (M^3). O exemplo contempla um imóvel destinado exclusivamente para esse tipo de atividade. O custeamento de cada serviço de armazenagem será a combinação de M^3 ocupados com a quantidade de dias que a carga fica parada no armazém.

Essencialmente, os custos de um armazém são custos fixos. Além da estrutura imobiliária, todos os equipamentos de movimentação, carga e descarga, instalações, estrutura de setores, mão de obra etc., são de natureza fixa. Eventualmente, um serviço ou outro poderá exigir a contratação de mão de obra temporária, de terceiros, que se caracterizará como variável.

Outro custo que pode ter características de variabilidade é a necessidade de embalagem de proteção para determinada mercadoria, custo este que deverá ser cobrado especificamente quando houver esse tipo específico de serviço.

A questão central para o custeamento unitário desse tipo de serviço oferecido é a *capacidade*, ou seja, a ocupação média estimada durante um período. No nosso exemplo, consideramos um período mensal, com dados padrões, e assumimos as seguintes ocupações médias de capacidade estimadas:

a) ocupação média de 15.000 metros cúbicos por mês;
b) ocupação média de 16 dias por mês com 15.000 metros cúbicos ocupados.

Quadro 7.18 *Cálculo da depreciação direta da instalação de logística – armazenagem.*

	Valor Depreciável	Depreciação ou Valor Mensal	Unidade de Medida	Quantidade Padrão	Custo Mensal Unitário
Imobilizado					
Prédio e Instalações	5.000.000	41.667	m³	15.000	2,78
Divisórias e Prateleiras	500.000	10.417	m³	15.000	0,69
Equipamentos de movimentação	1.000.000	16.667	m³	15.000	1,11
Equipamentos de carga/descarga	2.000.000	33.333	m³	15.000	2,22
Soma	8.500.000	102.083			6,81
Manutenção					
Serviços de limpeza		20.000	m³	15.000	1,33
Serviços de alta tensão		5.000	m³	15.000	0,33
Manutenção preventiva		5.000	m³	15.000	0,33
Serviços de segurança		15.000	m³	15.000	1,00
Soma		45.000			3,00
Tributos e Seguro					
IPTU		2.000	m³	15.000	0,13
Seguro		21.250	m³	15.000	1,42
Soma		23.250			1,55
Total Geral – Imobilizado		170.333			11,36
Custos de Operação					
Setor de Armazenagem		33.070	m³	15.000	2,20
Setor de Controle da Operação		16.800	m³	15.000	1,12
Setor Administrativo		15.000	m³	15.000	1,00
Soma		64.870			4,32
Custo Total – Imobilizado + Operação		235.203			15,68
Ocupação Mensal – diárias					16
Custo Unitário por m³ e diária ocupada					0,98

O cálculo da capacidade em metros cúbicos pode ser feito da seguinte maneira:

Capacidade instalada	30.000 m^3
Capacidade utilizada	21.000 m^3
Entorno médio	40% m^3
Capacidade efetiva	15.000 m^3

A capacidade instalada em m^3 seria a capacidade máxima do armazém. Contudo, o estudo em termos de padrões de quantidade identificou que se ocupam apenas 70% da capacidade por mês. Além disso, há necessidade de se manter espaços para movimentação, carga e descarga, que ocupam um entorno ao redor de 40% da capacidade. Assim, para fins de apuração do custo unitário por m^3, utiliza-se a quantidade padrão de 15.000 como capacidade efetiva de operação.

Nosso entendimento é que todos os gastos necessários para manter o armazém em condições normais de operação devem fazer parte do seu custo total, separando dos gastos dos setores, que são responsáveis pela sua operação.

O principal custo direto é a depreciação do imobilizado. No Quadro 7.18, consideramos como imobilizado, além do prédio e suas instalações, todos os demais itens, como móveis e equipamentos que são necessários e utilizados para todos os itens estocados. O critério de valorização é o valor de aquisição menos o valor residual estimado. No exemplo, supõe-se a necessidade de vários equipamentos e o quadro contempla o valor total desses equipamentos e instalações.

O exemplo contempla também os gastos de manutenção do imóvel, que podem ser executados por terceiros, assim como os tributos e outros serviços necessários e imprescindíveis para o seu funcionamento, como seguros diversos.

Os custos de operação compreendem os gastos dos setores que operam especificamente o armazém ou centro de distribuição, já inseridos pelo gasto total mensal. Os custos dos setores de operação compreendem os custos de mão de obra direta, mão de obra indireta, consumo de materiais indiretos, gastos gerais departamentais e as depreciações indiretas de cada setor (móveis, informática).

O resultado final é um custo unitário de $ 0,98 a ser aplicado na quantidade de m^3 utilizados pela carga armazenada em conjunto com a quantidade de dias que a carga ficou estocada no armazém. Para aplicação desse procedimento, podemos dar como exemplo a armazenagem de um contêiner, com as dimensões apresentadas a seguir, por um período de cinco dias no armazém.

Exemplo

Conteiner de 2,5 × 2 × 10 m	50 m^3	(a)
Dias em armazenamento	5 dias	(b)
m^3 × Dia	250	
Custo por unidade m^3/diária – $	0,980	(c)
Custo total unitário do serviço – $	245,00	d = a * b * c

O custo a ser incluído na cobrança do cliente será de $ 245,00. Esse valor é que será a base para calcular o preço de venda ao cliente.

7.5.4 Gastos departamentais, índice de absorção e custo unitário dos setores diretos

A etapa seguinte é fazer a estimativa de gastos de cada departamento da empresa. Os gastos com os setores que operam o armazém já foram incluídos no cálculo do Quadro 7.18. O Quadro 7.19 mostra um exemplo dos demais setores de uma empresa de logística, agora com referência aos gastos de transporte.

Quadro 7.19 *Gastos departamentais e custo unitário dos serviços prestados.*

Base: Dados mensais Setores	Mão de Obra (1)	Materiais Indiretos	Gastos Gerais	Depreciação Indireta	Total (2)
Diretos					
Motoristas	200.000	4.000	2.000	500	206.500
Ajudantes	120.000	2.000	2.000	200	124.200
Soma	320.000	6.000	4.000	700	330.700
de Apoio Direto					
Abastecimento	16.000	1.000	1.000	500	18.500
Carga e Descarga	16.000	2.000	1.000	1.200	20.200
Soma	32.000	3.000	2.000	1.700	38.700
de Apoio Indireto					
Planejamento e Controle de Operação	14.000	1.000	1.000	1.000	17.000
Manutenção	25.000	3.040	2.000	1.000	31.040
Soma	39.000	4.040	3.000	2.000	48.040
Administrativos					
Compras	4.000	500	500	200	5.200
Recursos Humanos	4.000	500	500	500	5.500
TI	6.000	500	500	500	7.500
Marketing	4.000	500	5.000	500	10.000
Controladoria	9.000	500	500	500	10.500
Finanças	8.000	500	500	500	9.500
Soma	35.000	3.000	7.500	2.700	48.200
Total Geral	426.000	16.040	16.500	7.100	465.640

(1) Funcionários lotados no setor. Inclui todas as verbas salariais, bem como os encargos sociais, obrigatórios e espontâneos.

(2) Não inclui materiais e equipamentos utilizados nos fretes e custos de armazenagem ou serviços prestados por terceiros, bem como os gastos de manutenção, IPVA e seguro do veículo.

O Quadro 7.20 mostra o cálculo do índice de absorção dos setores indiretos de apoio da operação.

Quadro 7.20 *Cálculo do índice de absorção.*

Total dos Custos dos Setores Indiretos de Apoio (a)	48.040
Total dos Custos dos Setores Diretos	330.700
Total dos Custos dos Setores de Apoio Direto	38.700
Soma (b)	369.400
Índice de Absorção (a/b)	13,00%

O Quadro 7.21 apresenta o procedimento de cálculo do custo unitário dos setores diretos. No nosso exemplo, os setores diretos considerados foram os setores de motoristas e ajudantes e a base de quantidade para cobrança desse tipo de serviço são horas, uma vez que as diversas rotas demandam maior ou menor quantidade de tempo de viagem.

Quadro 7.21 *Cálculo do custo unitário dos serviços diretos e de apoio direto.*

	Gasto Total do Setor – $	Serviços Prestados		Custo Unitário do Serviço		
		Unidade de Medida	Quantidade Padrão	Custo Direto Unitário	Absorção 13,00%	Custo Unitário com Absorção
Setores Diretos						
Motoristas	206.500	horas	4.800	43,02	5,59	48,62
Ajudantes	124.200	horas	4.800	25,88	3,37	29,24
Setores de Apoio Direto						
Abastecimento	18.500	horas	4.800	3,85	0,50	4,36
Carga e Descarga	20.200	horas	4.800	4,21	0,55	4,76

Consideramos como setores de apoio direto o pessoal interno da empresa ocupado com as operações de abastecimento da frota e a movimentação de carga e descarga das mercadorias, também a serem cobradas em cima de horas trabalhadas. A quantidade de horas padrão utilizada teve como referência a quantidade de 40 motoristas, com uma ocupação média de 75% de 160 horas mensais, totalizando 4.800 horas no mês passíveis de serem utilizadas e cobradas.

7.5.5 Exemplo de custo unitário e formação de preço de venda

O Quadro 7.23 conclui o exemplo numérico com a apresentação do custo unitário de uma rota de 700 km e seu respectivo preço de venda calculado com base nesse custo. O *mark-up* foi calculado conforme apresentado no Quadro 7.22.

Quadro 7.22   *Cálculo do* mark-up.

Despesas Administrativas (a)	48.200
Faturamento Normativo (b)	1.650.000
Percentual Médio (c = a/b)	2,9%
Margem de Lucro Desejada (d)	12,0%
Percentual a ser coberto pelos preços de venda (e = c + d)	14,9%
Cálculo do **Mark-up**	
Preço de Venda sem Tributos	100,0%
Despesas e Margem	– 14,9%
= Diferença	85,1%
Mark-up = (100,0%/69,5%)	1,17570

Dentro da estrutura do serviço constam os materiais diretos variáveis, cujos gastos não estão incorporados nem no custo do caminhão (Quadro 7.15), nem no custo dos departamentos (Quadro 7.19), por serem de características de custos variáveis.

Na composição dos materiais diretos aplicados ao serviço, adicionamos, para fins de ampliar a exemplificação, a possibilidade de a empresa de logística ter que utilizar embalagens específicas para o processo de armazenagem e transporte das mercadorias.

O valor da mensuração do custo dos equipamentos diretos foi decorrente da aplicação das quantidades utilizadas nesse serviço. Consideramos que além do transporte de 700 km, a mercadoria ficou parada em estoque no centro de armazenagem por 100 m^3/dia, provavelmente dois dias de um estoque com dimensão de 50 m^3. Assim, foram aplicados a essas quantidades os custos unitários obtidos nos Quadros 7.15 e 7.18 ($ 0,70 e $ 0,98, respectivamente).

No processo de execução aplicamos o custo hora obtido no Quadro 7.21 na quantidade de horas dispendidas por cada tipo de profissional nessa rota e transporte (Setores Diretos e Setores de Apoio Direto).

Por último, para fins de abranger maiores possibilidades de exemplificação, adicionamos eventuais custos por utilização de serviços de terceiros, tais como pedágio, refeições, pernoites, rastreador, fretes de redistribuição, serviços de agente de viagem e despachante aduaneiro.

O preço de venda calculado foi obtido pela aplicação do custo unitário total pelo *mark-up* calculado conforme o Quadro 7.22 .

Quadro 7.23 *Exemplo de custo unitário e preço de venda de um frete.*

Caminhão Tipo A	Rota de 700 km – caminhão cheio			
	Quantidade	Unidade de Medida	Custo Unitário	Total
Estrutura do Serviço				
Materiais Diretos				
Combustível	175	litros	2,00	350,00
Óleo	20	litros	1,80	36,00
Embalagem Armazenagem	1	Unidade	10,00	10,00
Embalagem Transporte	1	unidade	10,00	10,00
Soma				406,00
Equipamentos Diretos				
Caminhão Tipo A	700	km	0,70	490,00
Armazenagem	100	m³ × dia	0,98	98,00
Soma				588,00
Processo de Execução				
Setores Diretos				
Motoristas	12	horas	48,62	583,39
Ajudantes	12	horas	29,24	350,88
Soma				934,27
Serviços de Terceiros				
Pedágio	16	praças	6,00	96,00
Refeições	4	refeições	15,00	60,00
Pernoite	2	diárias	50,00	100,00
Rastreador	12	horas	2,00	24,00
Frete de redistribuição	5	serviços	50,00	250,00
Agente de viagem	1	serviço	120,00	120,00
Despachante aduaneiro	1	serviço	150,00	150,00
Soma				800,00
Serviços de Apoio Direto				
Abastecimento	1	hora	4,36	4,36
Carga e Descarga	3	horas	4,76	14,27
Soma				18,62
Custo Unitário Total do Serviço				2.746,89
Cálculo do Preço de Venda				
Custo Unitário Total do Serviço (a)				2.746,89
Mark-up (b)				1,17570
Preço de Venda (a × b)				3.229,53

7.5.6 Gestão da logística

Todo o processo logístico merece um conjunto de conhecimentos para a sua otimização na busca de melhores resultados econômicos.

No exemplo apresentado, não entramos no mérito das possibilidades de otimização da estrutura de transporte, com a utilização do mesmo veículo com novas cargas no retorno para a sede da empresa, ou mesmo a continuidade da utilização do veículo em outra rota sequencial etc., que permitiria reduzir alguns custos, como combustíveis, serviços de refeição, hospedagem etc.

Todas as características da prestação de serviços de transporte e logística de cada empresa devem ser exploradas ao máximo para a otimização das operações. Essas características gerarão novas mensurações das quantidades utilizadas nos padrões para formação dos custos unitários, fazendo com que a empresa obtenha elementos diferenciadores para a prestação do seu serviço, alinhados com os preços de venda a serem cobrados por eles.

QUESTÕES E EXERCÍCIOS

1. Uma série de produtos e serviços de consumo estão listados a seguir. Baseado na caracterização de serviços, classifique-os em serviços ou produtos.

	Serviço	Produto
Alimentação industrial	( )	( )
Lanche McDonald's	( )	( )
Terno	( )	( )
Terno feito em Alfaiate	( )	( )
Terno apenas manufaturado em Alfaiate	( )	( )
Consulta médica	( )	( )
Livro	( )	( )
Móveis feitos por encomenda	( )	( )
Impressos genéricos	( )	( )
Impressos individualizados (Ex.: nota fiscal)	( )	( )
Parque de Diversões	( )	( )
Prótese Dentária	( )	( )
Aparelho Auditivo	( )	( )
Vestido de Noiva	( )	( )
Seguro de Automóvel	( )	( )

2. A loja de um alfaiate, que trabalha com um único ajudante, tem equipamentos e móveis no valor de $ 25.000, com vida útil estimada de cinco anos. O investimento, incluindo o ponto de comércio, está avaliado em $ 50.000 e o custo de

capital mínimo a ser considerado é de 1% ao mês. Com os dados mensais apresentados a seguir, calcule o custo horário de venda do serviço do alfaiate Encargos tributários sobre a receita de venda da hora.

Remuneração Líquida Desejada – $	2.000
Encargos sociais médios	98%
Serviços de Terceiros – $	900
Encargos sociais médios	80%
Despesas Gerais – $	1.200
Horas Disponíveis	130
Encargos tributários	25%

3. Partindo do pressuposto que o cliente leva o tecido para fazer um terno, com os demais aviamentos ficando de responsabilidade do alfaiate, procure: (a) identificar a estrutura do serviço para fazer um terno e (b) quais as fases do processo de execução do serviço pelas quais um alfaiate normalmente passa para executar o serviço. Considere que a calça será apenas cortada pelo alfaiate e costurada por terceiros.

4. Imagine uma hospedagem simples em um hotel categoria 3 estrelas e identifique todo o mobiliário normalmente alocado em um quarto dessa categoria. Em seguida, identifique quais os serviços diretos e indiretos prestados para uma diária em condições normais. Após isso, monte uma estrutura de serviço e processo de execução para uma diária simples.

5. Um serviço médico de tomografia utiliza, além do equipamento, dois atendentes e um médico especializado. O custo horário do médico está estimado em $ 40,00 reais a hora e dos atendentes, $ 10,00 a hora. Os encargos sociais médios sobre os custos de mão de obra são estimados em 97%. O valor do equipamento é $ 300.000,00, com uma vida útil estimada de 8.000 horas, e o hospital cobra $ 8,00 por hora para a utilização de suas dependências. Considerando que um exame leva normalmente 2,5 horas, qual será o custo desse serviços? Considere encargos tributários de 15%.

6. Tome como referência um lanche vendido na rua, do tipo cachorro-quente, e elabore uma estrutura de serviço e processo de execução. Considere equipamentos no valor de $ 5.000. Com seus conhecimentos gerais, procure identificar o custo desse serviço de alimentação rápida.

8

Formação e Gestão de Preços de Venda

Neste capítulo trataremos a formação e gestão de preços de venda de forma genérica, uma vez que toda a estrutura que será apresentada é aplicável a qualquer tipo de empresa, seja comercial, industrial ou de serviços. A formação de preços de venda, dentro da abordagem ortodoxa, parte dos custos unitários calculados por meio de um método de custeio. Portanto, a questão inicial é apurar o custo unitário dos serviços, tema esse que foi desenvolvido nos dois capítulos anteriores.

A gestão do preço de venda compreende as possibilidades de otimização do resultado empresarial por meio de ações que otimizem a margem de contribuição total dos produtos, por meio da adoção de *mix* diferenciados de produtos, identificação e determinação de preços maiores que os formados pelo custo em termos de valor percebido pelo consumidor, táticas de marketing e comercialização para determinados momentos ou segmentos de mercado etc.

8.1 MOTIVOS E OBJETIVOS PARA A DECISÃO DE PREÇOS

A decisão sobre preços deve levar em conta uma série de aspectos que inclui motivos, objetivos, estruturas de mercado e foco na determinação dos preços.

8.1.1 Motivos para a decisão de preços

Várias situações conduzem à tomada de decisão sobre preços. Podemos listar as principais:

a) lançamento de um novo produto;
b) introdução de produtos regulares em novos canais de distribuição ou em novos segmentos de mercado;
c) conhecimento de alteração de preços dos concorrentes;
d) variações significativas da demanda dos produtos, para mais ou para menos;
e) alterações significativas na estrutura de custos da empresa e dos produtos, bem como dos investimentos;
f) mudança de objetivos de rentabilidade da empresa;
g) adaptação às novas estratégias de atuação no mercado;
h) alterações na legislação vigente;
i) adaptação às novas tecnologias existentes ou empregadas etc.

8.1.2 Objetivos na decisão de preços

O objetivo central de qualquer decisão empresarial é a criação de valor para o acionista, via retorno sobre o investimento. Portanto, esse também é o objetivo central da decisão de preços. Outros objetivos podem ser elencados:

a) expansão em vendas e crescimento de mercado;
b) evitar a competição e garantir a sobrevivência;
c) ser o líder de preços etc.

8.2 MODELOS DE DECISÃO DE PREÇOS

São três os modelos principais para gestão de preços de venda:

a) modelos de decisão de preços de venda orientados pela teoria econômica;
b) modelos de decisão de preços de venda orientados pelos custos;
c) modelos de decisão de preços de venda orientados pelo mercado.

Os modelos de decisão de preço de venda orientados pela teoria econômica partem da premissa básica que as empresas, agindo de forma racional, procuram maximizar seus lucros, tendo pleno conhecimento da curva de demanda de mercado e de seus custos. Dentro desse modelo é necessária a identificação da estrutura de mercado onde a empresa atua, quais sejam: concorrência perfeita, monopólio, oligopólio e concorrência monopolística.

Os modelos de decisão de preços orientados pelos custos formam o preço dos produtos, através do cálculo de seus custos e adição de uma margem de lucro objetivada, pressupondo que o mercado absorva a quantidade ofertada ao preço obtido nessa equação.

Os modelos de decisão de preço orientados pelo mercado levam em consideração somente a demanda do produto ou a ação da concorrência e o valor percebido pelos clientes, ignorando os custos no estabelecimento de preços.

8.3 FORMAÇÃO DE PREÇOS DE VENDA A PARTIR DO MERCADO E TEORIA ECONÔMICA

A teoria econômica indica que quem faz o preço de venda dos produtos é o mercado, basicamente através da oferta e procura, fazendo as devidas considerações para situações de monopólio, oligopólio, mercados cativos e situações similares.

Assumindo essa condição, praticamente seria desnecessário o cálculo dos custos e subsequente formação de preços de venda a partir dele. O que a empresa teria que fazer é abalizar corretamente o preço de mercado do produto através dos preços dos concorrentes existentes, ou através de pesquisas de mercado (no caso de produtos inéditos), e fazer considerações específicas de gastos de comissões, canais de distribuição, publicidade, localização da fábrica etc.

8.3.1 Custo meta

O preço de mercado, outrossim, possibilita na realidade a situação inversa da formação de preços de venda. Assumindo a condição de que o preço que o mercado está pagando é o máximo que a empresa pode atribuir ao seu produto, o preço de mercado passa a ser o elemento fundamental para a *formação dos custos e despesas*.

Diante disso, parte-se do preço de venda, deduz-se a margem mínima que a empresa quer obter, bem como os custos financeiros de financiamento da produção e os efeitos monetários sobre o capital de giro, e obtém-se o valor máximo que pode custar internamente tal produto para a empresa. A partir da obtenção desse dado, se a empresa se vê em condições de produzir e vender o produto com o lucro desejado, o custo obtido passa a ser o custo padrão ideal, ou o *custo meta*.

Em linhas gerais, o custo meta é expresso pela seguinte fórmula, considerando dados hipotéticos:

CUSTO META	
Preço de Venda de Mercado	= $ 100,00
(–) Margem de Lucro desejada ou necessária (10%)	(10,00)
Custo Meta	90,00

Para obtenção do custo meta, é necessário um modelo decisório baseado em método de custeio que contemple todos os custos e despesas. Nesse sentido, o custo meta só é possível de se obter através do método de custeio integral ou pelo método de custeio ABC. Pela linha conceitual de custeio direto/variável não existe a possibilidade de custo meta, pois, dentro dessa linha de pensamento, que já demonstramos que é a linha científica, o custo unitário só pode existir em termos de custos médios, nunca em nível de unidade individual de produto, e, portanto, não existiria custo meta.

Independentemente dessa polêmica conceitual, entendemos que o conceito de custo meta é válido e importante para procedimentos de redução e otimização de custos, e faremos a apresentação de um exemplo de custo meta no Capítulo 10, Análises de Custos e Rentabilidade.

8.3.2 Valor percebido pelo consumidor

O conceito de fixação de preços pelo valor percebido é um conceito de preço orientado pelo mercado, uma vez que a fonte básica de referência é identificar, antecipadamente, o grau de utilidade ou valor que um produto ou serviço traz à mente do consumidor.

Em termos práticos, dentro desse conceito, a empresa deve tentar definir o *maior preço* de venda para o seu produto, sabendo que seu cliente está disposto a pagar por esse preço, pois a utilidade do produto para o cliente é suficiente para deixá-lo tranquilo no ato da compra. Dessa maneira, a fixação do preço de venda através do valor percebido pelo consumidor é a *criação do valor de mercado* do produto ou serviço.

Esse conceito de formação de preço de venda é também denominado preço--alvo de mercado ou *target pricing*, pois considera as forças de competitividade de mercado, assumindo o que os clientes estarão dispostos a pagar pelos produtos, dentro dos volumes estimados de demanda. Esse tema será abordado com mais detalhes no próximo capítulo.

8.4 FORMAÇÃO DE PREÇOS DE VENDA A PARTIR DO CUSTO

O pressuposto básico para essa metodologia é que o mercado estaria disposto a absorver os preços de venda determinados pela empresa, que, por sua vez, são calculados em cima de seus custos e dos investimentos realizados.

Sabemos que, na verdade, isso nem sempre pode acontecer, ficando, então, eventualmente, invalidado tal procedimento. De qualquer forma, é necessário um cálculo em cima dos custos, tendo em vista que, através dele, podemos pelo menos ter um parâmetro inicial ou padrão de referência para análises comparativas.

Além disso, diversas outras situações podem exigir a utilização dos procedimentos de formação de preços de venda a partir do custo, tais como:

a) estudos de engenharia e mercadológica para introdução de novos produtos;
b) acompanhamento dos preços e custos dos produtos atuais;
c) novas oportunidades de negócios;
d) negócios ou pedidos especiais;
e) faturamento de produtos por encomenda;
f) análise de preços de produtos de concorrentes etc.

Outra área de aplicação da metodologia de formação de preços de venda a partir do custo está ligada a necessidades institucionais. Informações para órgãos governamentais, necessidades das autarquias prestarem conta de seus serviços e taxas, prestação de contas de empresas públicas e autarquias etc. Normalmente, essas necessidades são caracterizadas mais popularmente pela geração de planilhas de custo dos produtos e serviços.

8.4.1 Formação de preços de venda a partir do custo e sua validade gerencial

A validade gerencial da formação de preços a partir do custo está basicamente centrada na necessidade de se avaliar a rentabilidade dos investimentos em relação aos custos e despesas decorrentes da estrutura empresarial montada para produzir e vender os produtos e serviços. Objetiva-se com isso determinar o preço-alvo de contribuição (*compound pricing* ou *contribution target pricing*), que mostra a contribuição ao resultado que seria obtida considerando a composição do preço baseado nas estruturas de custos e despesas e dos investimentos realizados.

8.4.2 Formação de preços de vendas e métodos de custeio

A formação de preços de venda a partir do custo pode ser feita considerando qualquer método de custeio. Basicamente, a metodologia trabalha com o conceito tradicional de custos, que separa os custos e despesas associados aos produtos dos custos e despesas associados ao período, da seguinte maneira geral:

a) custos e despesas associados unitariamente aos produtos e serviços: tratamento como custo unitário do produto;

b) custos e despesas associados ao período: tratamento como percentual multiplicador sobre o custo unitário do produto (*mark-up*).

Portanto, quanto mais gastos forem atribuídos unitariamente aos produtos (através de rateios, alocações, direcionadores de custos), menor será o multiplicador para se obter o preço de venda. Quanto menos gastos forem atribuídos unitariamente aos produtos, maior será o multiplicador ou *mark-up* para se obter o preço de venda.

Custeio por Absorção

É a técnica mais utilizada. Toma-se como base os custos industriais por produto e adicionam-se as taxas gerais de despesas administrativas e comerciais, despesas financeiras e margem desejada.

Apesar das várias desvantagens teóricas conhecidas sobre a utilização do custeio por absorção, a maior parte dos acadêmicos admite que na prática esse ainda é o critério mais utilizado para a formação de preços de venda, basicamente porque o método é simples de se usar, bem como está totalmente relacionado com os princípios contábeis geralmente aceitos e a demonstração tradicional de resultados da empresa.

Custeio Direto/Variável

Ao invés de se tomar como base o custo por absorção (equivalente ao custo da fábrica, que inclui tanto os custos diretos como os indiretos), o valor básico de referência para formar o preço de venda nesse critério são os custos diretos ou variáveis, mais as despesas variáveis do produto que possam ser identificadas. Após isso, a margem a ser aplicada deverá cobrir, além da rentabilidade mínima almejada, também os custos e despesas fixas, que não foram alocados aos produtos.

Esse critério é coerente com a análise custo/volume/lucro, ao determinar, na formação de preço de venda, a margem de contribuição de cada produto. Cientificamente é o mais recomendado.

Custos de Transformação

Dependendo do valor dos itens comprados de terceiros, algumas empresas não requisitam, no preço de venda, absorção das despesas operacionais e margem de lucro, dos valores desses materiais ou serviços adquiridos de terceiros, levando como base para a formação dos preços de venda apenas os valores gastos a título de transformação do produto. Os custos de transformação são todos os elementos de custos, excetuando-se as matérias-primas e materiais diretos. A utilização dessa técnica tende a ser eventual, principalmente para pedidos especiais.

8.4.3 Formação de preços de venda e formas de custeio

Assim como a formação de preços de venda a partir do custo deve obedecer a um método de custeio, o mesmo acontece em relação à forma de mensuração dos elementos de custos.

O estudo e formação de preços de venda para fins de analisar a contribuição planejada deverá ser o *custo real*.

Contudo, para fins de fixação de preços de venda, utilizando-se os custos, a opção mais recomendada tem sido a adoção do *custo padrão*, ou, eventualmente, o custo orçado. A adoção do custo padrão como base para a formação de preços de venda fundamenta-se em não alocar ineficiências aos preços, bem como permitir uma condição de maior estabilidade dos preços junto aos clientes.

8.5 CONCEITOS E ELEMENTOS BÁSICOS PARA FORMAÇÃO DE PREÇOS DE VENDA

Partindo do pressuposto que a base para a formação de preços de venda calculados são os custos alocados aos diversos produtos, mesmo que pratiquemos estudos de formação de preços de venda baseados no custeio direto, temos que verificar como serão tratados os demais itens que complementem a formação de tais preços de venda. Para exemplificarmos um tipo de formação de preço de venda, adotaremos como caminho que a base para essa formação seja o **custo padrão por absorção** de cada produto.

8.5.1 Mutiplicador sobre os custos (*mark-up*)

O conceito de *mark-up,* que traduzimos como multiplicador sobre os custos, é uma metodologia para se calcular preços de venda de forma rápida a partir do custo por absorção de cada produto. O conceito de *mark-up*, amplamente utilizado pelas empresas, tanto as de grande porte como as microempresas, parte do pressuposto que a base para diferenciação de preços de venda dos diversos produtos produzidos pela empresa é o custo por absorção.

Evidencia-se aqui como ainda está arraigado em nossa cultura contábil – financeira o conceito de custo por absorção como o mais adequado para se obter o custo dos produtos. A partir do custo por absorção de cada produto, aplica-se um multiplicador de tal forma que os demais elementos formadores do preço de venda sejam adicionados ao custo, a partir desse multiplicador.

É importante ressaltar que, apesar de o *mark-up* ser um multiplicador aplicado sobre o custo dos produtos, a sua construção está ligada a determinados percentuais sobre o preço de venda. Todos os componentes do *mark-up* são determinados através de relações percentuais médias sobre preços de vendas e, a seguir, aplicados sobre o custo dos produtos.

Os elementos constantes do *mark-up* são os seguintes:

Mark-up I – *Despesas e margem de lucro*
  a) despesas administrativas;
  b) despesas comerciais;
  c) outras despesas operacionais (assistência técnica, engenharia);
  d) custo financeiro de produção e vendas;
  e) margem de lucro desejada.

Mark-up II – *Impostos sobre venda*
  f) ICMS;
  g) PIS;
  h) Cofins;
  i) ISS.

Nota: Normalmente, o IPI não é computado dentro do *mark-up* porque, em nosso país, a legislação fiscal atual exige que o preço de venda já contenha dentro de si o ICMS, mas trata o IPI como se fosse um imposto que não faz parte do preço de venda, sendo exclusivamente de competência do contribuinte final, onde cessa o processo de industrialização do produto.

8.5.2 *Mark-up* II e situações tributárias

É importante a criação de dois *mark-ups*, separando o *mark-up* para obtenção do preço de venda sem impostos do *mark-up* para incorporar os impostos sobre vendas, uma vez que em nosso país as empresas podem se enquadrar em diversos regimes tributários, ao mesmo tempo em que existem diferenças de tributação para determinadas regiões e mesmo para determinados produtos.

As diferenças de tributação mais conhecidas são:

a) mercado interno e mercado externo, onde, para a maioria dos produtos e serviços exportados, não há a incidência dos tributos de IPI, ICMS, PIS e COFINS;
b) regime tributário para as empresas do SIMPLES;
c) regiões onde há suspensão ou isenção de impostos, como Zonas Especiais de Exportação e Zona Franca de Manaus;
d) vendas para os demais estados da federação;
e) aplicação do sistema de substituição tributária para alguns produtos para diversos estados da federação;
f) produtos e serviços (mesmo da mesma empresa) que têm tributação diferenciada de PIS e COFINS, onde alguns produtos e serviços são tributados pelo regime cumulativo e outros produtos e serviços são tributados pelo regime não cumulativo etc.

Dessa maneira, impõe-se a necessidade de dois *mark-ups*: um para obter o preço de venda antes dos impostos e outro para obter o preço de venda com os impostos para os diferentes mercados e produtos com tributação diferenciada.

8.5.3 *Mark-up* e estrutura da demonstração de resultados

O cálculo do *mark-up* é extraído da estrutura da demonstração de resultados, partindo do custo dos produtos vendidos. O *mark-up* I parte do custo industrial e o multiplicador adotado determina o preço de venda antes dos impostos sobre a venda. Esse preço de venda cobre, além do custo industrial, as despesas operacionais, o custo financeiro e a margem de lucro desejada. O *mark-up* II parte do preço de venda sem impostos, para obter o preço de venda com impostos, preço este que interessa ao cliente e deve constar da lista de preços.

O Quadro 8.1 mostra a relação entre o *mark-up* e a demonstração de resultados. Neste exemplo, o *mark-up* I seria de 1,6667:

Preço de Venda sem Impostos	= 100,00 (a)
Custo Industrial	= 60,00 (b)
Mark-up I	= 1,6667 (a : b)

O *mark-up* II seria de 1,20:

Preço de Venda com Impostos	= 120,00 (a)
Preço de Venda sem Impostos	= 100,00 (b)
Mark-up II	= 1,20 (a : b)

O *mark-up* total seria de 2,0:

Preço de Venda com Impostos = 120,00 (a)
Custo Industrial = 60,00 (b)
Mark-up I = 2,00 (a : b)

O *mark-up* total também pode ser obtido pela multiplicação dos dois *mark-ups* intermediários:

Mark-up I × Mark-up II = Mark-up Total
1,6667 × 1,20 = 2,00

Quadro 8.1 Mark-up e *demonstração de resultados*.

Receita Operacional Bruta (Preço de Venda com Impostos)	120,00	
(–) Impostos sobre a venda	– 20,00	Mark-up II
= Receita Operacional Líquida	100,00	
(Preço de Venda sem Impostos)		
(–) Custo dos Produtos Vendidos (Custo Industrial por Absorção)	– 60,00	
Materiais Diretos	25,00	
Mão de obra direta	8,00	
Mão de obra indireta	12,00	
Despesas gerais	8,00	
Depreciações	7,00	
= Lucro Bruto	40,00	Mark-up I
(–) Despesas Operacionais e Financeiras	– 28,00	
Comerciais	12,00	
Administrativas	10,00	
Financeiras	6,00	
= Lucro Líquido antes dos Impostos sobre o Lucro	12,00	
(–) Impostos sobre o Lucro*	– 4,08	
= Lucro Líquido após os Impostos sobre o Lucro	7,92	

* No Brasil, os impostos sobre o lucro são: (a) Imposto de Renda, com alíquota básica de 15% mais um adicional de 10% da parcela do lucro tributável que exceder a $ 240.000 por ano; (b) Contribuição Social sobre o Lucro Líquido, com alíquota de 9%. A alíquota efetiva para a maior parte das empresas no regime do Lucro Real aproxima-se, então, a 34% do lucro antes dos tributos sobre o lucro.

8.5.4 Tipos de *mark-up*

O ideal é que a empresa tenha *mark-ups* específicos para unidades de negócio específicas ou mesmo para linhas de produtos. Contudo, nem sempre isso é possível, e muitas vezes a empresa tem que adotar um *mark-up* único.

Mark-up genérico

Partindo do pressuposto que o custo industrial padrão por absorção é o grande elemento diferenciador para a formação de preços de venda dos diversos produtos dentro da empresa, o mais comum é utilizar-se um *mark-up* genérico para todos os produtos.

Isso quer dizer que, na construção do índice multiplicador que será aplicado sobre o custo por absorção, os indicadores das despesas operacionais sobre vendas (administrativas, comerciais) serão os mesmos percentuais para todos os produtos. O mesmo acontecerá com o custo financeiro e com a margem de lucro desejada, que serão os mesmos percentuais sobre o preço de venda, aplicados igualmente para todos os produtos.

Com relação aos impostos sobre vendas, caso existam situações em que tais impostos não são incidentes (exportações, em alguns casos, por exemplo), não se aplicam sobre os custos os percentuais relativos a esses impostos. Esse é um dos motivos por que o *mark-up* deve ser aplicado em pelo menos duas etapas, com e sem impostos sobre vendas.

Mark-up por produto

Nada impede, porém, que possamos construir um *mark-up* básico para cada produto, linha de produtos ou divisões.

Nesse caso, o pressuposto básico é que não só o custo por absorção seja o elemento diferenciador do custo do produto. Também os dados de despesas operacionais, no todo ou parcialmente, bem como margem e custos financeiros, podem ser diferentes para cada produto ou grupo de produtos.

Mark-up, mercados, canais de distribuição, *mix* de vendas dos produtos

Sabemos que a empresa atinge diversos mercados com seus produtos. Além de mercados regionais, onde as distâncias podem implicar custos e preços de vendas diferenciados, também existe a possibilidade de segmentos de clientes preferenciais e diferentes canais de distribuição. Em alguns mercados, a empresa pode entregar diretamente o produto, através de seus próprios vendedores, e em outros mercados a empresa entende melhor trabalhar com representantes comissionados, por exemplo.

Isso posto, forma um *mix* de venda para cada produto, sendo que cada segmento de mercado deve ter um preço de venda diferenciado. Assim, é necessário, na formação de preços de venda, considerações de cálculo para formar preços diferenciados de modo que a rentabilidade da empresa não seja afetada. Os preços de venda diferenciados deverão formar um preço de venda médio do *mix* de venda de cada produto, de maneira que a rentabilidade final seja alcançada.

8.6 MARGEM DE LUCRO DESEJADA

Um dos pontos mais polêmicos é com relação à margem de lucro que deve ser alocada ao *mark-up*. Fundamentalmente, a margem de lucro desejada está ligada ao conceito de rentabilidade do investimento. Como a rentabilidade do investimento está ligada à sua eficiência de geração de vendas (o giro do ativo), a margem a ser incorporada no preço de venda dos produtos tem que estar relacionada com esses dois elementos.

Outrossim, a rentabilidade do investimento é um conceito de custo de oportunidade de capital. Dessa maneira, além dos elementos componentes do giro e rentabilidade dos investimentos, o outro componente chave é o custo de capital dos proprietários do capital empresarial, genericamente denominados de acionistas. Portanto, a base para a margem de lucro desejada fundamenta-se em três componentes: vendas, investimentos (ativos) e custo de oportunidade.

> **Parâmetros básicos para cálculo da margem de lucro desejada**
> Vendas
> Lucro Operacional
> Investimentos (Ativos)
> Custo de Oportunidade do Capital

A margem de lucro desejada para incorporação nos preços de venda dos diversos produtos é bastante variável de empresa para empresa e depende, além dos elementos fundamentais já citados, de inúmeros fatores, dos quais poderemos enumerar alguns, sem pretendermos esgotar as variáveis:

 a) setor de atuação da empresa;
 b) necessidade de reposição de ativos;
 c) tipo de produto;
 d) competitividade do setor;
 e) momento econômico do país ou mercado base;
 f) escalas de produção;

g) grau de alavancagem operacional;
h) elasticidade da demanda;
i) taxa interna de retorno dos investimentos;
j) período em que os investimentos retornarão (*pay back*);
k) pedidos ou encomendas especiais etc.

Além disso, outros aspectos de igual importância, não necessariamente vinculados à problemática econômico-financeira, devem e são levados em consideração, tais como:

a) objetivos da empresa;
b) cultura da empresa;
c) ambiente social em que a empresa está inserida;
d) participação dos empregados etc.

Como pudemos ver, são inúmeras as variáveis que poderão ser levadas em consideração para chegar-se à margem de lucro desejada ou necessária.

Como já vimos, a base mais adequada para calcular-se a margem de lucro mínima desejada é a *rentabilidade do ativo*, ou seja, a rentabilidade do investimento, já deduzida dos impostos sobre o lucro líquido. Outra variante, mais objetivamente ligada ao acionista, é a rentabilidade do capital próprio, ou seja, do patrimônio líquido.

Em nosso exemplo numérico faremos a utilização desses fundamentos, já que as demais variáveis tendem a ter cunho relativo, subjetivo ou momentâneo, que o nosso exemplo numérico não consegue abarcar.

8.6.1 Parâmetros externos para margem desejada

Entendemos que alguns parâmetros externos podem ajudar a se atingir uma margem de lucro satisfatória. Uma empresa industrial, comercial ou de serviços é constituída basicamente para atingir ganhos superiores aos recebidos em aplicações no mercado financeiro, basicamente em aplicações de renda fixa.

Um parâmetro básico é a remuneração da poupança governamental em nosso país, que paga 0,5% ao mês, ou 6,17% ao ano. Outro parâmetro básico são as taxas de juros cobradas no mercado internacional, através das taxas interbancárias dos Estados Unidos da América e de Londres, o *prime rate* e o *Libor*, respectivamente. Um parâmetro muito utilizado é a rentabilidade média das empresas do setor, que pode ser obtida em revistas especializadas ou de empresas fornecedoras de serviços de avaliação de demonstrações financeiras.

No Brasil, as margens devem ser superiores seguramente às da poupança governamental, pois os negócios empresariais têm muito mais risco que a poupança e, por isso, necessitam maior remuneração. Internacionalmente, também devem ser superiores às taxas interbancárias, pois elas representam o patamar mínimo de rentabilidade. Como parâmetro geral, rentabilidades entre 12% e 15% ao ano, após os impostos sobre o lucro, são consideradas normais.

8.6.2 Tipos de margem e alíquota efetiva de tributos

Quanto mais específica for a margem por produtos e serviços, melhor. Além disso, a empresa deve verificar a alíquota efetiva dos tributos sobre o lucro, uma vez que a legislação tributária permite adições ou exclusões tributárias permanentes.

Margem de lucro genérica

Conforme já introduzimos anteriormente, a empresa pode adotar o conceito de uma mesma margem para todos os produtos. Dessa forma, como princípio de cálculo, basta verificar a rentabilidade mínima desejada para seus investimentos próprios e utilizar essa margem dentro do *mark-up*.

Nesse caso, a empresa adotará o conceito de que, em termos de rentabilidade, ela não faz distinção entre produtos ou divisões da empresa, e que o que ela deseja é uma margem de lucro única, de tal forma que eventuais rentabilidades maiores de um ou mais produtos cubram rentabilidades menores ou até mesmo rentabilidades negativas de um ou outros produtos.

Margem de lucro por produto e contabilidade divisional

Caso, porém, a empresa deseje um diferenciamento de margem de lucro desejada para cada produto ou divisão da empresa, ela deverá ter como base os valores constantes do gerenciamento contábil setorial.

Uma forma possível para apurar o diferenciamento de margens de lucro é construir um **patrimônio líquido por divisão**, ou por produto. Podemos construir esse patrimônio líquido por divisão através de uma relação proporcional entre os ativos colocados pela empresa à disposição dos gerentes divisionais.

Margem de lucro por produto × *mark-up* por produto

Também é possível uma combinação entre *mark-up* e margem de lucro por produto. Poder-se-ia fazer um *mark-up* diferenciado por produto até as despesas operacionais, e após isso, aplicar-se-ia uma margem de lucro genérica para todos os produtos.

O inverso também seria possível, mas entendemos que não seria recomendável, pois nos parece incoerente diferenciar a margem e não diferenciar as despesas. Entendemos mais relevante, para determinação da diferenciação dos custos e despesas totais por produto, a correta classificação das despesas do que a margem de lucro diferenciada.

Impostos sobre o lucro e legislação fiscal

Quando falamos em margem de lucro estamos fazendo referência direta à rentabilidade do capital investido, através do indicador de margem de lucro sobre o ativo ou sobre o patrimônio líquido, que significa, em resumo, retorno do investimento aos detentores do capital da empresa. É a remuneração do capital investido pelos investidores.

Estamos falando então da rentabilidade do capital após os impostos sobre o lucro, que deverão ser pagos pela empresa. Assim, a margem de lucro mínima deve ser recomposta em termos de margem bruta, na formação do preço de venda, de forma tal que, após a venda, tais lucros sejam tributados e o resultado líquido possa fluir para os investidores.

Alíquotas básicas e imposto efetivo

Um cuidado a ser tomado é não adotarmos como percentual dentro do *mark-up* as alíquotas básicas dos impostos sobre o lucro, sem verificarmos o que realmente a empresa tem pago de tais impostos. Sabe-se que a legislação fiscal possui normas próprias de dedutibilidade de despesas e tributação das receitas, e tais variantes devem ser consideradas na formação da margem de lucro bruta, para obtermos a margem de lucro líquida.

Esse cuidado vale também para situações especiais onde determinadas receitas não sofrem tributação total desses impostos. Aí também o conceito de imposto efetivo deve ser aplicado, ao invés das alíquotas básicas.

Enquadramento da empresa na legislação tributária

Também na linha do item anterior, a legislação tributária possibilita que a empresa se enquadre em variantes de tributação, razão por que a margem de lucro deve ser adaptada a tal enquadramento.

8.7 CUSTO FINANCEIRO E CUSTO DE FINANCIAMENTO DA VENDA

É importante fazer uma diferenciação entre esses dois conceitos. Chamaremos de custo financeiro ao custo financeiro da empresa para obtenção do cálculo de preços de venda dentro das condições gerais de venda, na condição de *preço à vista*. Chamaremos de custo de financiamento da venda aos valores adicionais cobrados nas vendas a prazo sobre as condições normais de venda, para financiar ao comprador prazos maiores que os já contidos no preço ofertado, obtendo o *preço de venda a prazo*.

Custo financeiro e sua obtenção

São denominados custo financeiro para formação de preços de venda os impactos financeiros que a empresa tem, decorrentes da sua estrutura de capital e estrutura de ativos e passivos monetários.

Dentro do *custo financeiro da empresa* estão contidos:

a) os custos decorrentes da duração do ciclo de produção;
b) os juros reais decorrentes dos financiamentos, deduzidos dos juros reais decorrentes das aplicações financeiras dos excedentes de caixa.

O percentual médio de custo financeiro pode ser obtido na demonstração de resultados, tendo como referência os valores orçados para o próximo exercício.

Custo de financiamento da venda e sua obtenção

Nesse caso, a empresa financiará prazos adicionais aos habitualmente constantes da oferta de seus produtos, a pedido do cliente. Esse custo de financiamento não representa um custo financeiro interno da empresa e, sim, um custo financeiro externo à empresa. O cliente teoricamente poderia ser financiado por entidades financeiras que não a empresa que vende o produto.

Assim, o percentual financeiro que deverá ser adicionado ao *mark-up* será um outro percentual, além do custo financeiro da empresa, e a obtenção de sua taxa estará ligada aos custos financeiros de mercado cobrados por instituições financeiras, dentro daquele momento econômico conjuntural. Retomaremos este tópico mais à frente, no item 8.13.2 – Financiamento e impostos da venda.

8.8 DETERMINAÇÃO DA MARGEM DESEJADA PARA O *MARK-UP*

Margem ou lucratividade é um conceito de lucro sobre as vendas. Rentabilidade é um conceito de rendimento do capital investido. Assim, a margem desejada a ser aplicada nos preços de venda formados pelo custo deve ser resultante da rentabilidade desejada sobre o capital investido. Esse conceito é expresso pela fórmula de análise da rentabilidade denominada *Método Dupont*, que converge os elementos de lucratividade das vendas com o giro do ativo (ou patrimônio líquido).

O conceito de giro está associado com o conceito de produtividade do capital empregado nas operações. Quanto maior o giro, maior produtividade e maior potencial de geração de lucros para os acionistas. O método Dupont pode ser aplicado tanto para o lucro operacional, quanto para o lucro líquido, conforme apresentamos a seguir:

$$Rentabilidade\ do\ Ativo = \frac{Lucro\ Operacional}{Ativo\ Operacional}$$

Considerando os elementos do método Dupont, que decompõe a rentabilidade, temos:

Rentabilidade do Ativo = Giro do Ativo × Margem Operacional

Sendo, Giro do Ativo = $\frac{Vendas}{Ativo}$ e Margem Operacional = $\frac{Lucro\ Operacional}{Vendas}$

Temos:

$$\boxed{Rentabilidade\ do\ Ativo = \frac{Vendas}{Ativo} \times \frac{Lucro\ Operacional}{Vendas}}$$

A mesma metodologia pode ser aplicada considerando-se unicamente a ótica do acionista, utilizando-se, ao invés de lucro operacional, o lucro líquido após despesas e receitas financeiras, e, ao invés de ativo, o patrimônio líquido, ficando assim a fórmula:

$$\boxed{Rentabilidade\ do\ Patrimônio\ Líquido = \frac{Vendas}{Patrimônio\ Líquido} \times \frac{Lucro\ Líquido}{Vendas}}$$

No caso de utilização da rentabilidade do ativo, o lucro operacional deverá ser ajustado e diminuído dos impostos sobre o lucro de forma proporcional ao total obtido pela empresa e que é necessário para obter-se o lucro líquido.

8.8.1 Faturamento normativo

A formação de preços de venda normalmente é elaborada a partir de *custos padrões, custos estimados ou orçados*, buscando conseguir preços formados a partir das condições operacionais normais da empresa. Assim, o conceito de faturamento padronizado ou faturamento normativo vem a ser um elemento importante para a construção do *mark-up*, bem como da margem de lucro desejada.

O faturamento normativo deverá ser revisto periodicamente, e recomendamos que seja feito juntamente com a revisão anual do padrão. Como já introduzimos, os percentuais constantes do *mark-up* são determinados numa relação percentual sobre preços de venda. Isso nos leva novamente ao conceito de Faturamento Normativo ou Faturamento Padrão.

Como o processo de formação de preços de venda busca um preço de venda calculado baseado em situações de normalidade, a base para o cálculo dos percentuais de margem, despesas operacionais, custo financeiro etc. deve ser um volume de vendas que represente uma condição normal de produção e de vendas da empresa.

A formação de preços de venda não deve, de um modo geral, ficar atrelada a situações conjunturais, de modo que, em períodos de alta demanda, se busquem rentabilidades exageradas, bem como, em períodos de baixa demanda, se busquem adicionar percentuais de despesas decorrentes de ociosidades estruturais.

O faturamento normativo da empresa será calculado em cima de projeções orçamentárias para um ou mais períodos, calcado nas estruturas existentes e planejadas de capacidade de produção, buscando-se, sempre, condições normais e estáveis de operação em visão de padronização.

O faturamento normativo representa o conceito de giro do ativo da fórmula Dupont. O faturamento normativo é o valor total das vendas que a empresa consegue realizar com a sua atual capacidade operacional, em condições normais de operação, considerando o *mix* de produtos e serviços previstos para o próximo período.

A Figura 8.1 evidencia os conceitos apresentados até agora para obtenção da margem desejada.

Obtenção da Margem Desejada		
Modelo: Retorno do Investimento		
Retorno a ser obtido* =	Giro do Investimento ×	Margem sobre Vendas**
↓	↓	↓
Definição do Acionista	Faturamento Normativo	?

* Pode ser sobre o valor da empresa ou o valor do acionista.
** Será a margem líquida (acionista) ou a margem operacional (valor da empresa).

Figura 8.1   *Metodologia, conceito e elementos para obtenção da margem desejada.*

Após as definições do valor do investimento e da rentabilidade desejada para a empresa ou pelo acionista, acoplando-se o valor do faturamento normativo que representa o giro do investimento ou do patrimônio do acionista, obtém-se a margem desejada. Em outras palavras, obtendo-se a margem desejada em cada venda, a empresa conseguirá atender a rentabilidade desejada dos investidores.

8.8.2 Margem de lucro desejada líquida dos impostos sobre o lucro

A margem a ser incorporada no *mark-up* sempre é um conceito de margem bruta, já que a formação de preços de venda a partir de custos unitários não considera no formato do cálculo os impostos sobre o lucro. Portanto, a margem a ser utilizada deve ser a margem que permita à empresa pagar os impostos a serem gerados pelo lucro e conseguir a rentabilidade líquida para a empresa e os acionistas.

Apresentamos a seguir os dois modelos de obtenção de margem desejada para incorporação no *mark-up*, de lucro operacional sobre os ativos e de lucro para os acionistas sobre o patrimônio líquido.

Os dados são os seguintes:

BALANÇO PATRIMONIAL
Empréstimos (Capital de Terceiros)	6.500.000
Patrimônio Líquido (Capital Próprio)	5.500.000
ATIVO TOTAL/VALOR DA EMPRESA	12.000.000
FATURAMENTO NORMATIVO	22.000.000

8.8.3 Determinação da margem desejada considerando o lucro operacional

Quando o foco de criação de valor é o valor total da empresa e não exclusivamente o valor dos acionistas (do patrimônio líquido), a formação de preços de venda deve incorporar no *mark-up* a *margem operacional* desejada, que deverá remunerar todo o investimento no ativo, seja ele financiado por capital próprio ou por capital de terceiros.

Para determinação da margem a ser incorporada no *mark-up*, a administração da empresa ou os acionistas devem definir qual a rentabilidade sobre o ativo total final desejada. Para o nosso exemplo numérico, estaremos considerando uma rentabilidade desejada de 10% sobre o investimento. Consideraremos também que a alíquota efetiva de impostos sobre o lucro é de 30%.

Quadro 8.2 *Determinação da margem operacional desejada para o mark-up.*

1.	ATIVO TOTAL DA EMPRESA	12.000.000
2.	RENTABILIDADE DESEJADA	10%
3.	Valor de lucro operacional a ser obtida (1 × 2)	1.200.000
4.	Alíquota efetiva de impostos sobre o lucro	30%
5.	Valor de lucro operacional a ser obtido antes dos impostos sobre o lucro [3 : (100% – 30%)]	1.714.286
6.	FATURAMENTO NORMATIVO	22.000.000
7.	Margem de lucro operacional a ser utilizada no *mark-up* (5 : 6)	7,8%

Nesse exemplo, para que a empresa tenha uma rentabilidade líquida dos impostos sobre o lucro de 10% sobre os ativos, deverá ser incorporada no *mark-up* de cada produto uma margem desejada de 7,8%. A margem a ser incorporada no *mark-up* é menor do que a rentabilidade final a ser obtida, porque, nesse exemplo, a empresa tem um giro do ativo maior do que 1, no caso, um giro de 1,8333.

$$\text{Rentabilidade do Ativo} = \frac{\text{Vendas}}{\text{Ativo}} \times \frac{\text{Lucro Operacional}}{\text{Vendas}}$$

Rentabilidade do Ativo $= \dfrac{\$\ 22.000.000}{\$\ 12.000.000} \qquad \dfrac{\$\ 1.714.286}{\$\ 22.000.000}$

Rentabilidade do Ativo $= 1,8333 \qquad \times \qquad 7,8\%$

Rentabilidade do Ativo $= 14,3\%$ (antes dos impostos sobre o lucro)

Rentabilidade do Ativo após impostos sobre o lucro	
. Rentabilidade bruta	14,3%
. (–) Impostos sobre o lucro – 30%	(4,3)%
Rentabilidade do Ativo após impostos	10,0%

8.8.4 Determinação da margem desejada considerando o Lucro Líquido para os acionistas

Quando o foco da criação de valor é diretamente ligado aos acionistas, pode-se construir uma margem desejada para incorporação ao *mark-up* visando apenas o capital investido pelos acionistas, que é representado na contabilidade pela figura do patrimônio líquido. Nesse caso, quando se for construir o restante dos elementos do *mark-up*, deverá ser incorporado um percentual de *mark-up* para cobrir as despesas financeiras com o capital de terceiros.

Quadro 8.3 *Determinação da margem para os acionistas desejada para o* mark-up.

1.	PATRIMÔNIO LÍQUIDO	5.500.000
2.	RENTABILIDADE DESEJADA	13%
3.	Valor de lucro a ser obtido para os acionistas (1 × 2)	715.000
4.	Alíquota efetiva de impostos sobre o lucro	30%
5.	Valor de lucro para os acionistas a ser obtido antes dos impostos sobre o lucro [3:(100% − 30%)]	1.021.429
6.	FATURAMENTO NORMATIVO	22.000.000
7.	Margem de lucro para os acionistas a ser utilizada no *mark-up* (5:6)	4,6%

Colocamos no exemplo numérico uma rentabilidade desejada para os acionistas de 13%, maior do que a rentabilidade desejada no cálculo do Quadro 8.3, que foi de 10%. O raciocínio de colocar uma taxa maior para os acionistas está no conceito de alavancagem financeira, qual seja, normalmente as empresas conseguem taxas de juros menores dos empréstimos e financiamentos que permitam alavancar rentabilidade para os acionistas.

8.9 EXEMPLO NUMÉRICO DE FORMAÇÃO DE PREÇO DE VENDA

Para o desenvolvimento desse exemplo, adotaremos as seguintes premissas conceituais:

a) Os produtos tiveram seu custo unitário calculado pelo método de custeio por absorção.
b) A mensuração do custo unitário dos elementos de custos foi feita pela forma de custo padrão.
c) A margem desejada será direcionada para os acionistas.
d) Utilizaremos o conceito de *mark-up* genérico, único para todos os produtos da empresa.

Já vimos que deveremos ter dois *mark-ups*, que serão aplicados de forma sequencial. O primeiro, que incorporará os percentuais padrões de despesas operacionais, margem desejada e custo financeiro. O segundo, para incorporar os impostos sobre vendas, onde excluiremos o IPI, para adotar o procedimento normalmente utilizado pelas empresas em nosso país.

8.9.1 Obtenção dos percentuais de despesas operacionais e custo financeiro

Já evidenciamos como obter a margem de lucro desejada. A obtenção dos outros percentuais sobre vendas líquidas para construir o *mark-up* deve seguir os conceitos de faturamento normativo ou padrão. Devemos ter estimativas das despesas administrativas e comerciais, bem como dos custos dos financiamentos, sempre considerando um nível de atividade normal e padrão, para associarmos ao faturamento normativo. Em resumo, devemos elaborar uma demonstração de resultados com conceito de padrão, para obtermos percentuais padrões dessas despesas.

A elaboração da demonstração de resultados com conceito de padrão deve ser realizada a partir dos dados do planejamento orçamentário. Os dados constantes do orçamento do próximo período são dados já consolidados e consistentes e devem ser utilizados como a melhor fonte de referência para as estimativas das despesas.

O Quadro 8.4 apresenta esses dados, que devem ser considerados como padrões, que associados ao faturamento normativo fornecem médias percentuais de despesas operacionais e financeiras sobre as vendas líquidas dos impostos.

Quadro 8.4 *Determinação dos percentuais médios de despesas operacionais e custo financeiro para o* mark-up.

FATURAMENTO NORMATIVO (VENDAS LÍQUIDAS)	22.000.000	100,00%
Custos dos Produtos Vendidos	(17.600.000)	
LUCRO BRUTO	4.400.000	
Despesas Comerciais	(1.610.000)	7,3%
Despesas Administrativas	(1.190.000)	5,4%
LUCRO OPERACIONAL	1.600.000	
Despesas Financeiras	(632.000)	2,9%
LUCRO LÍQUIDO ANTES DOS IMPOSTOS	968.000	
Impostos sobre o Lucro – 30%	(290.400)	
LUCRO LÍQUIDO	677.600	

Nesse exemplo numérico verificamos que, em média, as despesas comerciais, considerando uma atividade normal da empresa, representam 7,3% das vendas, as despesas administrativas representam 5,4% das vendas líquidas e as despesas financeiras com os financiamentos (fontes de capital de terceiros) representam em média 2,9% do faturamento normativo.

8.9.2 Preço de venda calculado

A formação de preços de venda a partir do custo sempre nos conduz ao que denominamos Preço de Venda Calculado (PVC). É o valor que a empresa deseja obter de tal forma que atinja sua meta de rentabilidade e satisfaça seus investidores.

Como já havíamos introduzido no conceito de *mark-up*, calculamos o preço de venda de cada produto em duas etapas. Em primeiro lugar, calcularemos o preço de venda desejado, líquido dos impostos sobre venda. Denominamos Preço de Venda Calculado 1 – PVC1.

Em seguida, aplicamos a segunda parte do *mark-up*, de tal forma que possamos embutir os impostos sobre venda, que será cobrado do consumidor. Com isso temos um outro preço de venda formado, bruto, que denominamos Preço de Venda Calculado 2 – PVC2.

Vamos exemplificar a construção do *mark-up* e a formação de preços de venda, para *faturamento à vista*.

8.9.3 Construção do *mark-up*

A estruturação do *mark-up* compreende os passos apresentados a seguir.

Primeiro passo: somatória dos percentuais padrões de despesas operacionais, custo financeiro e margem de lucro desejada, sobre as vendas líquidas dos impostos.

Elementos a serem cobertos pelo preço de venda	Percentual sobre vendas
Despesas comerciais	7,30%
Despesas administrativas	5,40%
Custo financeiro	2,90%
Margem de lucro desejada	4,60%
Total	20,20%

Segundo passo: obter a participação do custo de produção industrial ou do serviço (estamos utilizando o critério de custeio por absorção) sobre as vendas sem impostos (tributos). Para executar essa passagem, basta tirar de 100,0% o total das despesas operacionais, custo financeiro e margem de lucro desejada obtidos acima. Assim:

Preço de venda sem tributos (a)	100,00%
(–) Despesas operacionais, custo financeiro e margem desejada (b)	20,20%
= Participação média do custo industrial ou do custo médio dos serviços (a – b)	79,80%

Terceiro passo: obtenção do *mark-up* I, o multiplicador sobre o custo de produção para se chegar ao preço de venda sem tributos.

Preço de venda sem tributos (a)	100,00%
Custo de produção de um produto ou serviço (b)	79,80%
= *Mark-up* I (a/b)	1,25313

Quarto passo: identificar os percentuais dos tributos sobre as vendas, para obtenção do *mark-up* II, o multiplicador para obtenção do preço de venda com tributos.

Tributos	Percentual sobre vendas
ICMS – Imposto sobre Circulação de Mercadorias e Serviços	12,00%
PIS – Programa de Integração Social	1,65%
COFINS – Contribuição Social sobre o Faturamento	7,60%
Total	21,25%

Obs.: O ICMS é devido em diversos serviços, como serviços de fornecimento de energia elétrica, telecomunicações, transporte intermunicipal e interestadual etc.

Quinto passo: obter quanto deve ser o preço de venda líquido dos tributos, em relação a venda tributada com os impostos sobre venda.

Preço de venda com tributos (a)	100,00%
(–) Tributos sobre a venda (b)	21,25%
= Preço de Venda líquido dos tributos (a – b)	78,75%

Sexto passo: obter o *mark-up* II, para construirmos um preço de venda com tributos, pronto para emissão de listas de preços de venda e documentação fiscal.

Preço de venda com tributos (a)	100,00%
Preço de venda sem tributos (b)	78,75%
= *Mark-up* II (a/b)	1,26984

8.9.4 Exemplo de formação dos preços de venda

O exemplo desenvolvido de *mark-up* é para aplicação genérica, ou seja, será aplicado para todos os produtos ou serviços da empresa, uma vez que consideramos que as despesas comerciais, administrativas e custo financeiro são gastos corporativos, isto é, da empresa como um todo. Também a margem desejada adotada em nosso exemplo foi uma margem de lucro genérica, isto é, aplicável a todos os produtos e serviços da empresa.

Imaginando que uma empresa tenha dois serviços sendo oferecidos, um cujo custo unitário calculado pelo método de absorção tenha sido de $ 300,00 e outro serviço que tenha um custo unitário calculado de $ 450,00, os preços de venda calculados para essa empresa seriam os apresentados no Quadro 8.5.

Quadro 8.5 *Formação de preço de venda sobre custo por absorção utilizando o conceito de* mark-up.

	Serviço A	Serviço B
A – Custo unitário – método de custeio por absorção – $	300,00	450,00
B – *Mark-up* I	1,25313	1,25313
C – Preço de venda líquido dos tributos (A × B) – $	375,94	563,91
D – *Mark-up* II	1,26984	1,26984
E – Preço de venda com tributos (C × D) – $	477,38	716,08

8.9.5 Comprovação dos *mark-up* I e II

Para verificarmos a exatidão dos cálculos efetuados, podemos fazer uma comprovação numérica, partindo do preço de venda com impostos, até chegarmos ao custo industrial. Exemplificaremos com o serviço A.

Quadro 8.6   *Comprovação do cálculo do* mark-up.

	%	$
Venda de uma unidade do Serviço A (a)		477,38
(–) Tributos sobre a venda		
ICMS	12,00%	– 57,29
PIS	1,65%	– 7,88
COFINS	7,60%	– 36,28
Total dos tributos sobre a venda (b)		– 101,44
= Venda líquida dos tributos (c = a – b)		375,94
(–) Despesas comerciais médias	7,30%	– 27,44
(–) Despesas administrativas médias	5,40%	– 20,30
(–) Custo financeiro médio	2,90%	– 10,90
(–) Margem de lucro desejada	4,60%	– 17,29
Total dos elementos a serem cobertos pela venda (d)		– 75,94
= Custo Unitário de Produção do Serviço (e = c – d)		300,00

Partindo do preço de venda bruto com tributos, $ 509,75, aplicam-se os percentuais do tributo sobre esse valor; o total dos tributos deduzido do preço de venda bruto dá o preço de venda líquido dos tributos, de $ 375,94.

Partindo agora do preço de venda líquido dos tributos, $ 375,94, aplicam-se os percentuais que representam as despesas médias corporativas a serem cobertas e a margem de lucro desejada; o total dos elementos a serem cobertos pelo preço de venda dá o custo unitário de produção do serviço, $ 300,00.

8.10 DETERMINAÇÃO DO *MARK-UP* A PARTIR DO CUSTEAMENTO VARIÁVEL, CAPITAL DE GIRO POR PRODUTO E RETORNO DO INVESTIMENTO

O exemplo a ser apresentado mostra um modelo para obtenção do *mark-up* para todos os produtos da empresa, a partir do custo variável de cada produto ou serviço, e considerando também os investimentos em capital de giro necessário para cada produto ou serviço.

Dificilmente se consegue identificar o valor ativo fixo ou imobilizado da empresa por produto ou linha de produto. É possível que algumas instalações ou equipamentos sejam específicos para cada produto ou serviço, mas sempre have-

FORMAÇÃO E GESTÃO DE PREÇOS DE VENDA 225

rá outros bens imobilizados que são de uso comum, como os imóveis (terrenos, prédios, instalações industriais), computadores, mobiliário etc. O mais comum, entretanto, é que mesmo os equipamentos sejam utilizados para a maioria dos produtos e serviços.

Já com o valor do capital de giro há condições mais objetivas de se identificar a sua necessidade para cada produto ou serviço. Esse é um dos elementos considerados no exemplo a ser apresentado. Desconsideramos os custos financeiros e os tributos sobre o lucro para tornar o exemplo mais simples.

Quadro 8.7 *Custos e despesas por produto.*

DADOS	Produto A	Produto B	Demais	Total
Quantidade esperada – anual	400	600	1.000	
Preço de venda unitário – sem tributos	0	0	0	
Custo variável unitário	16	12	6	
Margem de contribuição unitária	– 16	– 12	-6	
TOTAIS				
Receita de venda esperada – sem tributos	0	0	0	0
Custo variável total	6.400	7.200	6.000	19.600
Margem de contribuição total	– 6.400	– 7.200	– 6.000	– 19.600
Custos fixos diretos	1.000	1.200	1.600	3.800
Custos fixos gerais				1.000
Lucro bruto				– 24.400
Despesas fixas diretas (comerciais)	400	600	800	1.800
Despesas fixas gerais (administrativas etc.)				1.200
Lucro Operacional				– 27.400

O exemplo parte da premissa que a quantidade esperada para cada produto já é conhecida e representa o *mix* de produtos ideal da empresa para aquele período. Os dados de custos variáveis de cada produto também são obtidos facilmente, uma vez que representam basicamente o custo dos materiais diretos e a mão de obra direta aplicada, constantes do sistema de custo gerencial, da estrutura dos produtos e dos roteiros de fabricação.

O preço de venda de cada produto ou serviço não é conhecido e é a questão do problema, a ser resolvida com a identificação do *mark-up* a ser aplicado sobre o custo variável e direto de cada produto. Assim, nesse quadro, o preço de venda está inicialmente com valor zero.

Nos dados do exemplo, os custos variáveis totalizam $ 19.600. Em seguida, identificam-se os custos fixos diretos para cada produto, além da mão de obra direta. Esses custos diretos podem ser consultorias técnicas especializadas, gastos com licença, patente etc. Da mesma forma, identificam-se os custos fixos gerais, que não estão alocados ainda a nenhum produto.

Da mesma maneira identificam-se as despesas operacionais diretas aos produtos e aquelas que são consideradas gerais e não objetivamente alocáveis aos produtos.

8.10.1 Determinação dos investimentos necessários para a operação e retorno a ser obtido

A próxima etapa é identificar os ativos necessários para a produção e venda de cada produto ou serviço. O capital de giro pode ser calculado a partir de premissas. O ativo fixo é identificado pelos seus valores absolutos.

Quadro 8.8 *Investimentos necessários.*

	Produto A	Produto B	Demais	Total
Estoques – prazo médio estocagem – dias				
• materiais	100	100	100	
• em elaboração	10	20	20	
• acabados	15	30	30	
Estoques – valor				
• materiais	1.778	2.000	1.667	5.444
• em elaboração	178	400	333	911
• acabados	267	600	500	1.367
Total (a)	2.222	3.000	2.500	7.722
Contas a Receber – prazo médio recebimento – dias	50	50	50	
Rateio custos e despesas fixas gerais	681	786	733	2.200
Contas a Receber – valor (b)	1.178	1.359	1.269	3.806
Capital de Giro necessário (a + b)	3.400	4.359	3.769	11.528
Ativo fixo	4.000	4.000	4.000	12.000
Total Investimento Necessário	7.400	8.359	7.769	23.528
Retorno esperado – percentual	20,0%	20,0%	20,0%	
Retorno esperado – valor	1.480	1.672	1.554	4.706

As premissas para os estoques estão traduzidas em dias de estocagem para cada tipo de estoque. O valor necessário de capital de giro em estoques para cada produto foi determinado pela multiplicação do custo variável total de cada produto para cada estoque e os dias de necessidade de estocagem. Vejamos os cálculos para o Produto A.

Estoques de materiais: $ 6.400/360 dias * 100 dias = $ 1.778
Produção em elaboração: $ 6.400/360 dias * 10 dias = $ 178
Produtos acabados: $ 6.400/360 dias * 15 dias = $ 267

Para a necessidade de capital de giro de contas a receber, decorrente do financiamento das vendas, adiciona-se ao custo dos materiais os demais gastos de fabricação, diretos e gerais, bem como as despesas comerciais e administrativas, diretas e gerais. Para adicionar os custos e despesas fixas gerais, fizemos um rateio para os produtos na proporção do total dos custos variáveis e despesas diretas de cada produto.

Em seguida, fez-se a soma de todos os custos e despesas de cada produto e serviço e aplicou-se o prazo médio de recebimento de vendas, que representa a política de crédito padrão da empresa. Os cálculos para o Produto A estão a seguir.

Custo variável total	$ 6.400
Custos diretos	1.000
Despesas diretas	400
Custos e despesas gerais rateadas	681
Soma	8.481

Contas a receber: $ 8.481/360 dias * 50 = $ 1.178

Adicionando os investimentos fixos em imobilizados, temos o total dos investimentos necessários para esse volume de produção, tanto em termos de capital de giro, quando em termos de ativo fixo, que no exemplo totalizou $ 23.528. Considerando que os investidores querem um retorno anual de 20%, o lucro a ser obtido anualmente deverá ser da ordem de $ 4.706.

8.10.2 Metodologia de cálculo de apuração do *mark-up*

Os passos ou procedimentos a serem adotados são os seguintes:

Quadro 8.9 *Metodologia e cálculos para obtenção do* mark-up.

	Produto A	Produto B	Demais	Total
Primeiro passo				
Identificar o valor a ser recuperado de custos e despesas fixas, mais o retorno esperado				6.906
Segundo passo				
Somar o valor total dos gastos mais o valor a ser recuperado, obtendo o total da receita geral da empresa				
Custo variável total	6.400	7.200	6.000	19.600
Custos e despesas diretas total	1.400	1.800	2.400	5.600
Soma	7.800	9.000	8.400	25.200
Valor a ser recuperado				6.906
Total				32.106
Terceiro passo				
Calcular o *mark-up* para absorver o valor				
Total a ser recuperado				
Total da receita a ser gerada (a)				32.106
Custos totais diretos + variáveis (b)				25.200
Mark-up (a/b)				1,274
Quarto passo				
Calcular o custo unitário variável + direto				
Custo variável	16,00	12,00	6,00	
Custo e despesas diretas	3,50	3,00	2,40	
Custo variável + direto unitário	19,50	15,00	8,40	
Quinto passo				
Formar o preço de venda de cada produto				
Custo variável + direto unitário	19,50	15,00	8,40	
Mark-up	1,274	1,274	1,274	
Preço de venda unitário – sem tributos	24,84	19,11	10,70	
Teste do TOTAL DA RECEITA				
Faturamento com os preços calculados	9.937	11.466	10.702	32.106

Os custos e despesas fixas a serem recuperados são, respectivamente, $ 1.000 e $ 1.200. Mais o retorno do investimento necessário, $ 4.706, temos o total de $ 6.906 a serem recuperados de valores não alocados a nenhum produto.

Em seguida, apura-se o total dos gastos específicos de cada produto, sejam diretos ou variáveis, que totalizam $ 25.200. Mais o valor a ser recuperado, temos o total de $ 32.106, que deverá ser o valor total das vendas, sem impostos, necessário para cobrir todos os custos e dar o lucro desejado.

Com esses valores obtém-se o *mark-up* sobre os custos variáveis e diretos de todos os produtos, que no exemplo é de 1,274. Aplicando-se o *mark-up* sobre o custo variável e direto unitário de cada produto, tem-se o preço de venda unitário necessário para cobrir todos os custos variáveis, diretos, fixos gerais e dar o retorno desejado.

8.10.3 Consolidação na demonstração do resultado

Para confirmar a metodologia e os cálculos efetuados, o Quadro 8.10 mostra a demonstração do resultado com os produtos e o geral da empresa.

Quadro 8.10 *Demonstração do resultado.*

	Produto A	Produto B	Demais	Total
Quantidade esperada – anual	400	600	1.000	
Preço de venda unitário – sem tributos	24,84	19,11	10,70	
Custo variável unitário	16,00	12,00	6,00	
Margem de contribuição unitária	8,84	7,11	4,70	
TOTAIS				
Receita de venda esperada – sem tributos	9.937	11.466	10.702	32.106
Custo variável total	6.400	7.200	6.000	19.600
Margem de contribuição total	3.537	4.266	4.702	12.506
Custos fixos diretos	1.000	1.200	1.600	3.800
Custos fixos gerais				1.000
Lucro bruto				7.706
Despesas fixas diretas (comerciais)	400	600	800	1.800
Despesas fixas gerais (adm. etc.)				1.200
Lucro Operacional				**4.706**
Margem Operacional média				14,66%

Finalizando a análise, verifica-se que a empresa deve obter uma margem média de 14,66% em cada venda realizada para cobrir todos os gastos e dar a rentabilidade de 20% desejada pelos investidores.

8.11 *MARK-UP* E REGIMES TRIBUTÁRIOS

O sistema tributário brasileiro é bastante complexo e possibilita ou enquadra as empresas e produtos e serviços em determinadas estruturas tributárias. Vários tributos ou complementos devem ser incorporados ao custo dos recursos e não afetam o cálculo da formação do preço de venda, pois estão incluídos nos custos e despesas. Os principais tributos desse tipo são:

a) Contribuição ao INSS;
b) FGTS;
c) Imposto de importação;
d) IOF, IOC;
e) IPTU, IPVA etc.

Para fins de formação de preços de venda, os tributos que devem ser trabalhados são os tributos sobre as mercadorias e os tributos sobre o lucro. Os tributos sobre as mercadorias devem compor o *mark-up II* e os tributos sobre o lucro devem compor o *mark-up I*, exceto na situação das empresas optantes pelo SIMPLES e no lucro presumido.

Regime cumulativo e não cumulativo – PIS e COFINS

Esse fundamento tributário é o mais importante para as questões do *mark-up* e custos. O ICMS e o IPI são tributos cobrados no conceito de valor agregado (em âmbito mundial são denominados IVA – Imposto sobre Valor Agregado ou VAT – *Value Added Tax*), enquanto os produtos estão sendo comercializados e vendidos antes do consumo final. O procedimento das empresas é recolher o tributo devido apurado nas vendas, deduzido dos tributos pagos na compra. Quando há o consumo final (o consumidor final), encerra-se o processo de valor agregado, e o consumidor final não terá o direito de aproveitar os tributos da compra.

Quando a empresa credita os tributos da compra, debita os tributos da venda e recolhe a diferença, ela enquadra-se no regime não cumulativo. Quando ela não tem a opção de creditar os tributos da compra e recolhe os tributos aplicados na venda, ela está no regime cumulativo. O ICMS e IPI enquadram-se no regime não cumulativo.

Com relação ao PIS e COFINS, a legislação brasileira adotou duas abordagens: para determinadas empresas o PIS e COFINS deve ser recolhido no regime cumulativo; para outras empresas, deve utilizar o regime não cumulativo.

No regime não cumulativo, os custos das compras de materiais e serviços industriais devem ser mensurados com a exclusão do PIS e COFINS, ou seja, diminuídos desses tributos. No regime cumulativo, os custos das compras são mensurados pelo valor da nota fiscal, não podendo ser excluídos os valores de PIS e COFINS.

Lucro real e lucro presumido

No âmbito dos tributos sobre os lucros, a legislação fiscal brasileira adota esses dois modelos de tributação (a outra opção, lucro arbitrado, é para situações excepcionais). Para as empresas com faturamento anual até $ 48.000.000,00,[1] a legislação dá a opção da tributação baseada apenas na receita operacional bruta, aplicando percentuais que variam de 1,6% a 32%, dependendo do setor de atividade, sendo 8% a alíquota geral para as demais empresas.

Para as empresas com faturamento superior a $ 48.000.000,00 há a obrigatoriedade de tributação tradicional, denominada lucro real, com a aplicação das alíquotas de 15% de Imposto de Renda, mais 10% sobre o que exceder ao lucro de $ 240.000,00, mais 9% a título de Contribuição Social sobre o lucro, resultando, para a maior parte das empresas de certo porte, uma alíquota ao redor de 34% sobre o lucro tributável apurado (que parte do lucro contábil).

Tributos sobre o lucro e PIS e COFINS

Infelizmente, a legislação brasileira, em determinado momento, cruzou os regimes de tributação sobre o lucro com os regimes não cumulativo e cumulativo do PIS e COFINS. Assim, para a maior parte das empresas do lucro presumido, há a determinação de adotar o regime cumulativo para PIS e COFINS. Para a maior parte das empresas do lucro real, há a determinação de adotar o regime não cumulativo para o PIS e COFINS.

Adicionalmente, a legislação passou a admitir a tributação do PIS e COFINS para determinados produtos dentro de uma cadeia produtiva no regime cumulativo e outras no regime não cumulativo. Essas complexidades impõem, naturalmente, também complexidades no cálculo dos *mark-ups* para as empresas.

Contribuição previdenciária (INSS) sobre a receita

Em 2012, para determinados segmentos de atividade, a legislação tributária alterou a base de tributação da contribuição previdenciária. A alíquota básica de

---

[1] Está no Congresso Nacional proposta para aumentar este valor para $ 72.000.000,00.

20% da contribuição previdenciária patronal sempre foi calculada em cima dos valores qualificados como verbas salariais.

Com o objetivo de reduzir a carga tributária das empresas com participação significativa de mão de obra e que estavam com dificuldades de competição no mercado internacional, a legislação determinou que determinados segmentos de atividades recolham o INSS de sua responsabilidade não mais sobre os salários e verbas salariais, mas sim aplicando-se um percentual sobre as receitas brutas, percentual que varia de 1,5% a 2,5%.

Simples

As empresas com faturamento anual até $ 3.600.000,00 podem optar por uma tributação diferenciada, denominada SIMPLES, onde, numa alíquota única, a empresa cumpre suas obrigações tributárias de IRPJ, IPI, CSLL, PIS, COFINS, INSS, ICMS e ISS. As alíquotas variam de 4,0% até 16,85%, dependendo da faixa de faturamento e do segmento de atuação (indústria, comércio, serviços).

Empresas de serviços

De um modo geral, as empresas de serviços têm dois grupos de tributos a serem considerados no *mark-up*:

a) tributos sobre a receita, que são o PIS, COFINS e o ISS (o ICMS fica restrito a empresas de transporte interestadual e intermunicipal, energia elétrica e telecomunicações);

b) tributos sobre o lucro – IR e CSLL – podendo haver a opção para o lucro presumido, quando o faturamento anual não for superior a $ 48.000.000,00 por ano.

As empresas que se enquadram no SIMPLES (faturamento anual não superior a $ 3.600.000,00) podem optar por essa forma de tributação, com a alíquota única de seu enquadramento, que substitui as duas tributações já citadas.

Quadro 8.11 *Exemplos de regimes tributários de empresas de serviços.*

Tributos sobre a Receita	Regime	
	Cumulativo	Não Cumulativo
PIS	0,65%	1,65%
COFINS	3,00%	7,60%
ISS – Geral	2% a 5%	2% a 5%
ISS – Profissões regulamentadas	número de profissionais	número de profissionais
ICMS – Transportes	12,00%	12,00%
ICMS – Telecomunicações e Energia Elétrica*	25,00%	25,00%
Tributos sobre o Lucro		
IR – Alíquota Básica	15,00%	
IR – Adicional *	10,00%	
CSLL	9,00%	
* sobre o que exceder a $ 240.000,00 por ano		
Base de Cálculo – IR e CSLL	**Lucro Real**	**Lucro Presumido**
sobre o Lucro Tributável	100,00%	
sobre a Receita Bruta		
Serviços em geral		32,00%
Serviços hospitalares e transporte de cargas		8,00%
Outros serviços de transporte		16,00%
SIMPLES – Faturamento até $ 3.600.000,00 anuais – tabela de enquadramento		

* Alíquota geral – cada estado pode alterar sua alíquota.

8.11.1 *Mark-up* com lucro real e PIS e COFINS não cumulativo

O primeiro passo é identificar os impostos sobre a venda e considerar as alíquotas do PIS e COFINS no regime não cumulativo.

Impostos sobre a Venda
ISS	5,00%
PIS	1,65%
COFINS	7,60%
Soma	14,25%

O segundo passo é identificar a alíquota efetiva de IR e CSLL. No nosso exemplo, estamos considerando as alíquotas nominais.

Impostos sobre o Lucro

Imposto de Renda – IR	15,00%
Adicional de Imposto de Renda – IR-A	10,00%
Contribuição Social sobre o Lucro Líquido – CSLL	9,00%
	34,00%

Em seguida, após o cálculo da margem líquida desejada, transformá-la em margem bruta, com a inclusão do percentual de IR/CSLL determinado.

Margem de lucro desejada antes do IR/CSLL

Margem de Lucro depois de IR/CSLL	12,00%
IR/CSLL	34,00%
Margem de Lucro antes do IR/CSLL	18,18%

O cálculo da margem de lucro antes do IR/CSLL é a divisão da margem líquida pela diferença de 100% menos o IR/CSLL. No nosso exemplo é: 12,00% / 0,66 = 18,18%. O índice 0,66 é a expressão matemática de 100% – 34% (1,00 – 0,34) de IR/CSLL.

A próxima etapa é identificar os percentuais médios de despesas a serem cobertas, a estimativa média percentual de despesas comerciais, administrativas e financeiras, e somar com a margem bruta desejada.

Margem e Despesas – Percentuais estimados

Comerciais	10,00%
Administrativas	8,00%
Financeiras	5,00%
Margem de Lucro desejada antes do IR/CSLL	18,18%
= Despesas a serem cobertas e margem desejada	41,18%

Em sequência, calculam-se os *mark-ups*.

Cálculo do *Mark-up* I – Preço de Venda sem Impostos

Preço de Venda sem impostos	100,00	a
(–) Despesas a serem cobertas e margem desejada	41,18	
= Custo médio do serviço	58,82	b
= *Mark-up* I (a/b)	1,700102	

Cálculo do *Mark-up* II – Preço de Venda com Impostos

Preço de Venda com impostos	100,00	a
(–) Tributos sobre a receita	14,25	
= Preço de venda sem tributos	85,75	b
= *Mark-up* II (a/b)	1,166181	

Com isso, temos condições de formar o preço de venda a partir do custo do serviço aplicando-se os respectivos *mark-ups*.

Cálculo do Preço de Venda sem impostos

Custo do serviço	100,00
× *Mark-up* I	1,70010
= Preço de Venda sem impostos	170,01

Cálculo do Preço de Venda com impostos

Preço de venda sem impostos	170,01
× *Mark-up* II	1,16618
= Preço de Venda com impostos	198,26

8.11.2 *Mark-up* com lucro presumido e PIS e COFINS cumulativos

A metodologia de cálculo é a mesma. As alíquotas de PIS e COFINS são diferentes e o IR/CSLL agora são calculados em cima da receita bruta de vendas e não mais sobre o lucro contábil antes do IR/CSLL. Ressaltamos que nesse regime tributário, mesmo que efetivamente a empresa não obtenha lucro, haverá a tributação. Daí o nome do regime, ou seja, há a *presunção* de ter lucro, mesmo que, eventualmente, a empresa não o tenha. Nessa linha de entendimento, também o lucro pode ser maior ou menor. Isso nunca afetará o IR/CSLL devido, que sempre será sobre a receita bruta.

Assim, os IR/CSLL agora devem ser incorporados no *mark-up* II, já que a alíquota será sobre a receita bruta, juntando aos demais tributos desse regime, que são o ISS, PIS e COFINS. Em função de que o IR/CSLL vai para o *mark-up* II, a margem desejada a ser incorporada ao *mark-up* I será agora representada pelo percentual líquido desejado e não mais o percentual bruto.

O primeiro passo é calcular a representatividade do IR e do CSLL sobre a base de cálculo presumida da receita. Vamos considerar para o cálculo do IR a situação em que a empresa paga a alíquota básica e a alíquota do adicional.

	Base de Cálculo	Alíquota	Resultado
IR – alíquota básica	32%	15%	4,80%
IR – adicional	32%	10%	3,20%
Soma IR			8,00%
CSLL	32%	9%	2,88%

O segundo passo é identificar os impostos sobre a venda, e considerar as alíquotas do PIS e COFINS no regime cumulativo, bem como adicionar os percentuais resultantes das alíquotas do IR e CSLL sobre o lucro presumido.

Tributos sobre a Venda
IR	8,00%
CSLL	2,88%
ISS	5,00%
PIS	0,65%
COFINS	3,00%
Soma	19,53%

A próxima etapa é identificar os percentuais médios de despesas a serem cobertas, a estimativa média percentual de despesas comerciais, administrativas e financeiras, e somar com a margem *líquida* desejada.

Margem e Despesas – Percentuais estimados
Comerciais	10,00%
Administrativas	8,00%
Financeiras	5,00%
Margem de Lucro desejada líquida	12,00%
= Despesas a serem cobertas e margem desejada	35,00%

Em sequência, calculam-se os *mark-ups*.

Cálculo do *Mark-up* I – Preço de Venda sem Impostos
Preço de Venda sem impostos	100,00	a
(–) Despesas a serem cobertas e margem desejada	35,00	
= Custo médio do serviço	65,00	b
= *Mark-up* I (a/b)	1,538461538	

Cálculo do *Mark-up* II – Preço de Venda com Impostos

Preço de Venda com impostos	100,00 a
(–) Tributos sobre a receita	19,53
= Preço de venda sem tributos	80,47 b
= *Mark-up* II (a/b)	1,242699143

Com isso, temos condições de formar o preço de venda a partir do custo do serviço aplicando-se os respectivos *mark-ups*.

Cálculo do Preço de Venda sem impostos

Custo do serviço	100,00
× *Mark-up* I	1,53846
= Preço de Venda sem impostos	153,85

Cálculo do Preço de Venda com impostos

Preço de venda sem impostos	153,85
× *Mark-up* II	1,24270
= Preço de Venda com impostos	191,18

É importante ressaltar que em termos de análise financeira, apesar de o IR/CSLL ser calculado sobre o valor bruto da venda, ele é um tributo sobre o lucro, e, assim, deve ser entendido na análise vertical da demonstração de resultado

8.11.3 *Mark-up* com o regime do SIMPLES

Nesse regime tributário, não há a figura dos tributos sobre o lucro. Todos os tributos principais (INSS, PIS, COFINS, IR, CSLL, IPI, ICMS) estão consolidados em uma única alíquota, variando apenas em relação ao nível de faturamento anual e tipo de atividade. Nesse caso, não há necessidade de se identificar os tributos sobre o lucro para apurar o impacto na margem desejada. Basta apenas identificar a margem líquida, que será igual à margem operacional bruta, para a construção dos dois *mark-ups*.

Construção do *Mark-up* – Empresas do SIMPLES	
Mark-up I – Preço de Venda sem Impostos	
Despesas a serem cobertas e margem desejada	
Comerciais	10,00%
Administrativas	8,00%
Financeiras	5,00%
Margem desejada líquida	12,00%
Total	35,00%
Custo do serviço médio	
Preço de Venda sem impostos	100,00 a
(–) Despesas e margem	– 35,00
= Custo médio do serviço	65,00 b
Mark-up I – Preço de Venda sem Impostos	1,5385 a/b
Mark-up I – Preço de Venda com SIMPLES	
Alíquota da faixa de faturamento e atividade	4,50%
Preço de Venda com impostos	100,00 a
(–) Alíquota de enquadramento	– 4,50
= Preço de Venda sem Impostos	95,50 b
Mark-up I – Preço de Venda com Impostos	1,0471 a/b

Um serviço de custo de $ 100,00 deverá ser vendido por $ 153,85 sem impostos e por $ 161,10 com o tributo do SIMPLES.

Cálculo do Preço de Venda sem impostos

Custo do serviço	100,00
× *Mark-up* I	1,53846
= Preço de Venda sem impostos	153,85

Cálculo do Preço de Venda com impostos

Preço de venda sem impostos	153,85
× *Mark-up* II	1,04712
= Preço de Venda com impostos	161,10

8.12 FUNDAMENTO ECONÔMICO PARA GESTÃO DE PREÇOS DE VENDA: O MODELO DA MARGEM DE CONTRIBUIÇÃO

A formação ou definição do preço de venda através do valor percebido ou em cima do custo dos produtos (*target pricing* e *compound pricing*) não prescinde de um modelo de gestão contínuo para monitoramento dos preços de venda e da lucratividade total da companhia.

Dessa maneira, o acompanhamento sistemático dos preços de venda de todos os produtos e o processo de redefinição dos seus preços de venda devem ser feitos utilizando-se o modelo da margem de contribuição. O fundamento do modelo da margem de contribuição é a associação completa das variáveis-chaves da geração operacional de lucro:

a) Preço de venda unitário dos produtos e serviços.
b) Custos unitários variáveis dos produtos e serviços.
c) Margem de contribuição unitária dos produtos e serviços.
d) Volume de produção e vendas.
e) Margem de contribuição total de cada produto e serviço no total do lucro da empresa.
f) Custos e despesas fixas diretas aos produtos e serviços.
g) Custos e despesas fixas da empresa indiretas aos produtos e serviços.
h) Lucro operacional total.

O Quadro 8.12 apresenta o modelo básico para a gestão de preços de venda. Nele deverão ser inseridos os preços de venda definidos por qualquer critério, para avaliação do resultado e da contribuição de cada produto ou serviço no total. Esse modelo respeita a natureza comportamental dos custos e, portanto, não dá viés ao resultado total da empresa.

Quadro 8.12 *Modelo econômico para gestão de preços de venda preços – custos – lucros – volume.*

	Produto A	Produto B	Produto N	Total
Quantidade	4	6	0,00	
Preço de Venda Unitário	1.700,00	3.750,00	0,00	
Custos e Despesas Variáveis Unitários	900,00	1.962,00	0,00	
Margem de Contribuição Unitária	800,00	1.788,00	0,00	
Vendas Totais	0	0	0	0
Custo/Despesas Variáveis Totais	0	0	0	0
Margem Contribuição Total	0	0	0	0
Custos Fixos Diretos dos Produtos	(40.000)	(50.000)	(60.000)	(150.000)
Custos Fixos	–	–	–	(440.000)
Despesas Fixas	–	–	–	(120.000)
Lucro Líquido Operacional				(710.000)

Considerar os fatores restritivos limitantes.
Base para cálculo do ponto de equilíbrio em valores de vendas.

Utilizando sistemas de simulação

O modelo econômico de gestão de preços de venda deve ser construído em ambiente computacional que permita a simulação. Essa é a sua grande vantagem e o seu grande potencial dentro do processo decisório de gestão de preços. Empresas que têm poucos produtos na linha de produtos poderão facilmente utilizar esse modelo em aplicativos denominados planilhas eletrônicas.

Empresas que têm milhares de produtos e algumas características e variáveis adicionais que devam ser incorporadas ao modelo poderão necessitar de recursos computacionais de maior grau de resolução. De qualquer forma, a essência do modelo não pode ser violentada, sempre respeitando os fundamentos de preços, custos e lucros unitários, volume de produção ou venda de cada produto e serviço e a incorporação das despesas e custos fixos diretos aos produtos quando forem claramente identificados.

8.13 ASPECTOS ADICIONAIS NA GESTÃO DE PREÇOS DE VENDA

A intensa competitividade empresarial e a velocidade da dinâmica dos negócios impõem um sistema de informação *real time* para o monitoramento dos preços de venda da empresa e de seus concorrentes. Assim, cada empresa deve desenvolver sua estrutura, modelos e sistemas de informação para esse monitoramente. A seguir apresentamos alguns exemplos.

8.13.1 Comparação de preços de venda

O preço de venda calculado é o idealizado pela empresa. Nada impede, porém, que a empresa desenvolva uma lista de preços com preços diferentes dos calculados, já que o mercado é quem dá a palavra final em preços de venda.

Mesmo com uma lista de preços que são ofertados ao mercado, os preços realmente obtidos podem também ser diferentes da lista. Assim, é necessário um acompanhamento constante dos três preços de venda, quais sejam:

a) Preço de Venda Calculado;
b) Preço de Venda de Lista;
c) Preço de Venda Obtido ou Praticado.

Apresentamos a seguir um exemplo explicativo. Os preços de venda de lista são aleatórios, apenas para efeito de evidenciação comparativa. Os preços praticados são os constantes das vendas da empresa.

Quadro 8.13 *Comparação de preços de venda.*

	Preço de Venda Calculado		Preço de Venda de Lista		Preço de Venda Praticado	
	$	%	$	%	$	%
Produto A	1.851,08	100,00	1.780,00	96,16%	1.700,00	91,84%
Produto B	3.388,48	100,00	3.950,00	116,57%	3.750,00	110,67%

Essa comparação deve ser estendida para o monitoramento dos preços dos concorrentes.

8.13.2 Financiamento e impostos da venda

Outro cuidado a ser tomado é quando a empresa financia as vendas de seus produtos. Tendo em vista que a legislação fiscal determina prazos para o recolhimento dos impostos sobre vendas, e esses prazos podem ser diferentes dos prazos que a empresa financia seus clientes, é necessário um cálculo matemático para ver se não há necessidade de incrementar o custo de financiamento da venda para se ressarcir de um possível aumento da carga tributária da venda.

A ocorrência do aumento da carga tributária, caso se financie a venda em prazos diferentes dos prazos de recolhimentos dos impostos, é motivada pela ocorrência da inflação e dos juros de financiamento de capital de giro.

Apresentamos a seguir um exemplo numérico, considerando os impostos sobre vendas já evidenciados anteriormente, mais 5% a título de IPI – Impostos sobre Produtos Industrializados, sendo que o ICMS não incide sobre o IPI. A suposição é de um custo financeiro mensal de 4% ao mês e que financiaremos o cliente em 30 dias, desejando-se cobrar apenas o custo do dinheiro sobre os impostos.

O custo do dinheiro de 4% ao mês significa um custo diário de 0,13082% calculado segundo o conceito de juro composto.

Quadro 8.14 *Financiamento e impostos da venda*.

A – Dados		Qtde. de dias	Juros até o dia[1]
Juros diários	0,13082%		
Data da venda: dia 15 do mês			
Data do recebimento: dia 15 do próximo mês		30	4,000%
Recolhimento do IPI – dia 30 do mês da venda		15	1,01980%
Recolhimento do ICMS – dia 3 do próximo mês		12	1,01581%
Recolhimento do PIS – dia 15 do próximo mês			
Recolhimento da COFINS – dia 15 do próximo mês			

B – Cálculos	Alíquota	Preço à Vista	Preço à Vista + 4%	Financiamento dos Impostos	Preço a Prazo[(2)]
Preço de Venda Unitário com Impostos (a)		3.750,00	3.900,00		3.939,62
(+) IPI – 5%	5%	187,50	195,00	196,98	196,98
Preço de Venda com IPI		3.937,50	4.095,00		4.136,60
ICMS	18%	675,00	702,00	709,13	709,13
PIS	0,65%	24,38	25,35	25,35	25,61
COFINS	3%	112,50	117,00	117,00	118,19
Total (b)		811,88	844,35	851,48	852,93
Preço Líquido dos Impostos (a – b)		2.938,13	3.055,65		3.086,69

(1) Do recolhimento do imposto.
(2) Recuperando o financiamento dos impostos.

No exemplo apresentado, com um custo financeiro de 4% ao mês, financiando o cliente em 30 dias, para que a empresa consiga o ressarcimento da inflação, mais os efeitos inflacionários sobre a antecipação dos impostos, ela tem que adicionar ao preço de venda à vista mais 1,01016% ($ 3.047,30 ÷ $ 3.016,65), totalizando um multiplicador de financiamento para 30 dias de 1,05056 ($ 3.939,62 ÷ $ 3.750,00), ou seja, mais 5,056%.

8.13.3 Alterações nos preços de venda calculados

A formação de preços de venda deve continuadamente ser revista. As principais alterações que podem ser processadas são relacionadas com alterações nas estruturas de custos e despesas, decorrentes de eficiência ou deficiência dos processos de produção e estrutura do produto, bem como das alterações nos preços desses insumos.

Alterações pela inflação da empresa

As alterações pela inflação da empresa devem ser calculadas mês a mês, partindo do cálculo da inflação mensal da empresa. Consiste simplesmente em aplicar aos preços de venda a média dos aumentos acontecidos na estrutura de custos e despesas. É claro que a inflação da empresa é um parâmetro básico a ser aplicado sobre os custos padrões e preços de venda formados a partir deles. Também outros fatores devem ser considerados, pois nem sempre o mercado aceita facilmente alterações de preços, nas diversas situações possíveis de demanda.

Alterações por mudanças estruturais nos custos e despesas

Alterações na formação dos preços de venda deverão acontecer nas revisões dos custos padrões. Nas revisões dos custos padrões serão captadas todas as alterações ocorridas nas estruturas dos produtos, bem como os ganhos ou perdas de eficiência no processo produtivo, que provocarão alterações nos custos reais e, consequentemente, na elaboração dos padrões.

QUESTÕES E EXERCÍCIOS

1. Quais os principais parâmetros externos de rentabilidade que devem ser analisados para a incorporação da margem desejada no *mark-up*?

2. Explique o que é custo financeiro e o que é custo de financiamento da venda. Quais os componentes da cada um desses elementos que fazem parte da formação de preços de venda?

3. Uma empresa pretende vender $ 1.000.000 de determinado produto durante o ano. O capital investido no negócio é de $ 300.000. Qual é a margem de lucro que ela deve considerar no preço de venda sem impostos se ela deseja uma rentabilidade líquida dos impostos sobre o lucro de 18% sobre o capital investido? Considere que os impostos sobre o lucro representam 40% da margem das vendas antes desses impostos.

4. Uma empresa tem os seguintes percentuais médios sobre vendas líquidas:
   Despesas Comerciais   = 12%
   Despesas Administrativas   = 11%
   Custo Financeiro   = 6%
   Margem de Lucro   = 17%
   Pede-se:
   a) Calcular o *mark-up* para obtenção de preço de venda sem impostos;
   b) calcular o preço de venda sem impostos de um produto que tem um custo industrial de $ 150.000.

5. Um produto deve ser vendido a vista por $ 200,00 por unidade antes dos impostos sobre vendas.
   ICMS 18%
   PIS 0,65%

Cofins 3,00%

Pede-se:

a) calcular o **mark-up** para incorporação dos impostos sobre o preço de venda sem impostos;

b) calcular o preço de venda com impostos.

6. Considere os seguintes dados financeiros de uma empresa. Para simplificar, imagine que a quantidade produzida é totalmente vendida durante o ano, não formando-se estoques adicionais:

	Ano 1	Ano 2
Vendas Líquidas	$ 30.000	$ 36.992
Custo dos Produtos Vendidos	21.000	25.894
Despesas de Vendas	4.500	4.680
Despesas Administrativas	3.000	3.000
Custo Financeiro	2.400	2.520
Resultado Operacional	(900)	898
Impostos sobre o Lucro (35%)	–	–
Resultado Líquido	(900)	898
Patrimônio Líquido Inicial	25.002	24.102

A empresa tem operado nesses dois últimos anos bem abaixo de sua capacidade total de produção e vendas. As perspectivas para o próximo período, o Ano 3, são de que a empresa conseguirá vender tudo o que produzir, dada a grande demanda esperada. A empresa está com o seu Patrimônio Líquido inicial avaliado em $ 25.000. Ela deseja uma rentabilidade mínima de 16%, líquida dos impostos sobre o lucro. Estima-se também que apenas as despesas de vendas e o custo financeiro terão um acréscimo de 10%. As despesas administrativas continuarão fixas e considera-se o custo dos produtos vendidos um custo totalmente variável.

Pede-se:

a) calcular o novo faturamento (vendas líquidas) de tal forma que cubra todos os custos esperados e a margem de lucro desejada;

b) considerando que o novo faturamento esperado representará 100% da utilização da capacidade de produção e vendas, verificar qual foi a utilização percentual da capacidade nos Anos 1 e 2;

c) calcular qual é a participação das despesas com vendas, administrativas, custo financeiro e margem bruta sobre as vendas líquidas.

9

Introdução à Precificação (*Pricing*)[1]

A metodologia considerada clássica e provavelmente a mais estudada para a formação do preço dos produtos e serviços é aquela que parte do custeamento unitário dos produtos e serviços e, a partir deles, faz o preço de venda que cobre, além do custo de produção, também os gastos administrativos, comerciais e financeiros, e dá a margem de lucro desejada. Essa metodologia foi estudada amplamente no capítulo anterior e tem como ponto referencial a identificação do *mark-up* para formar o preço de venda a partir do custo unitário.

Contudo, essa abordagem baseada em custos pode impedir a captura de uma melhor rentabilidade, uma vez que é possível que alguns segmentos de clientes estejam dispostos a pagar um preço maior pelos produtos e serviços porque veem neles um *valor subjetivo, de utilidade,* que os estimulam a aceitar um preço maior. De uma forma inversa, alguns clientes até deixam de adquirir determinados produtos e serviços porque fazem uma analogia que *"produto barato não tem qualidade"*, por exemplo.

Dessa maneira, a ciência da administração de marketing desenvolveu o conceito de precificação de produtos e serviços, denominada genericamente pelo inglês *"pricing"*, com o objetivo de identificar o máximo de preço que determinados clientes estariam dispostos a pagar por um determinado produto ou serviço e fazer o preço de venda com esse fundamento mercadológico.

---

[1] Este capítulo foi desenvolvido fundamentalmente nos trabalhos de (a) GIULIANI, Antonio Carlos (2012), (b) NAGLE, Thomas T.; HOGAN, John E. (2008) e (c) DOLAN, Herbert J.; SIMON, Hermann (2005), citados nas referências utilizadas.

A metodologia do *pricing* não toma como referência o custo unitário dos produtos e serviços, mas sim, outros conceitos mercadológicos e econômicos, como valor percebido pelo cliente, disponibilidade para pagar, segmentação, diferenciação, utilidade etc. Outro aspecto fundamental no *pricing* é a *utilização intensiva da ciência da psicologia* do consumidor, sempre com o objetivo de identificar, antecipadamente, as preferências do consumidor, como eles se comportam e reagem em relação aos produtos e seus respectivos preços no momento da compra.

O objetivo do *pricing* é obter o preço de venda dos produtos e serviços que satisfaça os dois lados da negociação, o vendedor e o consumidor, e que ambos saiam ganhando: o consumidor porque se sente bem em pagar pelo preço do produto ou serviço e o vendedor (a empresa), que obtém a máxima rentabilidade na transação.

9.1 FUNDAMENTOS DA PRECIFICAÇÃO

Na abordagem da precificação deve-se diferenciar claramente o conceito de preço do conceito de valor.

Preços são declarações numéricas daquilo que o cliente deve pagar por determinado artigo. Preço é uma declaração de valor, não uma declaração de custos.

Valor representa uma avaliação global, feita pelo comprador, da utilidade de um produto ou serviço, tendo como base as percepções dos benefícios líquidos recebidos e aquilo que se deve abrir mão.

Considerando essas conceituações, *a ideia da precificação é criar valor para o cliente*, para obter o maior preço de venda dos produtos e serviços. O valor é criado por meio dos atributos e benefícios do produto ou serviço, que serão percebidos pelo cliente. Os clientes não compram um produto ou serviço por si. Os clientes compram um conjunto de benefícios, dado pelo produto ou serviço, que satisfazem suas necessidades.

Assim, o modelo geral da precificação é partir dos clientes para obter o valor que estes estariam dispostos a pagar, e não partir dos custos para formar preços de venda. Essas duas abordagens estão apresentadas na Figura 9.1.

Ótica do Produto

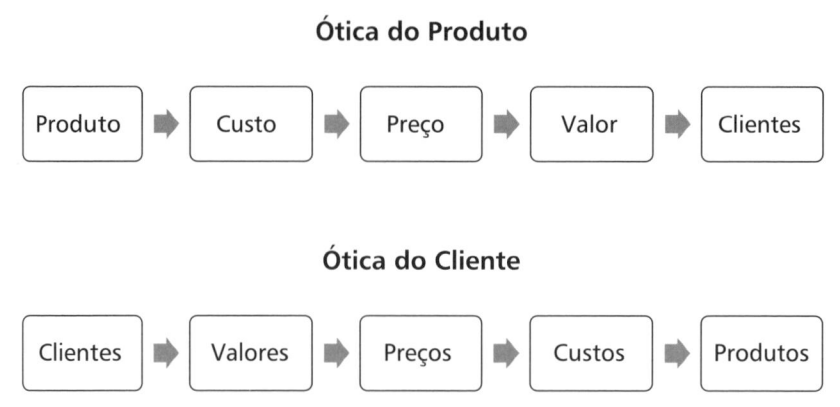

Produto ➡ Custo ➡ Preço ➡ Valor ➡ Clientes

Ótica do Cliente

Clientes ➡ Valores ➡ Preços ➡ Custos ➡ Produtos

Figura 9.1   *Abordagens alternativas para criação de valor.*

A ótica tradicional é partir do produto, identificar seu custo unitário e formar o preço de venda no pressuposto que este indica o valor percebido pelo cliente. Essa abordagem não satisfaz o marketing e pode não satisfazer o consumidor.

Dessa maneira, a abordagem da precificação parte da ótica inversa, parte do cliente. Identifica-se o tipo de cliente que será o comprador do produto, identifica-se e mensura-se o valor percebido que o cliente dá ao produto para consumo, e, nesse momento, determina-se o preço de venda. Em seguida, verificam-se quais serão os custos necessários para produzir os produtos e obter a maior rentabilidade possível.

A essência da estratégia da precificação está, então, no valor percebido pelo cliente, em conjunto com o quanto ele estaria disposto a pagar (*willing to pay for*), conforme mostra a Figura 9.2.

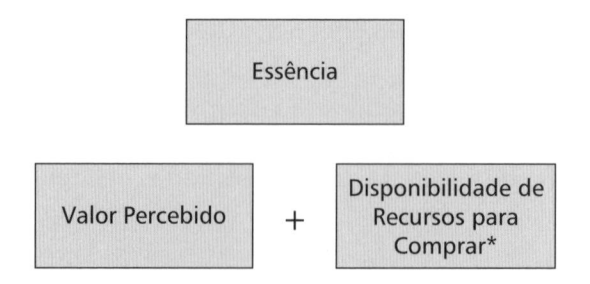

Essência

Valor Percebido + Disponibilidade de Recursos para Comprar*

* *Willing to pay for.*
Figura 9.2   *Essência da precificação.*

9.1.1   Fatores de lucro

Os elementos econômicos que levam a empresa a gerar o lucro são o volume de venda, os preços aplicados e os custos incorridos.

> Lucro = Volume de vendas × preço − custos

Esses fatores devem ser decompostos na sua formação matemática, considerando os diversos tipos de custos que uma empresa tem, conforme mostrado na Figura 9.3.

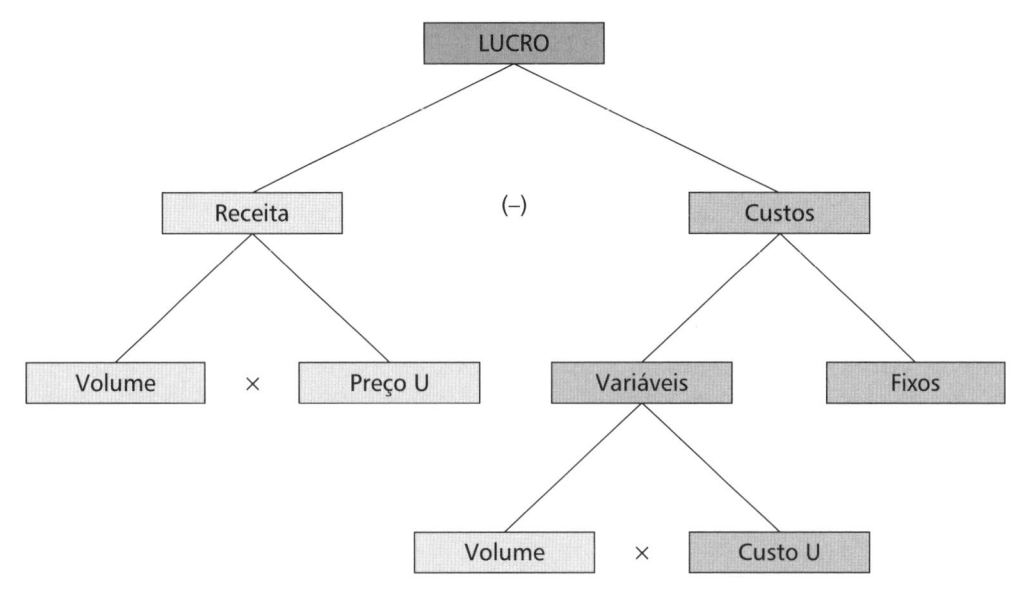

Figura 9.3 *Fatores de lucros.*

A estratégia da precificação trabalha com *o principal fator que gera o lucro: o preço de venda unitário*. O conceito básico da precificação é que o preço de venda é o elemento mais importante da rentabilidade da empresa e, consequentemente, deve ser trabalhado com a maior intensidade possível, procurando, por meio dele, capturar o maior ganho para a empresa e, ao mesmo tempo, satisfazendo os clientes pelo seu valor percebido.

9.1.2 Definição e efeitos da precificação

Podemos definir precificação como o conjunto de atividades ou processos de atribuir preços aos produtos e serviços tendo como base referencial o valor percebido pelos clientes, mais do que em custos de produção e comercialização, para obtenção da maior rentabilidade da empresa.

É também importante reconhecer que os efeitos das estratégias de precificação são diferentes para os diversos produtos e serviços. Para os produtos e serviços caracterizados como *commodities*,[2] os efeitos das estratégias de precificação são quase nulos, ou muito baixos.

```
    BAIXO          MÉDIO           ALTO
      ↓              ↓               ↓
  ────────────────────────────────────────→
      ↓              ↓               ↓

  Commodities      Produtos      Produtos Diferenciados, Únicos,
                   Similares     Customizados, Luxo
```

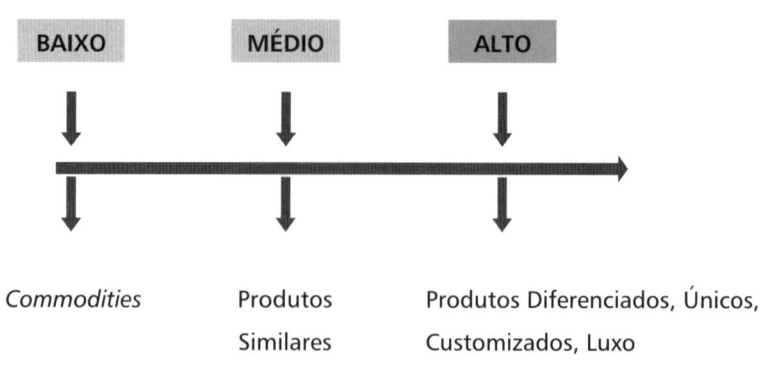

Figura 9.4   *Efeitos da precificação.*

Em produtos similares, os efeitos da precificação podem ser médios. Já para produtos diferenciados, únicos, customizados, inéditos, de luxo etc., os efeitos da precificação tendem a representar grande diferenciação nos preços de venda.

Dentro da abordagem de precificação, todos os produtos devem ser trabalhados em termos de seus preços de venda, sejam eles similares, industriais, de pequeno valor de venda. Mesmo para produtos industriais, de grande consumo, há a possibilidade de se obter preços diferenciados e melhores, como, por exemplo, em máquinas e equipamentos. Portanto, as estratégias de precificação não podem se restringir a produtos e serviços destinados a consumidor final, e, sim, devem considerar qualquer tipo de produto ou serviço em qualquer mercado ou segmento de atividade.

9.1.3   Fundamentos da precificação

Para estruturar uma estratégia de precificação na empresa, os fundamentos são os seguintes:

---

[2] *Commodities* (mercadoria em inglês) podem ser definidas como mercadorias que são produzidas em larga escala e comercializadas em nível mundial. As *commodities* são negociadas em bolsas de mercadorias e, portanto, seus preços são definidos em nível global, pelo mercado internacional. São produzidas por diferentes produtores e possuem características uniformes e geralmente são produtos que podem ser estocados por um determinado período de tempo sem que haja perda de qualidade. Os produtos principais que se caracterizam como *commodities* são geralmente matérias-primas, como *commodities* agrícolas: soja, suco de laranja congelado, trigo, algodão, borracha, café etc., e *commodities* minerais, como minério de ferro, alumínio, petróleo, ouro, níquel, prata etc.

I – Conceitos de marketing

A base conceitual da precificação é o marketing e não o custo dos produtos e serviços. Assim, conceitos como diferenciação, segmentação e posicionamento do produto ou serviço são elementos-chaves para a precificação. Todo o conjunto de conceitos de marketing deve ser utilizado para a estratégia de precificação.

II – Comportamento do consumidor

Nesse fundamento enquadram-se os estudos da psicologia do consumidor, o momento e local em que o produto está sendo consumido e a referência básica do valor percebido pelo consumidor, ou seja, o valor de utilidade que o cliente dá mentalmente ao produto e serviço e por ele entrega a contrapartida em dinheiro.

III – Mercado de atuação

Nesse fundamento enquadram-se os conceitos da ciência econômica, como o ambiente econômico em que a empresa está inserida, seu ramo de atividade, seu tipo de produto, a elasticidade preço/demanda, o equilíbrio entre a oferta e procura etc.

IV – Modelo econômico

O modelo econômico é necessário para dar a estrutura financeira para o processo de tomada de decisão sobre os preços de venda a serem adotados. Para tanto, a ciência contábil e de controladoria já consolidou o modelo de decisão da margem de contribuição para o processo decisório de rentabilidade de produtos e serviços. O parâmetro básico de mensuração do resultado da estratégia de precificação é o retorno do investimento dos acionistas. O modelo de margem de contribuição deve sempre ser trabalhado em ambiente de simulação para a busca da melhor alternativa de preços, custos, quantidades e *mix* de produtos.

V – Ação

De nada adiantam conceitos, modelos etc. se não houver *determinação* da empresa para implementar uma estratégia de precificação. A implantação da estratégia da precificação passa necessariamente pela criação de uma estrutura organizacional específica para tanto. Normalmente, essa estrutura congrega profissionais de marketing, vendas, finanças e custos. O ponto fundamental da estratégia é a criação do valor para o cliente e a determinação da empresa é o ponto-chave para isso.

9.1.4 Esquema básico do processo de preços e valores

A Figura 9.5 consolida os conceitos apresentados até aqui. Mostra os caminhos para se chegar ao valor percebido pelo consumidor ou cliente e o efeito na rentabilidade da empresa.

```
┌─────────────────────────┐                                    ┌─────────────────────────┐
│ Análise da Concorrência │                                    │ Análise da Concorrência │
│     • Diferenciação     │                                    │      • Segmentação      │
└─────────────────────────┘                                    └─────────────────────────┘
              │                                                              │
              └──────────────────────────┬───────────────────────────────────┘
                                         ▼
                            ┌─────────────────────────┐
                            │    Posicionamento do    │
                            │     Produto/Serviço     │
                            └─────────────────────────┘
                                         │
                                         ▼
                            ┌─────────────────────────┐
                            │  Estratégia de Marketing│
                            │       • Produto         │
                            │      • Comunicação      │
                            │      • Distribuição     │
                            └─────────────────────────┘
                                         │
        ┌────────────────┐               ▼
        │   Ofertas da   │───▶ ┌─────────────────────┐
        │  Concorrência  │     │   Valor Percebido   │
        └────────────────┘     │   pelo Consumidor   │
                │              └─────────────────────┘
                │                        │
                └┄┄┄┄┄┄┄┄┄┄┄┄┄┄▶ ┌────────────┐    ┌────────────┐
                                 │    Preço   │◀───│    Custo   │
                                 └────────────┘    └────────────┘
                                        │
                                        ▼
                                 ┌────────────┐
                                 │    Lucro   │
                                 └────────────┘
```

Figura 9.5 *Esquema do processo de preços e valores.*

Os principais conceitos de marketing para a estratégia de precificação são valor percebido, diferenciação e segmentação.

Valor percebido é o valor atribuído pelos clientes ao produto ou serviço baseado na relação entre os benefícios que este trará para si e os custos que pode disponibilizar para sua aquisição, comparativamente à concorrência. É uma avaliação total do consumidor sobre a utilidade de um produto, baseada em percepções dos benefícios recebidos e dos sacrifícios econômicos que fará para sua aquisição. Compreende a avaliação dos atributos do produto e das consequências de seu uso. Os clientes enxergam o produto como um conjunto de atributos e desempenho desses atributos. O valor percebido significa também a qualidade percebida pelo mercado, ajustada pelo preço relativo de seu produto. *Em última instância, o valor percebido é o preço máximo que o consumidor pagará por um produto.*

Diferenciação é o processo de diferenciar um produto para condicioná-lo dentro de um valor que o faça ser considerado único no mercado e no segmento. É um processo com o objetivo de melhor rentabilidade e conquista de mercado. A diferenciação permite ao produto uma condição de defesa em relação à competição. A diferenciação pode ser obtida por meio do projeto do produto, imagem da marca, tecnologia, características peculiares do produto, fornecedores, serviços adicionados etc.

Segmentação de mercado consiste num processo de analise e identificação de grupos de clientes com necessidade e preferências homogêneas ou com algum grau de homogeneidade. Por meio do processo de segmentação, o mercado é dividido em grupos de clientes com necessidades e preferências semelhantes (os segmentos de mercado), permitindo que a empresa adapte melhor suas políticas de marketing, seu mercado-alvo e estratégias de precificação.

A busca pelo valor percebido pelo consumidor começa pela análise da concorrência, fazendo a convergência entre os atributos que diferenciam o produto e os segmentos do mercado onde será vendido. Com essa análise, há o posicionamento do produto no mercado, dentro do ambiente econômico em que se insere.

Após isso se definem as estratégias de marketing para promover e vender o produto por meio dos canais de comunicação e distribuição. Essa etapa é o ponto central para identificar e mensurar o valor percebido pelo cliente. Tendo como referência o valor percebido como o valor máximo a ser pago, a empresa determina o nível do preço de venda para cada segmento do mercado.

Só então é que entra na equação o custo unitário do produto. Ele é apenas utilizado para a análise de rentabilidade, mas não para formar o preço de venda na abordagem da precificação, obtendo-se a margem de contribuição do produto e o lucro para a empresa.

Como em qualquer mercado, há a necessidade de monitoramento da situação de cada produto em relação à concorrência, pois a determinação do preço de venda do produto da empresa provavelmente provocará reação dos concorrentes também em termos de preço e posicionamento do produto no mercado.

9.2 MODELO GERAL DE DECISÃO DE PREÇO DE VENDA

Extraímos de Vatan dos Santos[3] a Figura 9.6, que mostra a visão geral e os conceitos necessários para o processo geral de precificação.

---

[3] VATAN DOS SANTOS, Roberto. *Modelos de decisão para gestão de preço de venda*. 1995. Dissertação (Mestrado) – São Paulo, FEA/USP.

Modelo Geral de Decisão de Preço de Venda

(1) Avaliação Estratégica das Variáveis Externas Não Controláveis pela Empresa: Econômicas, Culturais, Educacionais, Tecnológicas, Sociais, Políticas, Regulatórias (Legais).

(2) Caracterizar o Ambiente de Mercado — É?
- Monopólio
- Oligopólio
- Concorrência Monopolística
- Concorrência Perfeita

Analisar a Concorrência Remota e Direta:
- Obter os preços e as ofertas dos concorrentes
- Obter o preço vigente de mercado

(3) Projetar a Demanda de Mercado → Projetar a Curva de Demanda e a Elasticidade-preço do produto → Quantidades × Preços = Receita Total

(4) Projetar a demanda e os preços dos demais produtos da empresa → Quantidades × Preços = Receita Total

(5) Identificar os Objetivos Globais e Funcionais da Empresa
- Estabelecer os Objetivos de Preços
- Apurar os Lucros planejados

(10) Aplicar o Preço de Simulação mais adequado:
- Preço-Alvo de Mercado
- Preço-Alvo de Contribuição

(6) Identificar as Políticas e Diretrizes Globais e Funcionais da empresa → Estabelecer as Políticas e Diretrizes de Preços

(7) Identificar as Estratégicas Globais e Funcionais da Empresa → Estabelecer as Estratégias de Preços

(8) Projetar a Estrutura de Custos e Despesas da Empresa → Identificar os Custos e Despesas por Natureza e Comportamento em relação aos produtos

(11) Demonstração do Resultado Econômico

Produtos	A	B	Total
Receita Bruta de Vendas			
Impostos Variáveis sobre Vendas			
Receita Líquida de Vendas			
Custo e Despesas Variáveis Operacionais			
Margem de Contribuição			
Custos e Despesas Fixos Diretos			
Custos de Oportunidade específicos			
Margem Direta			
Custos e Despesas Fixas Estruturais			
Custo de Oportunidade do negócio			
Resultado Econômico antes do I. Renda			
Imposto de Renda			
Resultado Econômico Líquido			

(9) Apurar o Capital Investido no Negócio → Identificar por aplicação: à empresa, ao produto, à linha de produto etc. → Calcular o Custo de Oportunidade dos Investimentos

(12) Adequar o preço referencial obtido pelo modelo de decisão às condições de comercialização

Figura 9.6 *Modelo conceitual para decisão de preço de venda.*

Esse modelo compreende as variáveis básicas a serem consideradas e analisadas no processo geral de estabelecimento do nível de preços dos produtos e serviços, detalhadas a seguir.

Avaliação estratégica e caracterização do ambiente econômico

A primeira etapa consiste em fazer a leitura do ambiente onde a empresa se situa, confrontando as variáveis estratégicas internas *versus* as variáveis estratégicas externas. Para essa etapa pode ser utilizada a metodologia de planejamento estratégico denominada Análise SWOT,[4] onde identificam-se as forças e fraquezas da empresa (ambiente interno), que são confrontadas com as oportunidades e ameaças do ambiente externo.

A segunda etapa compreende a caracterização do ambiente econômico em que a empresa atua (monopólio, oligopólio, concorrência perfeita, concorrência monopolística), analisando a concorrência direta e remota (concorrentes com possíveis produtos similares ou substitutos), obtendo os preços dos concorrentes e o preço vigente no mercado.

Projeção da demanda

Essa etapa compreende identificar e prever as quantidades e preços do mercado como um todo, considerando os concorrentes, os demais produtos da empresa e a elasticidade-preço do produto, obtendo tanto o tamanho do mercado onde será vendido o produto, bem como a receita total esperada pela empresa, do produto objeto de análise e dos demais produtos da empresa.

Identificação dos objetivos, políticas e estratégias de preço

Compreende o conjunto das definições de objetivos de preços, objetivos globais e funcionais da empresa, definir as diretrizes e políticas de preços e estabelecer as estratégias de preços. Nessa etapa deve ser utilizado um modelo de simulação que permita parametrizar o preço de venda mais adequado, considerando o mercado e o que a empresa deseja em termos de contribuição (rentabilidade).

Custos e investimentos necessários e rentabilidade desejada

Etapa que compreende a mensuração dos recursos econômicos necessários para produzir e vender o volume projetado, identificando os custos fixos e variáveis necessários para o produto. Nessa mesma etapa identifica-se o capital financeiro necessário para suportar a operação, em termos do volume de capital de giro e dos ativos fixos necessários.

Para definir a rentabilidade desejada, o elemento final é determinar o custo de capital dos investidores do negócio. Ele representa o lucro líquido mínimo desejado pelos investidores (os proprietários, acionistas) para investir na empresa e garantir seu custo de oportunidade de capital.

---

[4] Análise SWOT: do inglês **S**trenght, **W**eakness, **O**pportunities, **T**hreats (Forças, Fraquezas, Oportunidades, Ameaças).

Avaliação econômica da estratégia de precificação

Como etapa final, todos os dados financeiros identificados a partir das etapas anteriores deverão ser reunidos no modelo econômico de decisão final do preço de venda, que é o modelo da margem de contribuição. Nesse modelo serão incluídos os dados específicos do produto objeto de análise, em conjunto com os demais produtos já existentes na empresa, para consolidar a estratégia de precificação, tendo como referência que o resultado final permitirá a rentabilidade mínima desejada pelos investidores.

9.3 ESTRUTURA E ELEMENTOS DA ESTRATÉGIA DE PRECIFICAÇÃO

Reconhece-se que precificação é uma tarefa bastante complexa e extremamente abrangente, pois lida com o ambiente completo onde a empresa está inserida, que compreende tanto o cenário econômico, o cenário concorrencial etc. e, principalmente, as características sociopsicológicas do público-alvo consumidor dos produtos da empresa. Nesse sentido, não é fácil circunscrever todas as variáveis a serem consideradas. Apresentamos a seguir os elementos e a estrutura da estratégia de precificação, dentro de uma abordagem sintética.

9.3.1 Conceituação e princípios

Podemos conceituar estratégia de precificação como esforços coordenados para atingir a rentabilidade por meio de uma estratégia de preços. Para isso é necessário muito mais do que manejar níveis de preços. É necessário assegurar que os produtos e serviços incluem aqueles fatores que os clientes tenham disponibilidade para pagar (*willing to pay for*).

Os principais princípios são:

a) *Base de valor (value-based) e criação de valor*: as diferenças de preços entre os clientes e mudanças ao longo do tempo refletem as diferenças ou mudanças no valor para os clientes;
b) *Proatividade*: as empresas devem antecipar eventos e desenvolver estratégias para lidar com os clientes, nunca tomar decisões de preços em reação às mudanças;
c) *Direcionador de lucratividade (profit-driven)*: avaliar o sucesso de sua gestão de preços em função do seu ganho, mais do que as receitas, em relação aos seus concorrentes. O sucesso de uma estratégia de precificação não está em necessariamente aumentar os preços, mas como aumentar a lucratividade;

d) *Equívocos*: trabalhar com custo mais margem, preços refletindo as condições de mercado, preços para ganhar mercados.

9.3.2 Criação de valor

Essa é a questão-chave para a estratégia de precificação e a fonte de vantagem dos preços. Consiste em estimar quantas diferentes combinações de valor dos benefícios do produto podem representar aos clientes, responsabilidade esta normalmente do marketing ou de pesquisa de mercado.

Parte da identificação dos atributos do produto e dos benefícios que ele pode gerar aos diversos segmentos de clientes, mensurando o impacto financeiro que isso pode causar na sua percepção, que serão os elementos-chaves para tornar o produto diferenciado e permitir um preço maior e mais lucrativo.

Utilizaremos como exemplo de criação de valor a estimativa do *valor econômico* de um produto e sua diferenciação, tendo como referência o trabalho de Nagle e Hogan. O valor econômico representa o máximo valor que um cliente de determinado segmento pagaria por um produto, tendo como referência a utilidade que ele pode lhe prestar.

Primeiramente, é necessário definir os dois componentes do valor econômico, que são o valor de referência e o valor da diferenciação, conforme mostrado na Figura 9.7.

Valor de Diferenciação
É o valor ao consumidor (positivo ou negativo) de quaisquer diferenças entre a oferta e o produto de referência.

Valor de Referência
É o custo (ajustado para diferenças em unidades) do produto concorrente que o cliente vê como melhor alternativa.

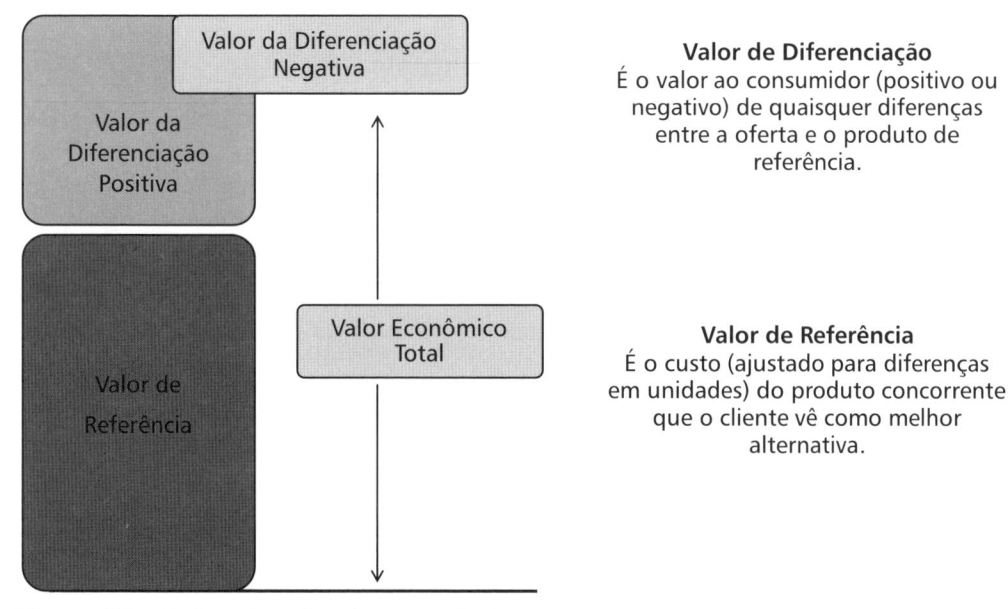

Figura 9.7 *Estimativa de valor econômico*.

O valor de referência é o piso de preço, baseado na concorrência. Significa o primeiro preço que o consumidor analisará antes de tomar a decisão de comprar um produto similar por um preço maior. O valor de diferenciação é o valor adicional que o produto da sua empresa poderá obter por mostrar os atributos diferenciadores do produto. A soma dos dois é o valor econômico estimado do produto.

A Figura 9.8 mostra um exemplo de mensuração monetária de diversos atributos identificados para um produto, que vão permitir estimular o provável consumidor a pagar mais do que o valor de referência (o produto concorrente básico), porque a empresa consegue mostrar ao cliente que o produto dele tem algo mais do que os demais e que isso permite cobrar um preço maior.

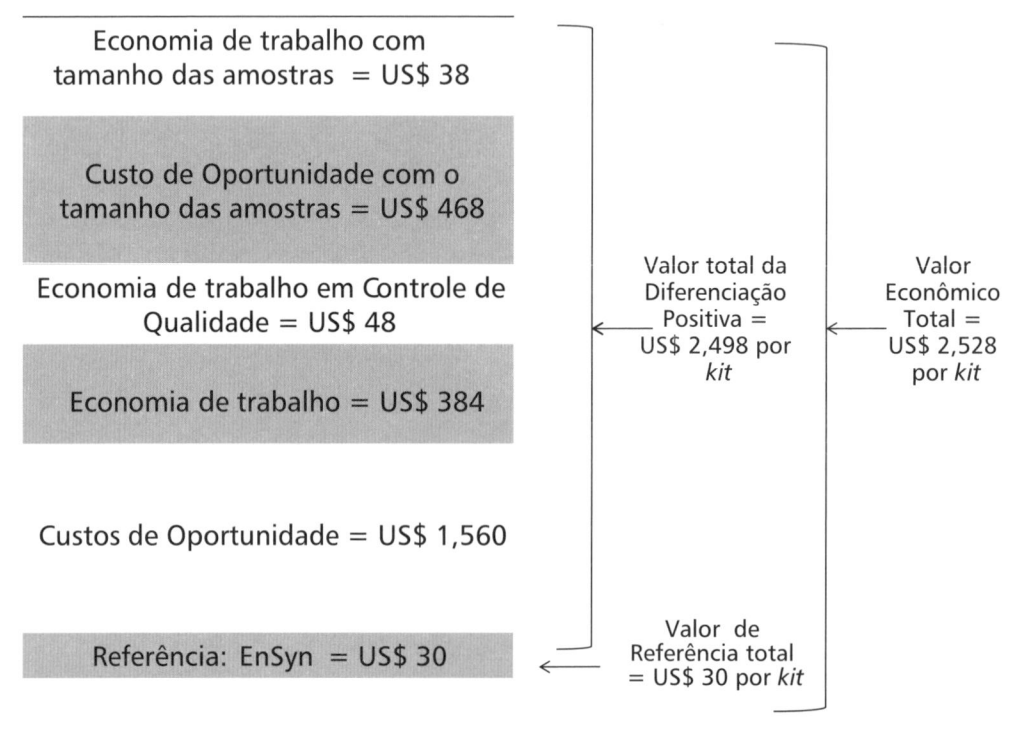

```
Economia de trabalho com
tamanho das amostras = US$ 38

Custo de Oportunidade com o
tamanho das amostras = US$ 468

Economia de trabalho em Controle de
Qualidade = US$ 48                         Valor total da       Valor
                                           Diferenciação       Econômico
Economia de trabalho = US$ 384             Positiva =          Total =
                                           US$ 2.498 por       US$ 2.528
                                           kit                 por kit
Custos de Oportunidade = US$ 1.560


                                           Valor de
Referência: EnSyn = US$ 30                 Referência total
                                           = US$ 30 por kit
```

Figura 9.8 *Estimativa de valor econômico para compradores empresariais da Dynatest.*

Esse exemplo considera um produto (*kit* de análise) que faz o processo de teste genético (DNA) denominado Dynatest, em que a empresa tem convicção de que ele tem atributos bastante superiores ao do seu principal concorrente e quer estimar o seu *valor econômico estimado total*, para diversos segmentos de mercado, para determinação do nível de preços de venda, bem como para permitir a estratégia de comunicação ao mercado. No exemplo, primeiro se faz a estimativa de valor econômico para um segmento específico de mercado, no caso, compradores empresariais.

Como valor de referência foi adotado o produto da Ensyn, que também vende um *kit* para o mesmo objetivo, que é vendido no mercado por US$ 30. A partir desse valor de referência, a empresa identifica os diversos elementos diferenciadores, que consistem nas vantagens do Dynatest que terão que ser exploradas no processo de comunicação ao mercado, e que permitirão vender o Dynatest por um valor bem superior ao Ensyn.

A primeira diferenciação identificada foi o custo de oportunidade. Verificou-se que, em compradores empresariais, o Dynatest possibilitará uma economia de diversos testes que redundarão em 40 horas a menos na realização desse testes. Tendo como referência que cada teste custa aproximadamente US$ 39 por hora, um comprador empresarial do Dynatest poderá economizar US$ 1.560.

Identificou-se também que o uso do Dynatest no laboratório produz um trabalho mais eficiente, que permite economizar 16 horas de trabalho, que ao preço de US$ 24 por hora permitirá uma economia adicional de US$ 384. Além disso, como o Dynatest mantém um padrão de qualidade com maior sustentabilidade, eliminando alguns trabalhos de checagem, também permitirá uma economia de 2 horas, permitindo economia adicional de US$ 48.

Com relação ao tamanho das amostras, a utilização do Dynatest permite trabalhar com amostras menores do material a ser analisado, que permitirá economias de US$ 468. Além disso, por trabalhar com amostras menores, também economizará 16 horas extras de trabalho em 10% das ocasiões, que permitirão que a empresa economize mais US$ 38.

Esses elementos indicam que o valor econômico estimado para o Dynatest é de US$ 2.528 e o valor da diferenciação em relação ao principal concorrente, de US$ 2.498 por *kit*. Isso não quer dizer que a empresa deverá precificar esse produto por US$ 2.528, mas esses elementos permitem determinar um preço de venda bem superior ao do concorrente, explorando os atributos e diferenciações do seu produto específico.

Esse processo de identificação e mensuração do valor econômico do produto é o elemento-chave para identificar a criação de valor para o cliente e estimar o valor percebido pelo consumidor. O processo deverá ser realizado para todos os segmentos de mercado, pois outros segmentos compradores do produto terão percepções diferentes. No caso da Dynatest, outros segmentos de mercado compradores, como o governo, nos setores de imigração, tribunais e agências legais, serviços clínicos, pesquisa acadêmica, laboratórios etc., poderão apresentar diferentes percepções que mudarão o valor econômico total e, consequentemente, o valor da diferenciação.

Portanto, para cada segmento de mercado deverá ser feito um trabalho de identificação do valor econômico estimado e do valor percebido pelo consumidor, mesmo que o produto seja o mesmo.

9.3.3 Psicologia do consumidor

A precificação trabalha pensando no comportamento do consumidor. Portanto, os aspectos psicológicos são preponderantes na estratégia de precificação. Os psicólogos Amos Tversky e Daniel Kahneman (Nobel de Economia) questionaram a teoria do *Homo Economicus*, ser racional. Eles provaram que as pessoas não são tão racionais assim ao comprar.

Os preços subjetivos determinam todas as decisões. Os seres humanos são mais complexos do que a teoria econômica entende. As escolhas dependem do contexto, e um simples número não pode expressar como uma pessoa sente diante da incerteza da escolha. Pessoas inteligentes são influenciadas por meras palavras, pelo modo que a estrutura das decisões é feita.

Os consumidores são fundamentalmente sensitivos a diferenças relativas, mas não a preços absolutos. Escolhemos entre descrições de opções, mais do que entre as opções, elas mesmas. Isso quer dizer que o consumidor realmente não sabe nada sobre o custo de produto.

Alguns exemplos de aplicações de preços levando em conta a psicologia das pessoas:

a) *Preço âncora, é tudo relativo*: a ancoragem significa fixar um produto chamativo, para forçar, induzir a venda de outro. Exemplos: colocar uma bolsa de luxo por $ 10.000,00 ao lado de uma de $ 2.500,00; vende-se a de $ 2.500,00. Colocar um eletrodoméstico de ancoragem, de luxo, de $ 2.000,00, ao lado de um *standard* de $ 700,00; vende o de $ 700,00;

b) *Preços não lineares*: leve três e pague dois; preços terminados em 0,99 (preços terminados em 00 são mais faces de lembrar; preços ímpares; preço maior dá a ideia de produto melhor; vendas no cartão de crédito (não há a sensação imediata de que o dinheiro está te deixando); vendas a prazo em dez parcelas iguais sem juros!;

c) *Alterações de embalagem*: redesenho de embalagem, com visual e apelo diferente, aumentando o preço ou mudando a quantidade de produto dentro da embalagem, mantendo o mesmo preço;

d) *Elasticidade-preço*: reflete o comportamento do cliente em frente às mudanças de preços. É a proporção que a demanda aumenta ou diminui em relação a uma determinada variação no preço. Produtos inelásticos são aqueles que, mesmo tendo o preço aumentado, os clientes pagam porque são considerados como necessários, ou são customizados, ou o preço é identificado como um indicador de qualidade, por exemplo. Produtos elásticos são aqueles em que aumentando ou diminuindo o preço, há diminuição ou aumento do consumo. Por exemplo: muitos produtos substitutos estão disponíveis, o cliente pode comparar facilmente o item com produtos dos concorrentes, o preço representa um percentual significativo do orçamento do cliente etc.

9.3.4 O estrategista de preço

Os princípios que norteiam o responsável pela estratégia de precificação são os seguintes:

a) ter a consciência da importância do papel dos preços na lucratividade;
b) organizar o registro dos fatos capazes de orientar a administração de preços;
c) fazer a análise dos fatos e a escolha ou criação das ferramentas necessárias;
d) determinação para implementar a estratégia desenvolvida;
e) não cometer o equívoco de separar o preço do restante do composto de marketing;
f) não aceitar a formação de preços a partir do custo, pois ignora o valor percebido pelo consumidor;
g) aceita o preço formado pelo custo apenas para pisos de preços.

Outros princípios são:

1. **Adotar uma mentalidade lucrativa**
"O que importa não é a fatia de mercado, mas a fatia dos lucros de mercado"
2. **Usar um filtro para a guerra de preços**
"As ações tomadas serão compreendidas pelo outro lado? Desencadearão uma guerra de preços?"
3. **Definir as reações dos concorrentes**
"Prepara o mercado para as mudanças de preços e antevê a reação desejada da concorrência"
4. **Construir sua base de poder**
"Ter produto diferenciado, posição de custo, informação sobre a concorrência, ampla participação no mercado"
5. **Manter flexibilidade**
"Não se comprometer inexoravelmente nem com participação no mercado ou mesmo com a presença em cada segmento".

9.4 IMPLEMENTAÇÃO NA ORGANIZAÇÃO

O último fundamento da precificação é a ação, ou seja, a determinação para estruturar e implementar na organização a estratégia da precificação. De nada adiantam conceitos e princípios se a estratégia não for colocada em prática.

Visão geral da implementação

A Figura 9.9 apresenta os elementos principais para a implementação da estratégia da precificação na organização.

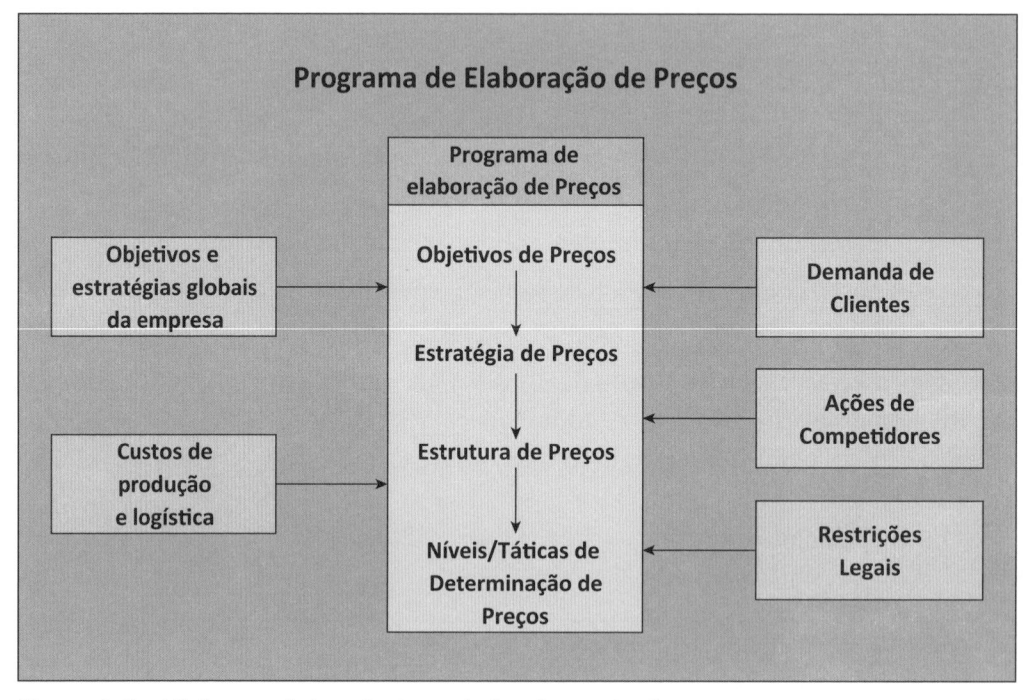

Figura 9.9 *Visão geral da estrutura de implementação.*

A visão geral considera preliminarmente os objetivos e estratégias globais da empresa, a análise do ambiente, que verifica a demanda dos clientes e as ações dos competidores, contempla as restrições legais e identifica os custos de produção e logística dos produtos.

Objetivos de preços

Exemplos:
a) concentrar-se no retorno do investimento;
b) concentrar-se na participação de mercado;
c) maximizar o lucro a longo prazo;
d) maximizar o lucro a curto prazo;
e) obter o crescimento das vendas;
f) estabilizar o mercado;
g) ser o líder de preços;
h) dessensibilizar os clientes para o preço;
i) desencorajar a entrada de novos competidores;
j) gerar volume de forma a empurrar para baixo os custos etc.

Estabelecendo uma estratégia

Exemplos:
Estratégias Baseadas no Custo
Preço mais margem
Preço mais margem com retorno do investimento
Estratégias Baseadas no Mercado
Preços mínimos
Preços de penetração
Preços de paridade
Preço *Premium* (diferenciado)
Preço de Liderança
Preços de retirada
Preços sob a forma de pacotes
Preços diferentes para mercados diferentes
Preços por benefício cruzado

Desenvolvendo uma estrutura

Exemplos:
- Deveríamos cobrar preços padrões por um produto ou serviço?
- Deve-se cobrar o mesmo preço básico para os grandes clientes e os clientes que compram frequentemente?
- De que maneira a época afeta o preço cobrado ao cliente?
- Até que ponto pode variar preço de produto para cada cliente?
- Deve-se cobrar mais alto de clientes que valorizam o produto?
- Qual é a razão do desconto a ser oferecido ao comprador?
- A estrutura de preço deve envolver uma opção de aluguel ou *leasing*? Etc.

Níveis e táticas de preços

Exemplos:
- Os níveis de preços devem ser administrados cotidianamente.
- Os níveis de preços podem exigir frequentes modificações em resposta a variações nos custos de produção, táticas dos concorrentes e condições de mudanças de mercado.
- As variações de preços não devem acontecer de forma arbitrária.
- Os clientes devem sentir certo grau de consistência e estabilidade nos níveis de preços da empresa ao longo do tempo.
- Os movimentos táticos podem incluir abatimentos, preços de "dois por um", cupons com descontos etc.

9.5 MODELO ECONÔMICO DE AVALIAÇÃO E SIMULAÇÃO

O modelo econômico de avaliação da estratégia de precificação só pode ser o modelo da margem de contribuição, que assume o método de custeamento variável/direto para os produtos e serviços. Uma vez que a estratégia de precificação envolve diferentes preços e diferentes volumes para diferentes segmentos de mercado, e ao mesmo tempo necessita de redirecionamentos constantes dos produtos para esses mercados, o modelo econômico de avaliação não pode ser estruturado com métodos de custeamento que contenha elementos de rateio, absorção ou alocação aos produtos de custos e despesas indiretas.

9.5.1 O modelo de margem de contribuição para precificação

O Quadro 9.1 apresenta o modelo de avaliação econômica que deve ser adotado para monitorar a estratégia de precificação. O modelo contempla os fundamentos principais de precificação. Primeiramente, o modelo é o modelo da margem de contribuição, em que não se faz o rateio dos custos e despesas fixas indiretas gerais aos produtos ou serviços.

O cabeçalho contempla os fundamentos da precificação, quais sejam, a identificação de cada produto ou serviço para cada segmento de mercado. Isso deve ser feito para todos os produtos/serviços e segmentos, mesmo que a quantidade de produtos ou serviços seja muito grande.

Para cada segmento de mercado há um preço, que é o preço determinado a partir do valor percebido. Assim, verifica-se que o Produto ou Serviço A tem o preço de venda para o Segmento 1 de $ 10,00 e o mesmo produto ou serviço é vendido para o Segmento 2 por $ 20,00. Da mesma forma é feito com o Produto ou Serviço B.

INTRODUÇÃO À PRECIFICAÇÃO (PRICING) 265

Quadro 9.1   Modelo da margem de contribuição para precificação.

	Produto ou Serviço A Segmentos de Mercado			Produto ou Serviço B Segmentos de Mercado			Total Geral Empresa
	Segmento 1	Segmento 2	Total	Segmento 1	Segmento 3	Total	
I – Dados unitários							
Preço de venda unitário	10,00	20,00		60,00	130,00		
Custo variável unitário	5,00	5,00		45,00	45,00		
Despesa variável unitária	1,00	2,00		8,00	7,00		
Margem de contribuição unitária	4,00	13,00		7,00	78,00		
II – Quantidade a ser vendida	350.000	60.000	410.000	90.000	20.000	110.000	
III – Dados totais							
Receita total	3.500.000	1.200.000	4.700.000	5.400.000	2.600.000	8.000.000	12.700.000
Custo variável total	1.750.000	300.000	2.050.000	4.050.000	900.000	4.950.000	7.000.000
Despesa variável total	350.000	120.000	470.000	720.000	140.000	860.000	1.330.000
Margem de contribuição total	1.400.000	780.000	2.180.000	630.000	1.560.000	2.190.000	4.370.000
IV – Gastos diretos aos produtos/ serviços							
Custos fixos diretos	80.000	80.000	160.000	90.000	90.000	180.000	340.000
Despesas fixas diretas	120.000	150.000	270.000	120.000	250.000	370.000	640.000
V – Margem de contribuição direta total	1.200.000	550.000	1.750.000	420.000	1.220.000	1.640.000	3.390.000
VI – Contribuição % por produto e segmento	35,4%	16,2%	51,6%	12,4%	36,0%	48,4%	100,0%
VII – Apuração do Lucro Líquido							
Custos fixos gerais							500.000
Despesas fixas gerais							700.000
Lucro operacional total							2.190.000
IR/CSLL							744.600
Lucro líquido (a)							1.445.400
VIII – Monitoramento da Rentabilidade							
Investimento (b)							12.000.000
Retorno do Investimento real (a / b)							12,0%
Retorno do investimento esperado							13,5%

Pode haver diferença na despesa variável unitária, uma vez que os segmentos atendidos são diferentes e a despesa variável refere-se a canais de comercialização. Com relação ao custo unitário, em princípio, é o mesmo, já que é o custo de fabricação ou produção. A primeira parte do modelo conclui com a obtenção da margem de contribuição unitária de cada produto ou serviço para cada segmento. É importante ressaltar que o que importa é a margem de contribuição total e não a margem de contribuição unitária do produto ou serviço.

A segunda parte do modelo apresenta as atuais quantidades a serem vendidas. Juntamente com os dados unitários, corresponde à parte do modelo em que se aplica o conceito de simulação. Em seguida, o modelo apresenta o resultado da multiplicação dos preços, custos e despesas unitárias, com as quantidades, obtendo-se a margem de contribuição total, com os elementos variáveis.

A quarta parte do modelo identifica os custos e despesas fixas diretas aos produtos e serviços. São aqueles gastos que, mesmo fixos, são diretos aos produtos e serviços, tais como consultorias técnicas específicas para determinados produtos e serviços, gastos com licenciamento, *franchising* etc. para produtos e serviços específicos. Não devem ser misturados com os demais gastos fixos gerais.

A quinta e sexta partes do modelo é a apuração da margem de contribuição direta total de cada produto e sua representatividade percentual. É a primeira análise fundamental do modelo. Verifica-se no exemplo apresentado que o Produto ou Serviço A para o Segmento 1, mesmo que tenha o menor preço de venda, é o que mais contribui para o total do lucro da empresa, com 35,4% da margem de contribuição total. Isso é possível porque esse produto vende em grandes quantidades, em comparação com os demais. A outra maior participação é o Produto B ou Serviço no Segmento 3, em razão basicamente de seu maior preço de venda.

A sétima parte do modelo apura o lucro líquido, considerando os gastos fixos gerais que não podem ser alocados aos produtos e serviços, apurando o lucro operacional e a tributação do imposto de renda. A última parte do modelo é denominada monitoramento da rentabilidade, que é o objetivo final da precificação. Assim, ela deve conter como parâmetro final o retorno do investimento esperado pelos acionistas.

No exemplo, o retorno esperado é de 13,5% ao ano, mas, no atual momento, os dados conseguidos indicam que não será alcançada a rentabilidade desejada. Assim, se faz necessário novas ações para alcançar a meta de rentabilidade desejada.

9.5.2 Análise dos efeitos da tomada de decisão

As novas ações para melhorar a rentabilidade passam pela revisão dos segmentos de mercado em que a empresa atua com seus produtos, as quantidades vendidas e o preço de venda em cima do valor percebido pelos clientes de cada segmento.

Em termos financeiros, as decisões implicam basicamente quatro variáveis econômicas:

a) alterações no preço de venda;
b) alterações no volume vendido;
c) alterações nos custos e despesas variáveis;
d) alterações nos custos e despesas fixas.

As alterações nos preços de venda e nos custos e despesas variáveis implicam, necessariamente, em alterações na margem de contribuição unitária de cada produto. As alterações nos custos e despesas fixas são mensuradas em valor absoluto e não há dificuldade em identificá-las. Os exemplos apresentados nos Quadros 9.2 e 9.3 mostram um modelo de análise das variações decorrente de ações objetivando melhorar a rentabilidade alterando preços e volume.

Quadro 9.2 *Situação anterior à mudança de preços.*

Preço de Venda	10,00
Custos Variáveis Unitários	5,50
Margem de Contribuição Unitária	4,50
Volume de Vendas	4.000
Total da Receita	40.000
Total dos Custos Variáveis	22.000
Margem de Contribuição Total	18.000

A margem de contribuição total do produto ou serviço está em $ 18.000. A empresa entende que se abaixar o preço em $ 0,50, mas aumentando o volume em 600 unidades, ela conseguirá uma maior margem de contribuição total. Vejamos o efeito no Quadro 9.3.

Quadro 9.3 *Situação posterior à mudança de preços.*

Preço de Venda	9,50
Custos Variáveis Unitários	5,50
Margem de Contribuição Unitária	4,00
Volume de Vendas	4.600
Total da Receita	43.700
Total dos Custos Variáveis	25.300
Margem de Contribuição Total	18.400

O resultado da ação foi positivo porque a margem de contribuição total aumentou de $ 18.000 para $ 18.400, e, portanto, a nova situação deve ser considerada correta. O Quadro 9.4 mostra a análise das variações, identificando os efeitos da variação da margem de contribuição e os efeitos do volume alterado.

Quadro 9.4   *Análise das variações.*

Contribuição Perdida Devido ao Preço	
Quantidade Nova × Preço Novo	43.700
Quantidade Nova × Preço Anterior	46.000
Líquido	– 2.300 a
Contribuição Ganha Devido ao Volume	
Quantidade Nova × Preço Novo	46.000
Quantidade Anterior × Preço Anterior	40.000
Líquido	6.000 b
Custos Variáveis Adicionais	– 3.300 c
Resultado Líquido	400

A alteração do preço para menor provocou uma perda de margem de $ 2.300, uma vez que a margem de contribuição unitária do produto ou serviço, que era de $ 4,50, caiu para $ 4,00. Contudo, o aumento do volume em 600 unidades provocou um faturamento maior e as vendas totais aumentaram em $ 6.000. Como o volume aumentou, os custos variáveis também aumentaram na proporção do volume, provocando gastos adicionais de $ 3.300. No cômputo geral, a empresa melhorou a lucratividade em $ 400.

9.5.3   Aplicando a simulação e ponto limítrofe

Os modelos apresentados nos Quadros 9.1 a 9.4 mostram as possibilidades de simulação. Todas as ações de precificação devem ser suportadas por análises econômico-financeiras que permitam avaliar o efeito financeiro das decisões a serem tomadas.

O modelo do Quadro 9.1 é o modelo adequado porque contém todos os elementos econômicos para avaliação da decisão, bem como contempla todos os produtos e serviços em todos os segmentos de mercado.

Todas as decisões devem ser confrontadas com seu ponto limítrofe, que é o retorno do investimento esperado. Ele contempla o giro do investimento, o lucro líquido esperado, a margem de contribuição total e a margem de contribuição média percentual esperada de todos os produtos e serviços em todos os segmentos.

9.6 SISTEMAS DE INFORMAÇÃO E EXEMPLOS DE APLICAÇÕES DE PRECIFICAÇÃO

A precificação é um processo exógeno, ou seja, vem de fora para dentro, vem dos clientes e do mercado. Portanto, há a necessidade de estruturação dos sistemas de informações necessários para manter a estrutura organizacional da precificação.

9.6.1 Sistemas de informação de captura de dados do mercado e dos clientes

Além das pesquisas de mercado que se fazem necessárias, as empresas podem estruturar sistemas de informações da sua própria base de clientes, e, em seguida, aplicar métodos estatísticos para detectar os comportamentos básicos dos consumidores de seus produtos e serviços.

Exemplos de aplicativos de tecnologia de informação já desenvolvidos para esse tipo de análise são:

a) DW – *Data Warehouse* (armazém de dados);
b) BI – *Business Intelligence* (inteligência nos negócios);
c) DM – *Data Mining* (mineração de dados);
d) RN – Redes Neurais;
e) IA – Inteligência Artificial.

As empresas de TI, IBM, Microsoft, SAP e Oracle, fornecem programas de gestão para mais de 10.000 varejistas no mundo capazes de armazenar o histórico de vendas diário de cada loja nos últimos meses, bem como analisar e gerenciar os dados obtidos. Outros *softwares* registram o histórico de vendas e cálculo de preços para diferentes regiões de acordo com o poder aquisitivo do consumidor local etc.

9.6.2 *Softwares* para gestão diária dos preços de venda

Para a gestão diária ou mensal dos preços de venda, a empresa deve estruturar sistemas de informações que permitam alterar a todo instante as variações de preços de venda que se fazem necessárias para a gestão dos mercados, produtos e da rentabilidade.

Dependendo do porte da organização e do mercado em que atua, do tipo de produto ou serviço, é possível que um sistema estruturado em Excel seja suficiente, como no caso de indústrias de produtos em que não há necessidade de gestão diária de preços de venda. Porém, para organizações de grande porte, com centenas de pontos de venda em regiões diferentes, de grande variedade de produtos e serviços e de grande consumo, como empresas redes varejistas, haverá a necessidade de desenvolver *softwares* específicos para gestão diária dos preços de venda.

Esses *softwares* devem conter todos os produtos e serviços à disposição dos pontos de venda, o estoque existente, o período de validade dos estoques, tanto por perecibilidade quanto por obsolescência comercial, a possibilidade ou não de remanejamento de estoques etc., de tal forma que a todo instante, em tempo real, se saiba o resultado de cada transação em cada ponto de venda, o lucro obtido em cada transação e a possibilidade de alterar os preços em função das ofertas dos concorrentes e das pressões dos consumidores. Denominamos esse tipo de *software* de *"mesa de precificação"*, que deve ter uma equipe para sua administração e operação.

9.6.3 Exemplos de aplicações de precificação

Extraímos da literatura e de artigos de revistas especializadas diversos exemplos do mundo real, apresentados a seguir, mas que não esgotam o tema.

- Cálculo de preços de venda para diferentes regiões de acordo com o poder aquisitivo do consumidor local.
- Preços diferentes ao longo do mês, dando descontos para quem compra nos primeiros dias do mês.
- Preços diferentes à medida da ocupação da capacidade produtiva ou de serviços (muito utilizado pelas companhias aéreas), denominado de *yeld management* (gestão da receita).
- Preços por segmentação de mercado.
- Johnson & Johnson – três funcionários passam boa parte do expediente analisando todos os preços dos 700 produtos vendidos pela companhia. A equipe de precificação identificou dezenas de preços diferentes para um mesmo produto, chegando até a uma variação de 30%, considerando a localização do cliente até o dia do mês em que a compra é feita. O ajuste fino levou a empresa a rever o preço de todos os seus produtos – metade para baixo, metade para cima, de acordo com o nível de concorrência nas categorias, ajudando a aumentar seu lucro em 10% em 2010.

- American Airlines – há pelo menos três décadas leva em conta dezena de fatores – como antecedência, horário de voo e previsão de demanda – para cobrar dezenas de tarifas diferentes para o mesmo voo. A variação pode chegar a 1.000%.
- Continental Airlines – passou recentemente a cobrar 25 dólares a mais nas passagens compradas por telefone e até 100 dólares pelos 17 centímetros a mais de espaço na primeira fileira da classe econômica.
- Pão de Açúcar – o preço dos itens mais vendidos, como leite e cerveja, chega a variar até 20% de um ponto para outro.
- Ford – antes de lançar cada modelo, a empresa reúne até 200 consumidores para descobrir quanto pagariam a mais pelo *design* do veículo. O modelo que vai às ruas é aquele pelo qual pagariam mais.

9.7 EFEITOS DA PRECIFICAÇÃO EM SERVIÇOS

As possibilidades da eficácia das estratégias de precificação em serviços são muito amplas, provavelmente com efeitos proporcionalmente maiores do que em produtos comerciais e industriais. Como há uma grande variabilidade na produção e oferta de serviços, dependendo de quem presta o serviço e de quem recebe, com as relações pessoais sendo muito mais intensas do que em outro tipo de atividade, as possibilidades de adoção de estratégias de precificação com resultados melhores para as empresas e com a satisfação do consumidor são claras.

A questão se fundamenta, é claro, no valor percebido pelo consumidor. Em serviços, essa condição é muito clara, e pode ser explorada de diversas maneiras.

Exemplos:

a) O consumidor está normalmente disposto a pagar mais caro por estadias em hotéis de luxo do que em hotéis mais simples;

b) O consumidor está normalmente propenso a entender que há maior valor percebido num restaurante com um chefe de cozinha famoso do que em outro restaurante;

c) O consumidor está propenso a aceitar custas maiores de hospitais conhecidos por terem alta tecnologia do que em hospitais comuns;

d) O cliente de um escritório de advocacia de renome aceita pagar um preço por hora até dez vezes mais alto que outro escritório sem a mesma visão de capacidade técnica;

e) O cliente aceita pagar mais por um serviço de tecnologia de informação com maior eficiência e rapidez do que outro etc.

Dessa maneira, todos os aspectos que compõem um serviço devem ser trabalhados na busca de criação de valor percebido pelo cliente para a adoção do maior preço possível do serviço.

QUESTÕES E EXERCÍCIOS

1. Uma empresa está estudando os elementos diferenciados do seu produto em relação à concorrência. Ela fabrica uma máquina para cortar metais comandada por equipamento eletrônico que permite maior rapidez e precisão no corte. O concorrente direto, que ela julga que tem o produto de referência, vende uma máquina similar por $ 35.000. A empresa identificou os seguintes diferenciadores na sua máquina em relação à concorrente.

    a) Ela economiza 1 hora de preparação da máquina a cada nova peça de metal a ser cortada. Ela pesquisou e verificou que a maior parte das empresas prepara a máquina pelo menos quatro vezes ao dia e o custo médio horário do preparador de máquina é de $ 50,00 por hora.

    b) Por ser mais precisa em relação à concorrência, a máquina da empresa economiza 3% a mais de material por ocasionar menor perda de material no corte. Em linhas gerais, as empresas tendem a cortar, no mês, 15.000 kg de material que custa em média $ 12,00 o quilo.

    c) Por ser mais rápida em cada operação, a máquina economiza em média 7% de tempo de operação em todas as fases de trabalho. Isso permite uma economia de mão de obra, ganhando produtividade, ao custo de $ 50,00 por hora.

    Pede-se: apurar a Estimativa do Valor Econômico da máquina em relação à concorrência e o valor da diferenciação dos três elementos diferenciadores. Considere dados mensais, com um mês de 22 dias e 8 horas por dia.

2. Uma empresa vende um produto por um preço de venda de $ 250,00, com custos variáveis de $ 135,00. As vendas atuais são de 12.000 unidades por mês.

    A empresa imagina que se reduzir o preço em 6% poderá vender mais 2.000 unidades. Faça o cálculo da margem de contribuição total da mudança de preços e depois da mudança de preços e verifique se a empresa está tomando a decisão correta, bem como identifique qual a participação na variação do resultado decorrente do preço e decorrente do volume.

10

Análises de Custos e Rentabilidade

Este capítulo destina-se a desenvolver as principais análises de custos que não foram abordadas nos capítulos anteriores. As principais análises e modelos para análise e gestão de custos e preços de venda já foram desenvolvidas nos capítulos anteriores. A visão geral de análise de rentabilidade de serviços e produtos foi apresentada no Capítulo 4, Métodos de Custeio.

10.1 MODELO GERAL DE ANÁLISE DE CUSTOS E RENTABILIDADE

Quando a empresa adota o método de custeio que julga o adequado para seu processo de tomada de decisão, ela está, automaticamente, adotando seu modelo básico de análise de rentabilidade em relação aos seus produtos e serviço. A confrontação do valor obtido pelas vendas de cada produto ou serviço com o valor obtido pela multiplicação do custo unitário de cada produto ou serviço vendido com o respectivo volume de vendas dá a análise básica de rentabilidade de produtos e serviços.

Apesar de se ter opções de métodos de custeio, o modelo básico de análise de rentabilidade fundamenta-se no custeamento direto ou variável e da margem de contribuição. No caso de empresas de serviços, a linha básica a ser adotada é a seguinte:

a) empresas de serviços onde há custos variáveis relevantes, o conceito de margem de contribuição de cada serviço torna-se indispensável (hospitais, transporte de carga, refeições);
b) empresas de serviços onde não existem custos variáveis ou estes não são relevantes, o conceito de margem de contribuição direta e o custeamento direto é o modelo adequado (instituições de ensino, empresas de consultoria etc.).

O Quadro 10.1 apresenta o modelo geral de análise para serviços, que é o mesmo para produtos e mercadorias.

Quadro 10.1 *Modelo geral para análise de custos e rentabilidade.*

	Serviço A	Serviço B	Serviço C	Total
Quantidade de venda ou produção	2.000	3.000	4.500	
Preço de venda unitário*	15,00	12,00	10,00	
Custo variável unitário	4,00	2,80	2,80	
Despesa variável unitária	1,00	1,00	1,00	
Margem de contribuição unitária	10,00	8,20	6,20	
Margem de contribuição percentual	*66,7%*	*68,3%*	*62,0%*	
Receita total*	30.000	36.000	45.000	111.000
Custos e despesas variáveis totais	– 10.000	– 11.400	– 17.100	– 38.500
Margem de contribuição total	20.000	24.600	27.900	72.500
Participação da margem de cada serviço na margem de contribuição total	27,6%	33,9%	38,5%	100,0%
Custos específicos diretos aos serviços	– 5.000	– 5.000	– 6.000	– 16.000
Despesas específicas diretas aos serviços	– 2.000	– 3.000	– 1.500	– 6.500
Margem de contribuição direta	13.000	16.600	20.400	50.000
Margem de contribuição direta percentual	*43,3%*	*46,1%*	*45,3%*	*45,0%*
Participação da margem direta de cada serviço na margem direta total	26,0%	33,2%	40,8%	100,0%
Custos fixos gerais	0	0	0	– 10.000
Despesas fixas gerais	0	0	0	– 15.000
Lucro operacional				25.000
Margem de lucro operacional percentual				22,5%

* Já excluídos dos tributos sobre a venda/receita.

O modelo contempla todos os conceitos e informações necessários para analisar a rentabilidade dos serviços. Em linhas gerais, o modelo pede todos os dados unitários de preços de venda, custos e despesas, e os associa ao volume de produção ou vendas. Assim, o modelo compreende os dados unitários e os dados totais, permitindo, ao mesmo tempo, análises percentuais, visão de cada produto ou serviço e o impacto no resultado total da empresa.

10.1.1 Custos e despesas variáveis, margem de contribuição unitária e percentual

Os custos variáveis são os gastos específicos de cada serviço, basicamente representados pelos materiais aplicados nos serviços e serviços de terceiros aplicados em cada unidade de serviço prestado. A mão de obra direta aplicada em cada serviço também pode ser adicionada aos custos variáveis unitários, uma vez que ela tem características gerais de variabilidade no médio e longo prazo. Esses elementos são obtidos pelo custeamento unitário do serviço.

As despesas variáveis são, normalmente, despesas comerciais ou de licenciamento cobradas em cima do preço unitário de venda do serviço. As principais são: comissões sobre venda, *royalties*, *franchising* etc.

Com esses elementos obtém-se a margem de contribuição unitária (variável) de cada serviço. Representa a contribuição, em valor, que a venda de cada serviço dá para a empresa, com a finalidade de cobrir todos os custos e despesas fixas e dar a lucratividade desejada.

A margem de contribuição percentual é uma informação importante para medir a distância entre o preço de venda unitário e os custos e despesas variáveis unitárias. No nosso exemplo, o Serviço A tem a maior margem de contribuição unitária, mas não tem a maior margem de contribuição percentual, que é a do Serviço B. O Serviço C tem as menores margens dos três serviços do exemplo. Mas essa é ainda uma análise não conclusiva: é necessário considerar o volume, as quantidades vendidas, para se ter a informação mais importante da análise: a margem de contribuição direta de cada produto ou serviço.

10.1.2 Custos e despesas diretas específicas dos serviços: margem de contribuição direta

Nem todos os gastos fixos são de características gerais ou corporativas. Alguns gastos são específicos para determinados serviços ou linha de produtos ou serviços. Estes podem ser gastos da operação, fazendo parte do custo unitário, ou podem ser despesas administrativas ou comerciais.

Assim sendo, esses gastos não devem ser alocados e confrontados com o resultado total da empresa, devendo ser alocados como custos ou despesas específicas de cada serviço ou linha de serviços. Em termos de custeamento unitário, devem ser transformados em custo unitário do produto ou serviço pela divisão do gasto total sobre as quantidades produzidas ou vendidas.

Dessa maneira, identifica-se o conceito de margem de contribuição direta, que compreende tanto os custos e despesas variáveis, como os custos e despesas diretas aos serviços ou linha de serviços. É importante salientar que os custos e despesas variáveis são dados unitários, enquanto os custos e despesas fixas diretas são dados totais.

Assim, o conceito de margem de contribuição direta é o elemento mais importante para a análise da rentabilidade dos serviços.

10.1.3 Margem de contribuição direta total: a informação mais importante

Fica evidente que a análise deve se concentrar na margem de contribuição direta total. Sempre deve prevalecer, para julgamento de qual é o melhor serviço da empresa, a margem de contribuição direta total que cada serviço dá para o resultado total da companhia.

Portanto, não é a margem de contribuição unitária a informação mais importante; tampouco, a margem de contribuição percentual. A informação mais importante, e o elemento condutor e definidor da análise da contribuição de cada serviço ou produto, é o total da margem de contribuição direta que cada serviço ou produto dá (contribui) para o resultado total da empresa, uma vez que essa informação contempla o volume, a outra grande variável fundamental do modelo.

No exemplo numérico, o Serviço C tem a *menor* margem de contribuição unitária e a *menor* margem de contribuição percentual. Contudo, em razão do volume vendido, *é o serviço que mais contribui para o lucro da empresa, tendo a maior margem de contribuição direta total*, contribuindo com 40,8% da geração do lucro de todos os serviços para a empresa.

Os custos e despesas fixas gerais da empresa não devem ser rateados, devendo ser deduzidos apenas do total da margem de contribuição total de todos os serviços da companhia. A margem percentual de lucro operacional de todos os serviços é, então, uma margem percentual média.

10.1.4 Aplicação de simulação

O fundamento científico desse modelo de análise de custos e rentabilidade é que ele não mistura custos fixos com custos variáveis, e, com isso, pode ser trabalhado em ambiente de simulação. Isso não é possível com métodos de custeamento que contenham elementos de rateio ou distribuição de custos fixos ao custo unitário dos serviços, pois, a partir do momento em que há o rateio ou distribuição dos custos fixos ao custo unitário dos produtos, a informação do custo unitário permite trabalhar volumes e *mix* diferentes dos serviços.

Portanto, para trabalhar em ambiente de simulação, o que é comum para o dia a dia das empresas, o modelo tem que ser estruturado dentro do método de custeamento direto/variável. Nesse modelo e com esse método, pode-se, a todo momento, modificar os volumes de cada serviço, bem como o *mix* mais apropriado, que conduz a maior margem de contribuição direta total para a empresa.

10.2 MARGEM DE CONTRIBUIÇÃO E FATORES LIMITANTES OU RESTRITIVOS

O modelo de decisão da margem de contribuição desenvolvido no tópico anterior pode e deve ser expandido com o conceito de margem de contribuição pelo fator limitante, quando necessário. Em determinados momentos da empresa, algum elemento físico das operações, ou mesmo o mercado, pode impor restrições à demanda e venda dos serviços. Nessas situações, um estudo da margem de contribuição por fator limitante permitirá ajustar a produção à demanda, identificando o melhor *mix* de produto que conduza à maximização da margem de contribuição total da empresa, considerando a restrição em questão.

10.2.1 Fatores limitativos

Os fatores limitantes ou restrições devem ser físicos, ou seja, devem ser passíveis de serem mensurados em determinado padrão de quantidade. Assim, podemos ter restrições ou fatores limitantes em mão de obra direta, equipamentos, instalações, distribuição etc.

Outro fator restritivo ou limitante em muitas atividades é o espaço físico, como, por exemplo, nas lojas de departamento e supermercados. Deve-se, nesses casos, identificar os produtos que deem a maior margem de contribuição por espaço ocupado. No caso de supermercados, provavelmente, além do espaço ocupado, o giro das vendas também deve ser incorporado ao cálculo, uma vez que a repetição maior ou menor de vendas para o mesmo espaço afeta a lucratividade e a margem de contribuição total dos produtos.

10.2.2 Situação base

Para desenvolver o exemplo, vamos partir de uma situação inicial, que denominamos situação base, onde constam todos os serviços e seus respectivos volumes atuais de produção e vendas, apresentada no Quadro 10.2.

Quadro 10.2 *Margem de contribuição e fatores limitativos – situação base.*

	Serviço A	Serviço B	Serviço C	Total
Quantidade de venda ou produção	3.750	2.500	2.300	
Preço de venda unitário	153,00	375,00	250,00	
Custo variável unitário	69,00	151,00	91,00	
Despesa variável unitária	19,00	45,00	30,00	
Margem de contribuição unitária	65,00	179,00	129,00	
Margem de contribuição percentual	*42,5%*	*47,7%*	*51,6%*	
Receita total	**573.750**	**937.500**	**575.000**	**2.086.250**
Custos e despesas variáveis totais	– 330.000	– 490.000	– 278.300	– 1.098.300
Margem de contribuição total	**243.750**	**447.500**	**296.700**	**987.950**
Participação da margem de cada serviço na margem de contribuição total	*24,7%*	*45,3%*	*30,0%*	*100,0%*
Custos específicos diretos aos serviços	– 25.000	– 25.000	– 25.000	– 75.000
Despesas específicas diretas aos serviços	– 10.000	– 10.000	– 10.000	– 30.000
Margem de contribuição direta	**208.750**	**412.500**	**261.700**	**882.950**
Margem de contribuição direta percentual	*36,4%*	*44,0%*	*45,5%*	*42,3%*
Participação da margem direta de cada serviço na margem direta total	*23,6%*	*46,7%*	*29,6%*	*100,0%*
Custos fixos gerais	0	0	0	– 150.000
Despesas fixas gerais	0	0	0	– 340.000
Lucro operacional				**392.950**
Margem de lucro operacional percentual				**18,8%**

10.2.3 A situação da restrição

Vamos considerar os seguintes dados para o estudo das restrições e a utilização do modelo de margem de contribuição nessas situações:

a) Todos os serviços da empresa necessitam da utilização de um mesmo equipamento, denominado de Equipamento X, sem o qual o serviço não é produzido (um exame diagnóstico, um frete etc.);
b) A ocupação atual do tempo do Equipamento X é a seguinte:

	Quantidade do Serviço	Horas por unidade Equipamento X	Horas Totais Utilizadas
Serviço A	3.750	0,1	375
Serviço B	2.500	0,5	1.250
Serviço C	2.300	0,3	690
Total			2.315

c) Segundo informações de comercialização, há espaço para produção e venda de qualquer quantidade adicional de qualquer serviço;
d) Uma análise da operação mostra que há uma sobra de 120 horas do Equipamento X, passível de utilização, considerando as características dos serviços e dos clientes;
e) Para não inviabilizar qualquer um dos serviços, a quantidade atual não deverá ser alterada para menos; ou seja, o modelo de análise deve apontar qual o serviço que deverá ter sua produção aumentada, não reduzindo as quantidades atuais dos demais serviços.

Com essas colocações, utilizando-se o modelo geral de análise de custos e rentabilidade da margem de contribuição, procede-se às possibilidades em ambiente de simulação.

10.2.4 As decisões possíveis

Tendo em vista a sobra de 120 horas, as quantidades adicionais de cada serviço que poderão ser produzidas são as seguintes:

	Horas por unidade Equipamento X	Horas Adicionais Disponíveis	Quantidade a ser adicionada
Serviço A	0,1	120	1.200
Serviço B	0,5	120	240
Serviço C	0,3	120	400

A primeira decisão possível seria produzir o serviço que tem a maior margem de contribuição unitária, no caso, o Serviço B. Assim, a produção do Serviço B poderia ser aumentada em 240 unidades, conforme apresentado no Quadro 10.3.

Quadro 10.3   Aumentando a produção do serviço B em 240 unidades.

	Serviço A	Serviço B	Serviço C	Total
Quantidade de venda ou produção	3.750	2.740	2.300	
Preço de venda unitário	153,00	375,00	250,00	
Custo variável unitário	69,00	151,00	91,00	
Despesa variável unitária	19,00	45,00	30,00	
Margem de contribuição unitária	65,00	179,00	129,00	
Margem de contribuição percentual	42,5%	47,7%	51,6%	
Receita total	573.750	1.027.500	575.000	2.176.250
Custos e despesas variáveis totais	– 330.000	– 537.040	– 278.300	– 1.145.340
Margem de contribuição total	243.750	490.460	296.700	1.030.910
Participação da margem de cada serviço na margem de contribuição total	23,6%	47,6%	28,8%	100,0%
Custos específicos diretos aos serviços	– 25.000	– 25.000	– 25.000	– 75.000
Despesas específicas diretas aos serviços	– 10.000	– 10.000	– 10.000	– 30.000
Margem de contribuição direta	208.750	455.460	261.700	925.910
Margem de contribuição direta percentual	36,4%	44,3%	45,5%	42,5%
Participação da margem direta de cada serviço na margem direta total	22,5%	49,2%	28,3%	100,0%
Custos fixos gerais	0	0	0	– 150.000
Despesas fixas gerais	0	0	0	– 340.000
Lucro operacional				435.910
Margem de lucro operacional percentual				20,0%

Naturalmente, o lucro operacional é maior porque se aumentou o volume de um dos serviços, mantendo os custos fixos constantes. A questão não é comparar com a situação base. A questão é comparar o resultado final com os três serviços.

Uma segunda decisão possível seria aumentar o volume do serviço de maior margem de contribuição percentual, nesse caso, o Serviço C, que tem a maior margem percentual, de 51,6%. Os valores estão no Quadro 10.4, com um aumento de 400 unidades do Serviço C.

Quadro 10.4 *Aumentando a produção do serviço C em 400 unidades.*

	Serviço A	Serviço B	Serviço C	Total
Quantidade de venda ou produção	3.750	2.500	2.700	
Preço de venda unitário	153,00	375,00	250,00	
Custo variável unitário	69,00	151,00	91,00	
Despesa variável unitária	19,00	45,00	30,00	
Margem de contribuição unitária	65,00	179,00	129,00	
Margem de contribuição percentual	*42,5%*	*47,7%*	*51,6%*	
Receita total	**573.750**	**937.500**	**675.000**	**2.186.250**
Custos e despesas variáveis totais	– 330.000	– 490.000	– 326.700	– 1.146.700
Margem de contribuição total	**243.750**	**447.500**	**348.300**	**1.039.550**
Participação da margem de cada serviço na margem de contribuição total	*23,6%*	*43,4%*	*33,8%*	*100,8%*
Custos específicos diretos aos serviços	– 25.000	– 25.000	– 25.000	– 75.000
Despesas específicas diretas aos serviços	– 10.000	– 10.000	– 10.000	– 30.000
Margem de contribuição direta	**208.750**	**412.500**	**313.300**	**934.550**
Margem de contribuição direta percentual	*36,4%*	*44,0%*	*46,4%*	*42,7%*
Participação da margem direta de cada serviço na margem direta total	*22,5%*	*44,6%*	*33,8%*	*100,9%*
Custos fixos gerais	0	0	0	– 150.000
Despesas fixas gerais	0	0	0	– 340.000
Lucro operacional				**444.550**
Margem de lucro operacional percentual				20,3%

Dentro dessas condições e restrições, o Serviço C representa uma opção melhor que o Serviço B, dando um lucro operacional maior. A terceira decisão possível é o Serviço C, que, como será demonstrado, neste momento, com esse conjunto de variáveis e restrições, revela-se a mais lucrativa.

10.2.5 Margem de contribuição por fator restritivo ou limitante

A decisão correta é aumentar a produção e venda, dada a restrição, do serviço que tem a maior margem de contribuição pelo favor limitativo, que nesse caso é o Serviço C. Isso pode ser visto no Quadro 10.5, onde calculamos uma nova abordagem de margem de contribuição, que é a margem de contribuição unitária pelo fator restritivo, no caso, as horas do Equipamento X.

Quadro 10.5 *Margem de contribuição pelo favor limitante.*

	Margem de Contribuição Unitária – $	Horas do Equipamento X por Unidade de Serviço – Hs	Margem de Contribuição por hora do Equipamento X – $
Serviço A	65,00	0,1	650,00
Serviço B	179,00	0,5	358,00
Serviço C	129,00	0,3	430,00

Como o Serviço A ocupa o menor tempo do Equipamento X, mesmo que a sua margem de contribuição unitária em valor seja a menor dos três serviços oferecidos, a margem de contribuição por uma unidade horária do Equipamento X é maior.

Dessa forma, assim, nesse momento, com essas variáveis, considerando essa restrição e premissas, o serviço a ser incentivado e ter sua oferta e produção aumentada é o Serviço A, que provocará uma margem de contribuição total da empresa e um lucro operacional maior do que as outras possíveis decisões de aumentar o Serviço B ou C, conforme mostra o Quadro 10.6.

Quadro 10.6 *Aumentando a produção do serviço A em 1.200 unidades.*

	Serviço A	Serviço B	Serviço C	Total
Quantidade de venda ou produção	4.750	2.500	2.300	
Preço de venda unitário	153,00	375,00	250,00	
Custo variável unitário	69,00	151,00	91,00	
Despesa variável unitária	19,00	45,00	30,00	
Margem de contribuição unitária	65,00	179,00	129,00	
Margem de contribuição percentual	*42,5%*	*47,7%*	*51,6%*	
Receita total	**726.750**	**937.500**	**575.000**	**2.239.250**
Custos e despesas variáveis totais	– 418.000	– 490.000	– 278.300	– 1.186.300
Margem de contribuição total	**308.750**	**447.500**	**296.700**	**1.052.950**
Participação da margem de cada serviço na margem de contribuição total	*29,9%*	*43,4%*	*28,8%*	*102,1%*
Custos específicos diretos aos serviços	– 25.000	– 25.000	– 25.000	– 75.000
Despesas específicas diretas aos serviços	– 10.000	– 10.000	– 10.000	– 30.000
Margem de contribuição direta	**273.750**	**412.500**	**261.700**	**947.950**
Margem de contribuição direta percentual	*37,7%*	*44,0%*	*45,5%*	*42,3%*
Participação da margem direta de cada serviço na margem direta total	*29,6%*	*44,6%*	*28,3%*	*102,4%*
Custos fixos gerais	0	0	0	– 150.000
Despesas fixas gerais	0	0	0	– 340.000
Lucro operacional				**457.950**
Margem de lucro operacional percentual				**20,5%**

O modelo da margem de contribuição permite todos esses estudos e simulações, mantendo a integridade dos conceitos e respeitando o comportamento de cada tipo de custo e despesa. O modelo contempla os seguintes fatores, essenciais para a tomada de decisão de rentabilidade de produtos.

1. Preços dos produtos.
2. Quantidade vendida/produzida ou nível de atividade.
3. Custos variáveis por unidade.
4. Total dos custos fixos.
5. *Mix* dos produtos vendidos.
6. Produtividade.
7. Restrições ou fatores limitantes.

Os elementos listados de 1 a 5 são nativos do modelo em qualquer situação. Os elementos 6 e 7 podem e devem ser incorporados ao modelo quando em determinados momentos ou situações. As restrições foram analisadas neste tópico. A produtividade é um elemento também exógeno ao modelo, podendo ser incorporada quando há perspectivas concretas de redução de qualquer tipo de custo ou despesa, seja fixo ou variável.

10.3 MARGEM DE CONTRIBUIÇÃO HORÁRIA E OTIMIZAÇÃO DA CAPACIDADE PRODUTIVA[1]

Esse conceito é uma análise em continuidade do conceito de margem de contribuição e fatores restritivos ou limitantes, tendo como base que, para boa parte das empresas industriais e de serviços, o principal elemento determinador do ritmo e da produção são as horas disponíveis de mão de obra direta.

10.3.1 Análise da situação atual

O Quadro 10.7 mostra os dados unitários e totais, bem como as margens de contribuição unitária e percentual. O quadro incorpora também a margem de contribuição horária, identificando o quanto cada serviço consome em horas da área produtiva ou da operação do principal recurso, que é a mão de obra direta, transformando em margem de contribuição horária.

---

[1] Adaptado de: GUERREIRO, Reinaldo. *Gestão do lucro*. São Paulo: Atlas, 2006.

ANÁLISES DE CUSTOS E RENTABILIDADE 285

Quadro 10.7 *Análise da margem de contribuição – unitária, percentual e horária.*

	Serviço A	Serviço B	Serviço C	Total
Quantidade produzida atual	1.000	800	400	
Dados unitários				
Preço de venda unitário	100,00	250,00	500,00	
Custos variáveis unitários	70,00	187,50	400,00	
Margem de contribuição unitária	30,00	62,50	100,00	
Margem de contribuição percentual	30,0%	25,0%	20,0%	
Horas ocupadas da operação por unidade	0,5	2,0	5,0	
Margem de contribuição horária	60,00	31,25	20,00	
Dados totais				
Horas ocupadas da operação	500	1.600	2.000	4.100
Receita de venda	100.000	200.000	200.000	500.000
Custos variáveis totais	70.000	150.000	160.000	380.000
Margem de contribuição total	30.000	50.000	40.000	120.000
Custos e despesas fixas totais				130.000
Lucro desejado				10.000
Lucro alcançado				– 20.000

A margem de contribuição horária é obtida pela seguinte fórmula:

$$\text{Margem de contribuição horária} = \frac{\text{Margem de contribuição unitária}}{\text{Horas utilizadas de produção por unidade}}$$

Os dados da margem de contribuição unitária mostram que o melhor produto nesse quesito é o Serviço C. Temos porém de olhar também a margem de contribuição horária. Vemos que o Serviço A tem a melhor margem de contribuição por hora de trabalho da operação. Portanto, esse é o produto de maior lucratividade pela ocupação da produção.

A situação atual mostra a empresa com prejuízo, sem conseguir atingir a meta de lucro, faltando obter $ 20.000 para atender os níveis de rentabilidade desejada.

10.3.2 Análise da capacidade produtiva sem restrições de demanda

Para obtermos parâmetros que permitam a tomada de decisão em ambiente de simulação devemos analisar a capacidade produtiva produzindo os três serviços, conforme mostra o Quadro 10.8.

Quadro 10.8 *Análise da capacidade produtiva.*

	Serviço A	Serviço B	Serviço C	Total
Quantidade produzida atual	1.000	800	400	
Horas ocupadas da operação por unidade	0,5	2,0	5,0	
Horas ocupadas da operação – total	500	1.600	2.000	4.100
Simulações – Quantidades				
Produzindo unicamente o Serviço A	8.200	0	0	4.100
Produzindo unicamente o Serviço B	0	2.050	0	4.100
Produzindo unicamente o Serviço C	0	0	820	4.100

Essa análise parte do princípio que, nesse momento, não há restrição de demanda para nenhum serviço, o que não é uma situação normal para as empresas. Dificilmente as empresas conseguem produzir e vender só um único serviço. O objetivo dessa análise, contudo, é dar um parâmetro de rentabilidade máxima possível, sem restrição de demanda.

Assim, com a capacidade horária existente poderia se ter uma produção máxima de 8.200 unidades do Serviço A, 2.050 do Serviço B e 820 do Serviço C. Com esses dados podemos fazer uma simulação de lucratividade total para cada um dos três serviços, sendo produzidos exclusivamente.

10.3.3 Simulação com as quantidades máximas de produção por serviço

Os Quadros 10.9, 10.10 e 10.11 mostram o lucro total alcançado na situação de produção exclusiva de um só produto.

Quadro 10.9 *Simulação – margem de contribuição – produção exclusiva do serviço C.*

	Serviço A	Serviço B	Serviço C	Total
Quantidade utilizada	0	0	820	
Dados unitários				
Preço de venda unitário	100,00	250,00	500,00	
Custos variáveis unitários	70,00	187,50	400,00	
Margem de contribuição unitária	30,00	62,50	100,00	
Margem de contribuição percentual	30,0%	25,0%	20,0%	
Horas ocupadas da operação por unidade	0,5	2,0	5,0	
Dados totais				
Horas ocupadas da operação	0	0	4.100	4.100
Receita de venda	0	0	410.000	410.000
Custos variáveis totais	0	0	328.000	328.000
Margem de contribuição total	0	0	82.000	82.000
Custos e despesas fixas totais				130.000
Lucro desejado				10.000
Lucro alcançado				– 58.000

Caso a empresa produzisse unicamente o Serviço C, seu resultado seria negativo em $ 48.000, e, em não alcançando o lucro desejado, teria um resultado negativo de $ 58.000 em relação ao lucro desejado.

É importante ressaltar que o Serviço C tem margem de contribuição unitária positiva; portanto, é um produto lucrativo. A questão é que, se só fosse produzido esse produto, a empresa não conseguir cobrir seus custos fixos totais e dar o lucro esperado.

Com relação ao Serviço B, por ter uma margem de contribuição horária superior ao Serviço C, ele permite maior lucratividade e apresenta um resultado total melhor que o Serviço C, caso fosse produzido e vendido exclusivamente, conforme mostra o Quadro 10.10.

Quadro 10.10   *Simulação – Margem de contribuição – Produção exclusiva do serviço B.*

	Serviço A	Serviço B	Serviço C	Total
Quantidade utilizada	0	2.050	0	
Dados unitários				
Preço de venda unitário	100,00	250,00	500,00	
Custos variáveis unitários	70,00	187,50	400,00	
Margem de contribuição unitária	30,00	62,50	100,00	
Margem de contribuição percentual	30,0%	25,0%	20,0%	
Horas ocupadas da operação por unidade	0,5	2,0	5,0	
Dados totais				
Horas ocupadas da fábrica	0	4.100	0	4.100
Receita de venda	0	512.500	0	512.500
Custos variáveis totais	0	384.375	0	384.375
Margem de contribuição total	0	128.125	0	128.125
Custos e despesas fixas totais				130.000
Lucro desejado				10.000
Lucro alcançado				– 11.875

O melhor desempenho, contudo, em razão da melhor margem de contribuição horária, é do Serviço A. Com ele, caso fosse produzido exclusivamente e não houvesse restrição da demanda, o lucro total da empresa cobriria todos os custos fixos e o lucro desejado, e ainda mostraria um excedente de lucro de $ 96.000 em relação ao esperado.

Quadro 10.11 *Simulação – margem de contribuição – produção exclusiva do serviço A.*

	Serviço A	Serviço B	Serviço C	Total
Quantidade utilizada	8.200	0	0	
Dados unitários				
Preço de venda unitário	100,00	250,00	500,00	
Custos variáveis unitários	70,00	187,50	400,00	
Margem de contribuição unitária	30,00	62,50	100,00	
Margem de contribuição percentual	30,0%	25,0%	20,0%	
Horas ocupadas da operação por unidade	0,5	2,0	5,0	
Dados totais				
Horas ocupadas da operação	4.100	0	0	4.100
Receita de venda	820.000	0	0	820.000
Custos variáveis totais	574.000	0	0	574.000
Margem de contribuição total	246.000	0	0	246.000
Custos e despesas fixas totais				130.000
Lucro desejado				10.000
Lucro alcançado				106.000

Portanto, o Serviço A é de fato o produto mais rentável para a empresa, tendo como elemento base a capacidade produtiva em horas da empresa.

10.3.4 Restrição de demanda e *mix* de produtos

As análises apresentadas basearam-se em que não havia restrição de demanda de nenhum serviço, e, em caso de produção, qualquer serviço seria vendido no volume produzido. Contudo, essa não é a realidade do mundo dos negócios. As empresas produzem mais de um produto ou serviço porque têm restrição da demanda em cada um deles.

Outro fator essencial para essa análise são as condições de marketing. Em linhas gerais, provavelmente ninguém entra numa loja que só comercializa um produto ou serviço. Qualquer consumidor quer ter alternativas de produtos e serviços para serem consumidos. Portanto, se a empresa oferta exclusivamente um só produto ou serviço, provavelmente terá dificuldades de cobrir todos os custos fixos e dar o lucro desejado.[2]

Porém, as análises apresentadas são extremamente importantes, porque determinam situações extremas. Com esses dados, com técnicas de planejamento operacional e simulação matemática, incorporando outras variáveis ou restrições, como a de demanda, a empresa conseguirá obter a composição ótima (*mix*) de produtos e serviços para maximizar sua rentabilidade.

10.4 CUSTOS PARA SERVIR (*COST TO SERVE*)[3]

Outro conceito e modelo de análise de custos tem sido denominado *custos para servir* (cost to serve) e foca os custos específicos para atender os clientes. A premissa básica é que os clientes se diferenciam pelo tamanho de suas compras, e, portanto, o nível de serviço demandado para cada cliente é diferente.

Nesse sentido, os custos para atender os clientes podem ser diferentes e devem ser objeto de identificação e mensuração. Nesse conceito, os clientes podem ser caracterizados como unidades de negócio e, em razão disso, pode e deve-se apurar a lucratividade por cliente. O pressuposto é que devem ser identificados somente aqueles custos relacionados com os clientes que seriam evitáveis caso o cliente não existisse.

Em princípio, o custo industrial dos produtos é o mesmo para qualquer cliente. Basicamente, a diferenciação está nos gastos administrativos, comerciais e financeiros, além dos eventuais descontos específicos para atender a determinados pedidos dos clientes.

Os principais gastos e eventos que podem se relacionar diretamente com os pedidos dos clientes são:

a) descontos comerciais;
b) prazos de pagamento;
c) estrutura de vendas;
d) comissões dos vendedores;
e) promoções nas lojas;
f) custos de distribuição (transporte, embalagem, devoluções);
g) custos de processamento e acompanhamento dos pedidos;

---

[2] Estamos considerando comportamento de consumidor e empresas mais comuns. Algumas empresas conseguem produzir poucos produtos e conseguir seus objetivos, como a fábrica que faz os automóveis Ferrari, por exemplo.

[3] Texto adaptado de: MERSCHMANN, Elvira Vazquez Villamor. *Uma contribuição ao conceito de custo para servir*: estudo de caso de uma indústria de alimentos. 2006. Dissertação (Mestrado) – FEA/USP.

h) pessoal alocado especificamente para determinado cliente;
i) manutenção de estoques e armazéns etc.

O Quadro 10.12 mostra as principais características de clientes que podem ou não exigir mais ou menos custos para servir.

Quadro 10.12 *Características dos clientes com alto e baixo custo para servir.*

Clientes com alto custo para servir	Clientes com baixo custo para servir
Pedidos de produtos customizados ou especiais	Pedidos de produtos padrão
Pedidos de pequenas quantidades	Pedidos de grandes quantidades
Demanda incerta	Demanda previsível
Entrega especializada	Entrega padrão
Necessidade de distribuição específica	Necessidades de distribuição constante
Processamento manual	Processamento eletrônico ou automatizado
Grande necessidade de suporte pré-vendas (marketing técnico, recursos de vendas)	Baixa necessidade de suporte pré-vendas (pedidos e preços padronizados)
Grande necessidade de suporte pós-vendas (instalações, treinamento, garantias, serviços locais)	Sem necessidade de suporte pós-vendas ou suporte pós-vendas padronizado
Necessidade de manutenção de estoque na empresa	Reposição contínua
Prazo de pagamento especial	Prazo de pagamento padrão

Fonte: Quadro adaptado de: MERSCHMANN, Elvira Vazquez Villamor. *Uma contribuição ao conceito de custo para servir*: estudo de caso de uma indústria de alimentos. 2006. Dissertação (Mestrado) – FEA/USP.

O Quadro 10.13 mostra um exemplo de análise de lucratividade por cliente dentro da metodologia de custos para servir. O exemplo mostra dois clientes sendo analisados individualmente, enquanto os demais clientes são analisados pelo total. Nesta tabela, a receita total da empresa e os custos correspondentes, evidenciados numa demonstração do resultado, são segmentados por clientes. Em princípio, todos os clientes devem ser analisados. Nada impede, porém, que a empresa tenha alguns clientes preferenciais ou relevantes, que devem ser destacados dos demais. É de fundamental importância que a análise seja apresentada de forma consolidada dentro do modelo da demonstração de resultados e que o total de todos os clientes reflita o total dos custos e despesas da empresa no período analisado.

Quadro 10.13 *Custos para servir – análise de lucratividade por cliente.*

	Total	Cliente 1	Cliente 2	Demais Clientes
Quantidade vendida	200.000	25.000	33.000	142.000
Prazo de pagamento – dias	30	60	90	30
Estoque necessário para atender o cliente – dias	20	15	30	20
Preço de venda padrão ou de lista (1)	50,00	50,00	50,00	50,00
Desconto concedido	0,00	4,00	3,00	0,00
Comissão de vendas	2,00	1,00	1,00	2,00
Preço de venda praticado	48,00	45,00	46,00	48,00
Custo Industrial unitário (2)	32,00	32,00	32,00	32,00
Receita líquida de vendas	**9.459.000**	**1.125.000**	**1.518.000**	**6.816.000**
Custo dos produtos ou serviços vendidos	– 6.400.000	– 800.000	– 1.056.000	– 4.544.000
Lucro bruto	**3.059.000**	**325.000**	**462.000**	**2.272.000**
Margem bruta percentual	*32,3%*	*28,9%*	*30,4%*	*33,3%*
Participação no lucro bruto	*100,0%*	*10,6%*	*15,1%*	*74,3%*
Custos de distribuição/entrega	– 590.000	– 60.000	– 80.000	– 450.000
Custos de marketing	– 360.000	0	0	– 360.000
Custos de venda	– 342.000	– 75.000	– 67.000	– 200.000
Custo financeiro de venda a prazo (3)	– 136.200	– 22.500	– 45.540	– 68.160
Custo financeiro de manutenção de estoque (4)	– 32.000	– 4.000	– 5.280	– 22.720
Lucro Comercial	**1.598.800**	**163.500**	**264.180**	**1.171.120**
Margem comercial percentual	*16,9%*	*14,5%*	*17,4%*	*17,2%*
Participação no lucro comercial	*100,0%*	*10,2%*	*16,5%*	*73,2%*
Despesas administrativas	– 804.015	0	0	0
Lucro operacional	**794.785**			

(1) Líquido dos tributos sobre a venda
(2) Custeamento por absorção
(3) Em função do prazo de pagamento – 12% ao ano
Fórmula: Receita líquida de vendas/360 dias * prazo de pagamento * 12%
(4) Em função dos dias de estoque em manutenção – 12% ao ano
Fórmula: Custo dos Produtos Vendidos/360 dias * prazo médio em estoque * 12%

No exemplo, as principais diferenças estão no prazo concedido, no desconto concedido, nos estoques a serem mantidos para cada cliente e na comissão de vendas. Estamos partindo da premissa que os produtos ou serviços são os mesmos, ou seja, a operação produz o produto ou serviço sem haver necessidade de especificação por cliente. O que difere é o relacionamento com os clientes, em função do tamanho do pedido ou do volume normalmente comercializado com eles.

Verifica-se que o preço praticado é diferente para os dois clientes do preço padrão ou de lista praticado junto aos demais clientes. A primeira análise de lucratividade é feita em relação ao lucro ou margem bruta. Nessa etapa, os clientes 1 e 2 têm uma margem inferior à margem média dos principais clientes, pois os descontos concedidos e a taxa maior de comissão tornam o preço praticado para esses clientes menor do que o preço obtido com os demais.

Em seguida, identificam-se os demais custos de comercialização específicos de cada cliente, deixando os demais custos comerciais gerais alocados para os demais clientes. O custo financeiro é calculado em cima dos prazos de recebimento e dos dias necessários para manter estoques de produtos acabados para os diversos clientes. Como os demais clientes têm um prazo menor de recebimento, há um impacto maior de custos nos clientes 1 e 2. No caso dos estoques, o cliente 1 é o que exige menos esforço, e, assim, dá o menor custo financeiro que o cliente 2 e os demais clientes.

Após essas alocações diretas (não deve haver rateio) verificamos que o cliente 1 apresenta uma margem comercial percentual inferior à dos demais clientes, enquanto o cliente 2 tem uma margem comercial percentual superior. Fica evidente a análise de lucratividade por cliente, pois o modelo indica que clientes devem ser estimulados e que clientes podem representar perda parcial de lucratividade. Em nosso modelo, as despesas administrativas não são distribuídas (rateadas), devendo ser reduzidas do total da margem comercial da empresa.

O exemplo apresentado trabalhou com a hipótese do custeamento dos produtos pelo método do custeio por absorção. Contudo, o ideal é estruturar esse modelo de análise com o método do custeamento variável, onde os custos fixos e indiretos aos produtos devem ser alocados ao total do resultado da empresa, de forma idêntica ao feito com as despesas administrativas.

10.5 ANÁLISE DE RENTABILIDADE MULTIDIMENSIONAL[4]

Dentro da mesma linha da abordagem da análise de custos para servir, pode-se expandir a análise de rentabilidade dos serviços para outras dimensões além da análise específica dos produtos, margem de contribuição e clientes.

---

[4] Existem *softwares* especializados para esse tipo de análise, que contemplam, se necessário, também a estruturação do custo dos produtos por meio da estrutura do produto e roteiro de fabricação, como por exemplo o *software* brasileiro **MyABCM**.

Esse modelo de análise de rentabilidade também é denominado análise por áreas ou unidades de negócio. Para tanto, há necessidade de se identificar o custo variável de fabricação mais as despesas variáveis de cada serviço para cada venda realizada, bem como os custos e despesas fixas diretas específicas de cada área ou unidade de negócio.

A tecnologia de informação existente permite esse tipo de análise hoje com muita facilidade. Além de *softwares* específicos de análises de custos e rentabilidade, os *softwares* genéricos denominados BI – *Business Intelligence*, também são preparados para esse modelo de análise.

O Quadro 10.14 apresenta os dados gerais para permitir as análises identificadas.

Quadro 10.14   *Dados gerais.*

	Serviço A	Serviço B	Total	Cliente	Mercado Externo	Mercado Interno		Unidade de Negócio	
						Filial 1	Filial 2	Unidade 1	Unidade 2
Vendas – $									
Venda 1	2.000	4.400	6.400	1	1			1	
Venda 2	2.100	4.300	6.400	2		2		2	
Venda 3	2.200	4.800	7.000	3	3				3
Venda 4	1.900	3.500	5.400	4			4		4
Total	8.200	17.000	25.200						
Custos e Despesas Variáveis – $									
Venda 1	1.200	2.500	3.700	1	1			1	
Venda 2	1.200	2.500	3.700	2		2		2	
Venda 3	1.200	2.500	3.700	3	3				3
Venda 4	1.200	2.500	3.700	4			4		4
Total	4.800	10.000	14.800						
Margem de Contribuição – $									
Venda 1	800	1.900	2.700	1	1			1	
Venda 2	900	1.800	2.700	2		2		2	
Venda 3	1.000	2.300	3.300	3	3				3
Venda 4	700	1.000	1.700	4			4		4
Total	3.400	7.000	10.400						
Custos e Despesas Fixas Diretas – $	0	0	7.700	0	2.000	1.100	1.000	1.500	2.100

O Quadro 10.15 apresenta um modelo de análise de rentabilidade por cliente. Nesse caso, não foram identificados gastos específicos de clientes (custos para servir) e as despesas e custos fixos diretos foram alocados no total da empresa. Verifica-se que o cliente que dá a melhor rentabilidade é o Cliente 3 e o de menor rentabilidade é o Cliente 4.

Quadro 10.15 *Análise de rentabilidade por cliente.*

	Cliente 1	Cliente 2	Cliente 3	Cliente 4	Total
Vendas	6.400	6.400	7.000	5.400	25.200
Custos e Despesas Variáveis	3.700	3.700	3.700	3.700	14.800
Margem de Contribuição	2.700	2.700	3.300	1.700	10.400
Margem de Contribuição percentual	42,2%	42,2%	47,1%	31,5%	41,3%
Custos e Despesas Fixas Diretas	0	0	0	0	7.700
Margem Direta	0	0	0	0	2.700
Margem Direta percentual	0	0	0	0	10,7%

O Quadro 10.16 mostra um modelo de análise de rentabilidade por mercado comprador.

Quadro 10.16 *Análise de rentabilidade por mercado.*

	Externo	Interno	Outros	Total
Vendas	13.400	11.800	0	25.200
Custos e Despesas Variáveis	7.400	7.400	0	14.800
Margem de Contribuição	6.000	4.400	0	10.400
Margem de Contribuição percentual	44,8%	37,3%	0,0%	41,3%
Custos e Despesas Fixas Diretas	2.000	2.100	3.600	7.700
Margem Direta	4.000	2.300	-3.600	2.700
Margem Direta percentual	29,9%	19,5%	0,0%	10,7%

Considerando apenas os custos e despesas fixas diretas identificadas, verifica-se que o mercado externo dá melhor rentabilidade, enquanto o mercado interno apresenta uma rentabilidade bastante inferior.

O Quadro 10.17 apresenta um modelo de análise de rentabilidade por filial de venda.

Quadro 10.17 *Análise de rentabilidade por filiais.*

	Filial 1	Filial 2	Outros	Total
Vendas	6.400	5.400	13.400	25.200
Custos e Despesas Variáveis	3.700	3.700	7.400	14.800
Margem de Contribuição	2.700	1.700	6.000	10.400
Margem de Contribuição percentual	42,2%	31,5%	0,0%	41,3%
Custos e Despesas Fixas Diretas	1.100	1.000	5.600	7.700
Margem Direta	1.600	700	400	2.700
Margem Direta percentual	25,0%	13,0%	0,0%	10,7%

Na mesma linha de metodologia de análise, verifica-se que a Filial 1 tem uma rentabilidade bem superior à Filial 2, decorrente basicamente do valor vendido e do *mix* de serviços vendidos.

O Quadro 10.18 mostra um modelo de análise de rentabilidade por unidade de negócio produtora.

Quadro 10.18 *Análise de rentabilidade por unidade de negócio.*

	Unidade 1	Unidade 2	Outros	Total
Vendas	12.800	12.400	0	25.200
Custos e Despesas Variáveis	7.400	7.400	0	14.800
Margem de Contribuição	5.400	5.000	0	10.400
Margem de Contribuição percentual	42,2%	40,3%	0,0%	41,3%
Custos e Despesas Fixas Diretas	1.500	2.100	4.100	7.700
Margem Direta	3.900	2.900	-4.100	2.700
Margem Direta percentual	30,5%	23,4%	0,0%	10,7%

As rentabilidades decorrentes da fabricação dos serviços não são muito diferentes. Contudo, nesse exemplo, os custos e despesas fixas diretas da Unidade 2 são muito superiores à da Unidade 1, fazendo com que a rentabilidade da Unidade 2 seja bem inferior à da Unidade 1.

10.6 CUSTO META (*TARGET COSTING*)

O conceito de custo meta é uma concepção muito interessante, porém que apresenta muitas dificuldades de aplicação prática. O conceito de custo meta parte do pressuposto de que o mercado já assumiu um preço de venda unitário para o produto ou serviço que em princípio não é passível de alteração, restando para a empresa administrar seus custos operacionais para obter a rentabilidade desejada.

Tendo em vista que a rentabilidade desejada deve estar em linha com o custo de oportunidade dos acionistas, esta determina a margem mínima a ser conseguida em cada venda do produto ou serviço. Portanto, o custo meta é o preço de venda de mercado diminuído da margem mínima unitária.

O custo meta torna-se um custo-alvo, um custo objetivo. Se os custos atuais da empresa indicam custos maiores, deverá haver uma *redução nos custos* até atingir o custo meta. Se os custos atuais da empresa já estão dentro do objetivo de custo, não haverá necessidade, teórica, de se buscar reduções apenas por esse parâmetro.

10.6.1 Custo meta como conceito de custo unitário

A fórmula teórica do custo meta pode ser expressa da seguinte forma:

Custo Meta	
Preço de Venda Unitário de Mercado –	$ 100,00
(–) Margem de lucro mínima desejada	(10,00)
= Custo Meta	90,00

Esse exemplo indica que a empresa quer uma margem mínima sobre venda de 10%. Essa fórmula indica que o custo meta é um custo unitário do produto que deve ser obtido pelo método de custeamento integral ou ABC. Se a margem mínima desejada for uma margem bruta, então o custo meta poderá ser obtido pelo método de custeamento absorção.

O custo unitário de um produto ou serviço só pode ser obtido dentro do conceito de custo médio, com rateios, distribuição ou direcionamento de custos fixos. *Portanto, para se obter o custo meta unitário, caso ele seja menor que o custo real, deverá haver um processo inverso, ou seja,* **desfazimento** *do rateio, distribuição ou direcionamento dos custos fixos.*

Em termos práticos, essa metodologia de desfazer alocações de custos fixos aos produtos de forma unitária, se possível, é extremamente trabalhosa, e deve ser analisa à luz do conceito da relação custo/benefício de uma informação.

Apresentamos a seguir um exemplo para evidenciar a obtenção de custo meta. No Quadro 10.19 apresentamos os dados de dois produtos (a metodologia aplica-se igualmente a serviços) que estão associados a quantidades de produção e vendas. Nas duas primeiras colunas constam os custos unitários apurados pelo método de custeamento por absorção/integral. Nas colunas subsequentes estão evidenciados os gastos totais obtidos pela multiplicação das quantidades de cada produto pelos seus respectivos custos unitários.

Quadro 10.19 *Custos unitários e totais dos produtos A e B.*

Base: Custeio por Absorção

Quantidades Padrões   1.000   500

	Dados Unitários		Total		
	Produto A	Produto B	Produto A	Produto B	Total
PREÇO DE VENDA	450,00	1.150,00	450.000	575.000	1.025.000
CUSTOS					
Materiais	200,00	450,00	200.000	225.000	425.000
MOD	90,00	200,00	90.000	100.000	190.000
Comissões	27,00	46,00	27.000	23.000	50.000
CIF/Depreciação	99,00	220,00	99.000	110.000	209.000
Administrativos	45,00	115,00	45.000	57.500	102.500
Custos Totais	461,00	1031,00	461.000	515.500	976.500
LUCRO	(11,00)	119,00	– 11.000	59.500	48.500
Margem %	– 2,44%	10,35%	– 2,44%	10,35%	4,73%

Dentro desse exemplo numérico, constatamos que o Produto A é vendido no mercado ao preço de $ 450,00. O custo total unitário do Produto A apurado foi de $ 461,00 por unidade de produto, resultando numa margem negativa de $ 11,00 ou 2,44% do preço de venda. O Produto B tem um preço de mercado de $ 1.150,00 e um custo unitário apurado de $ 1.031,00, evidenciando um lucro unitário de $ 119,00 ou 10,35% do preço de venda.

Por esse método de custeamento, o Produto A está dando um prejuízo total para a empresa de $ 11.000 e o Produto B, um lucro de $ 59.500. A soma dos dois resultados indica um lucro total de $ 48.500.

Margem desejada

A margem desejada sobre preços de venda deve ser obtida em cima dos investimentos realizados e pode ser obtida conforme modelos apresentados no Capítulo 8, Formação e Gestão de Preços de Venda. Nesse exemplo numérico, supõe-se que a empresa calculou essa margem e que o mínimo a ser buscado é uma margem de 6,5% sobre o preço de venda de cada produto. Com esse dado, podemos então calcular o custo meta dos dois produtos. Esse cálculo está evidenciado no Quadro 10.20.

Quadro 10.20 *Custos unitários e totais dos produtos A e B.*

Base: Custeio por Absorção

	Dados Unitários		Total		
Quantidades Padrões	1.000	500			
	Produto A	Produto B	Produto A	Produto B	Total
PREÇO DE VENDA (sem impostos)	450,00	1.150,00			
(–) Margem Desejada (6,5%)	29,25	74,75			
= CUSTO META I	420,75	1.075,25			
(–) Materiais	200,00	450,00			
(–) Comissões	27,00	46,00			
= CUSTO META II	193,75	579,25	193.750	289.625	483.375
CUSTOS REAIS OBJETO DA META					
MOD	90,00	200,00			
CIF/Depreciação	99,00	220,00			
Administrativos	45,00	115,00			
Total	234,00	535,00	234.000	267.500	501.500
META DE REDUÇÃO – $	40,25	– 44,25	40.250	– 22.125	18.125
META DE REDUÇÃO – %	17,20%	– 8,27% *	17,20%	– 8,27%	3,61% **

* Não há necessidade de redução. Manter a margem atual.
** Redução % de custos totais se se desejar compensação de margens de produtos.

Descontando dos preços de venda a margem de 6,5% desejada, temos que o custo meta do Produto é de $ 420,75 e do Produto B, $ 1.075,25. Estamos denominando esse custo de Custo Meta I.

Deduzimos do Custo Meta I os custos variáveis de materiais diretos e comissões pagas a representantes, obtendo o Custo Meta II. A razão da adoção desse critério é porque sabemos que a redução de custos de insumos obtidos de terceiros, mesmo sendo possível, tem um grau de dificuldade muito maior, pois não está totalmente no domínio da empresa. Eventualmente, se os insumos obtidos de terceiros são *commodities*, cujos preços são ditados por mercado, reduções de custos sobre esses insumos são difíceis de acontecer.

Dessa maneira, o conceito de custo meta tem uma orientação interna, ou seja, deve ter como referencial básico a busca de redução de custos ocorridos dentro da empresa, que são os custos de transformação, de comercialização e administração e custos financeiros.

No nosso exemplo, temos um custo meta II para o Produto A de $ 193,75 e de $ 579,25 para o Produto B. Esse custo meta deve ser confrontado com os custos reais internos. No nosso exemplo, são os custos de fabricação (Mão de Obra Direta – MOD), os custos indiretos de fabricação (CIF), depreciação e custos administrativos.

Os custos unitários internos reais do Produto A somam $ 234,00. Confrontados com o Custo Meta II de $ 193,75, indicam que deve haver uma redução de custo unitário de $ 40,25, ou seja, de 17,20% dos custos internos ($ 40,25 : $ 234,00).

Dentro do mesmo critério, o Produto B tem um custo inferior ao Custo Meta II, apresentando, na realidade, uma margem superior à margem mínima desejada. Pelo conceito, não haveria necessidade de redução de custos para o Produto B.

10.6.2 Como cortar custos para se atingir o custo meta

O exemplo deixa claro a dificuldade real de se reduzir custos por essa metodologia.

A primeira questão que se apresenta é:

a) Devemos reduzir tudo o que é necessário para o Produto A, desconsiderando-se as informações do Produto B?

b) Ou devemos reduzir dentro do Produto A apenas a diferença entre a necessidade de redução do Produto A e o superávit do Produto B? (redução $ 40,25 por unidade menos $ 44,25 de sobra do Produto B; ou redução de $ 40.250 total do Produto A menos sobra de $ 22.125 do Produto B).

A segunda questão é de ordem prática e refere-se a todos os custos indiretos:

a) Como se irá reduzir custos de mão de obra direta só do Produto A se a mesma mão de obra direta também trabalha para o Produto B?
b) Como se irá reduzir custos indiretos de fabricação se são gastos gerais ou departamentais e não específicos a nenhum produto em particular (é difícil reduzir o custo de um chefe que trabalha para dois produtos)?
c) Como irá se reduzir custos de depreciação se eventualmente o equipamento é único (veja uma empresa que trabalha por processo de produção contínua) e trabalha para todos os produtos?
d) Como se irá reduzir custos de administração se essa área trabalha de forma genérica?

Esse exemplo remete-nos a um modelo de demonstração de resultados pelo método do custeio direto/variável. A meta de redução de custos apresenta-se claramente possível quando se focalizam os custos indiretos pelo seu total.

Dentro do Quadro 10.20 fica claro que a empresa tem que reduzir pelo menos $ 18.125 no total de seus custos e despesas indiretas, para se obter a margem desejada dentro do total das operações e de todos os produtos da empresa.

Em resumo, a metodologia do custo meta é um conceito interessante, mas, na realidade, remete-nos ao modelo de decisão do custeamento direto/variável para sua consecução.

10.6.3 Custo padrão *versus* custo meta

A estruturação do custo padrão dos produtos e serviços, estudada no Capítulo 5, considera que um dos objetivos mais importantes do custo padrão é servir como meta para confrontação com os custos efetivamente realizados, bem como para indicar que é o custo que deveria ser; portanto, também é um custo que serve como meta.

A metodologia do custo meta, agora apresentada, também tem como objetivo dar uma meta de custo máximo admissível. Qual seria a diferença entre os dois? A diferença conceitual é a seguinte:

a) O custo padrão (como meta) é calculado com as *condições internas* da empresa, considerando um nível normal de operação e o melhor nível de produtividade e eficiência interna alcançável.
b) O custo meta é calculado considerando *as restrições externas de mercado*, ou seja, é um custo necessário com informações vindo de fora para dentro.

Entendemos que ambos podem coexistir. O custo padrão tem referenciais de custo interno e deve servir como meta. O custo meta tem referenciais externos, de mercado, e também deve ser utilizado conjuntamente com o custo padrão.

10.7 RETORNO DO INVESTIMENTO EM EMPRESAS DE SERVIÇOS

O modelo técnico de avaliação do desempenho periódico de uma empresa é dado pelo retorno do investimento, indicador este obtido pela seguinte fórmula:

$$\text{Retorno do Investimento (ROI}^5) = \frac{\text{Lucro anual obtido}^6}{\text{Investimento realizado}}$$

O modelo de avaliação do desempenho de uma empresa deve ser coerente com o modelo adotado no momento da decisão do investimento. Como o modelo geral para decisão de investimento é pela expectativa futura do rendimento desse investimento (pelos critérios de VPL – Valor Presente Líquido, ou TIR – Taxa Interna de Retorno), é natural que a avaliação do investimento, quando em marcha, deve ser pelo mesmo modelo, ou seja, qual foi o retorno do investimento real, para confrontar com o retorno do investimento esperado.

A base para obtenção dessas informações é o sistema contábil, por meio do balanço patrimonial e da demonstração do resultado do exercício. A metodologia contábil segue a lógica da mensuração do investimento realizado, para, posteriormente, mensurar o retorno obtido, por meio da mensuração do lucro do exercício.

Em termos de avaliação da rentabilidade, em âmbito mundial, taxas ao redor de 12% ao ano são consideradas normais, taxas ao redor de 15% ao ano são consideradas muito boas e taxas acima de 15% ao ano são consideradas excelentes.

10.7.1 Abordagens de mensuração do ROI: da empresa e do acionista

São duas abordagens básicas de mensuração de rentabilidade empresarial:

---

[5] ROI, do inglês, *Return On Investment*.

[6] Há uma convenção anual e secular de avaliar o retorno do investimento em períodos anuais. Nada impede, contudo, avaliação considerando outros tipos de períodos.

a) A rentabilidade da empresa como um todo, independentemente de quem são seus financiadores, denominada rentabilidade operacional, que é identificada pelo ativo operacional.

b) A rentabilidade dos principais financiadores da empresa, os proprietários ou acionistas, denominada rentabilidade do capital próprio, que é identificada no passivo operacional.

Como a empresa pode ter sido financiada parcialmente por capital de terceiros (empréstimos e financeiros), para concretizar adequadamente a análise de rentabilidade é necessário também mensurar o custo médio contábil do capital de terceiros. Esse modelo de análise pode ser visualizado na Figura 10.1

Ativo Operacional	Passivo Operacional
Rentabilidade do Ativo Operacional	Custo do Capital de Terceiros
	Rentabilidade do Capital Próprio

Figura 10.1   *A estrutura contábil e análise de rentabilidade.*

O ativo operacional é obtido pela reformatação do balanço patrimonial contábil, trazendo para o ativo, com sinal negativo, todos os elementos de passivos ligados ao giro, denominados passivo de funcionamento, onde não há ônus financeiro explícito, obtendo-se o valor do capital de giro próprio. Nesse sentido, todo o valor das aplicações financeiras excedentes ao caixa mínimo necessário para sustentar normalmente a operação deve ser transferido para o passivo.

O passivo operacional é a somatória de todo o capital de terceiros (empréstimos, financiamentos, debêntures etc.) com características de empréstimos de financiamento de investimentos (mesmo que parcela conste no curto prazo), ou seja, todo o endividamento com ônus financeiros (juros, custo de capital), mais o capital dos acionistas, representado pelo patrimônio líquido.

Deve ser subtraído do capital de terceiros o valor das aplicações financeiras excedentes ao caixa mínimo.

Para a mensuração da rentabilidade, é necessária também a reformatação da demonstração do resultado do exercício, distribuindo o valor do IR/CSLL para redução do lucro operacional, bem como para redução das despesas financeiras líquidas, já que são dedutíveis para fins de IR/CSLL, como faremos no tópico seguinte.

10.7.2 Exemplo numérico de análise de rentabilidade

Nosso exemplo contempla um balanço patrimonial inicial, como se a empresa estivesse iniciando suas atividades, uma demonstração do resultado do exercício (DRE), e o balanço final após o resultado do exercício, sem, ainda, qualquer distribuição de resultados.

Quadro 10.21 *Estrutura do balanço patrimonial.*

BALANÇO PATRIMONIAL	Início do Período	Fim do Período
Ativo (Investimento)		
Capital de Giro Próprio	200.000	261.472
Ativo Fixo	250.000	225.000
Total	450.000	486.472
Passivo (Financiamento)		
Capital de Terceiros	190.000	190.000
Capital Próprio	260.000	296.472
Capital Social	260.000	260.000
Lucros Acumulados	0	36.472
Total	450.000	486.472

O balanço já está estruturado dentro da abordagem gerencial, no conceito de ativo e passivo operacional. O ativo operacional compreende o capital de giro próprio e o ativo fixo (imobilizado, investimentos e intangível). O passivo operacional compreende todo o endividamento financeiro de característica de longo prazo e o patrimônio líquido ou capital próprio, representado pelo valor do capital social e dos lucros acumulados.

Quadro 10.22 *Estrutura da Demonstração do Resultado do Exercício (DRE).*

Receita Líquida de Vendas	720.000
(–) Custo Operacional dos Serviços	– 482.400
= Lucro Bruto	237.600
(–) Despesas administrativas	– 68.400
Despesas comerciais	– 90.000
= Lucro Operacional	79.200
(–) Despesas financeiras com capital de terceiros	– 23.940
= Lucro antes do IR/CSLL	55.260
(–) IR/CSLL	– 18.788
= Lucro Líquido do Exercício	36.472

O Quadro 10.22 mostra uma estrutura contábil da DRE, com seus principais elementos. Contudo, para análise de rentabilidade, é necessário um conjunto de ajustes, para obtermos os dados de lucros e custos que se relacionam com o ativo e passivo operacional.

Basicamente, os ajustes decorrem da distribuição do IR/CSLL, parte para o lucro específico das operações (lucro operacional) e parte para os resultados financeiros (despesas financeiras líquidas das receitas financeiras). Esses ajustes estão apresentados no Quadro 10.23, com seus respectivos cálculos.

Quadro 10.23 *DRE – Formato gerencial.*

A – Identificação da alíquota de IR/CSLL	
Lucro antes do IR/CSLL (a)	55.260
IR/CSLL (b)	18.788
Alíquota média IR/CSLL (a/b)	34,0%
B – Despesas financeiras líquidas de IR/CSLL	
Despesas financeiras com capital de terceiros (a)	23.940
Alíquota média IR/CSLL (b)	34,0%
IR/CSLL sobre despesas financeiras (c = a × b)	8.140
Despesas financeiras líquidas de IR/CSLL (a – c)	15.800
C – Lucro operacional líquido de IR/CSLL	
Despesas financeiras líquidas de IR/CSLL (a)	15.800
Lucro líquido do Exercício (b)	36.472
Lucro operacional líquido de IR/CSLL (a + b)	52.272

O primeiro cálculo apresentado no Quadro 10.23 é identificar a alíquota média do IR/CSLL, para a sua posterior distribuição. No item B do quadro, extraímos da DRE o valor das despesas financeiras (devem ser líquidas das receitas financeiras de aplicações financeiras). Em seguida, aplica-se a alíquota do IR/CSLL. Com isso, podemos obter o valor das despesas financeiras líquidas do IR/CSLL, uma vez que, em termos financeiros, a dedutibilidade das despesas financeiras para fins de IR/CSLL é considerada um benefício fiscal para o custo do capital de terceiros.

A DRE já tem, na sua última linha, o lucro líquido, que, por já estar deduzido de todo o encargo financeiro e do IR/CSLL, já representa o valor que sobra para os proprietários ou acionistas, os donos do capital próprio. Somando esse valor com o valor das despesas financeiras líquidas, obtém-se o lucro operacional (o lucro gerado pelas operações), também já deduzido do IR/CSLL.

Com esses dados e os dados do passivo constantes no balanço patrimonial inicial, podemos concluir a análise de rentabilidade. A primeira rentabilidade a ser mensurada é a rentabilidade do ativo operacional, onde se verifica a rentabilidade do investimento, sem fazer nenhuma referência a quem financiou esse investimento. Representa quanto a operação, sozinha, de fato rendeu.

Rentabilidade do Ativo Operacional

$$= \frac{\text{Lucro operacional líquido de IR/CSLL}}{\text{Ativo operacional}} = \frac{52.272}{450.000} = 11{,}62\%$$

Significa que a operação rendeu no último ano 11,62%, sendo considerada uma taxa normal para padrões mundiais.

Como a empresa teve dois tipos de financiamentos, capital próprio e capital de terceiros, a próxima etapa é verificar quanto custou a utilização dos recursos de terceiros, dos empréstimos e financiamentos, conforme apresentado em seguida.

Custo do Capital de Terceiros

$$= \frac{\text{Despesas financeiras líquidas de IR/CSLL}}{\text{Capital de terceiros}} = \frac{15.800}{190.000} = 8{,}32\%$$

A avaliação do custo de capital de terceiros deve ser feita comparando com o custo de capital de empréstimos e financiamentos ao redor do mundo. Dois referenciais brasileiros também podem ser adotados, que são a SELIC e a TJLP – Taxa de Juros de Longo Prazo, do BNDES.

A análise conclusiva é quanto foi a rentabilidade dos proprietários ou acionistas, que, fundamentalmente, é a informação mais importante, no geral, pois representa os principais investidores no negócio. Os dados para essa mensuração já constam do balanço patrimonial e da DRE.

Rentabilidade do Capital Próprio (Acionista)
$$= \frac{\text{Despesas financeiras líquidas de IR/CSLL}}{\text{Capital Próprio (Patrimônio Líquido)}} = \frac{36.472}{260.000} = 14{,}03\%$$

Verifica-se que o retorno do capital próprio foi muito bom, ao redor de 15%. A explicação é dada pelo conceito de *alavancagem financeira*. Para financiar o valor total do ativo, foram utilizados dois tipos de fontes de recursos: capital próprio e capital de terceiros. Como o custo do capital de terceiros (8,32%) foi inferior ao retorno do ativo operacional (11,62%), a utilização de capital de terceiros *alavancou* rentabilidade para o acionista (14,03%).

Esse conceito é o fundamento da teoria financeira ortodoxa da estrutura do capital. Deve-se utilizar ao máximo capital de terceiros, *desde que com custo inferior à rentabilidade do ativo operacional*, para alavancar rentabilidade para o acionista.

10.7.3 Como caracterizar o valor do investimento e o resultado em empresas de serviços

A caracterização do valor do investimento, como apresentada no tópico anterior, é a mensuração do capital de giro próprio necessário (estoques, contas a receber, caixa mínimo, deduzidos dos passivos do giro – fornecedores, contas a pagar, tributos a recolher), mais os investimentos em ativos fixos (intangíveis, imobilizados).

Boa parte das empresas de serviços permite facilidade da identificação do seu investimento, tais como empresas de transporte e logística, hospitais, franquias, que assemelham-se, na estruturação do seu investimento, às atividades industriais e comerciais.

A variável que permite discussão adicional é com relação às empresas de serviços focadas essencialmente em mão de obra de característica de gasto fixo, onde a questão da ocupação da capacidade ao longo do tempo torna-se mais impactante. Exemplos desse tipo de empresa de prestação de serviços são os restaurantes, empresas de profissionais liberais como contabilidade, auditoria, consultoria, medicina, operadoras de planos de saúde etc.

Nesse tipo de empreendimento, dificilmente a ocupação plena acontece, assim como a ocupação média esperada, já no primeiro período após o investimento inicial. Os efeitos de marketing levam um tempo para acontecer e é comum que a empresa opere os primeiros meses com baixíssima ocupação da capacidade, aumentando a ocupação de forma gradativa, até chegar ao nível de ocupação médio esperado.

Para esse tipo de empreendimento, onde os gastos fixos são relevantes (mão de obra, despesas gerais), a não realização do lucro esperado (assim como os prejuízos realizados) nos períodos que antecedem a ocupação média esperada deve ser contabilizada como investimentos e, consequentemente, estornada das despesas e custos fixos na demonstração do resultado, para que se possa fazer o cálculo adequado do retorno do investimento.[7]

Os investimentos em ocupação, até a empresa operar no ritmo normal, decorrem da subutilização dos gastos fixos, uma vez que os gastos variáveis seguem a proporção da receita. Em outras palavras, a não apropriação dos gastos fixos aos serviços, em razão de subutilização da capacidade, deve ser encarada como investimentos, e não como custos ou despesas nos períodos em que aconteceram.

Outro ponto importante a ressaltar é que esse procedimento só deve ser aplicado nos períodos iniciais do empreendimento, que ocorrem, normalmente, no primeiro ano de operação, e que foram previstos dentro do plano do negócio que foi elaborado quando da decisão do investimento. Esse procedimento não deve ser aplicado mais posteriormente. A partir daí, as demonstrações de resultados serão elaboradas normalmente, evidenciando os lucros ou prejuízos reais.

No Quadro 10.24, apresentamos uma demonstração de resultado para períodos mensais, imaginando uma empresa de serviços do tipo de restaurante, considerando diversas hipóteses de ocupação de capacidade, partindo de 100%, ou seja, uma ocupação de capacidade plena.

---

[7] As práticas de contabilidade não contemplam esses procedimentos. Dessa maneira, as demonstrações apresentadas a seguir devem ser elaboradas à parte, para fins gerenciais.

Quadro 10.24 *Demonstração do resultado por ocupação da capacidade – período mensal.*

	Ocupação da Capacidade				
	100%	80%	60%	40%	20%
Receita Líquida	130.000	104.000	78.000	52.000	26.000
(–) Custo dos Serviços	– 80.000	– 74.000	– 68.000	– 62.000	– 56.000
Custos Variáveis	30.000	24.000	18.000	12.000	6.000
Custos Fixos Totais	50.000	50.000	50.000	50.000	50.000
Lucro Bruto	50.000	30.000	10.000	– 10.000	– 30.000
(–) Despesas Operacionais	– 20.000	– 20.000	– 20.000	– 20.000	– 20.000
Totais	20.000	20.000	20.000	20.000	20.000
Lucro Operacional	30.000	10.000	– 10.000	– 30.000	– 50.000
IR/CSLL – 34%	– 3.536	– 2.829	– 2.122	– 1.414	– 707
Lucro Líquido	26.464	7.171	– 12.122	– 31.414	– 50.707
Lucro Líquido esperado			7.171	7.171	7.171
Prejuízo da falta de ocupação			12.122	31.414	50.707
Investimento em Ocupação por período			19.293	38.586	57.878
Investimento em Ocupação Acumulado			19.293	57.878	115.757

Para desenvolver nosso modelo, vamos supor que a ocupação plena, de forma permanente, é muito difícil. Assim, utilizaremos como referência para os cálculos que a ocupação média esperada é de 80%.

Os custos variáveis reduzem-se à medida que a capacidade for menor; mas não acontece o mesmo com os custos fixos, bem como com as despesas operacionais, que também estão consideradas como gastos fixos. O IR/CSLL está calculado sobre a receita líquida, na linha do regime tributário do lucro presumido de 8% da receita líquida.

Na ocupação média de capacidade esperada, da ordem de 80%, a empresa teria um lucro mensal de $ 7.171. Caso aconteça uma ocupação num período de 60%, a empresa terá um prejuízo de $ 12.122. Assim, nesse período, a empresa, além de não obter o lucro esperado, irá gastar mais $ 12.122, tendo um desembolso financeiro total de $ 19.293 para manter a empresa operando naquele período.

Caso aconteça apenas uma ocupação de 40%, o desembolso será de $ 38.586 nesse período. Caso aconteça uma ocupação de apenas 20%, o desembolso para manter a empresa operando naquele período será de $ 57.878. Caso aconteçam esses três períodos sucessivamente, o total de investimento de ocupação *acumulado* para manter a empresa operando será de $ 115.757.

No nosso exemplo, vamos supor que nos primeiros três primeiros meses de operação aconteceram todas essas ocupações de capacidade inferiores à capacidade média esperada, que é de 80%. Provavelmente, ocorreram na sequência de 20%, 40% e 60%.

Dessa maneira, a primeira providência contábil e financeira a fazer é reestruturar a demonstração de resultados, *estornando* os valores do investimento em ocupação por período, conforme apresentado no Quadro 10.25.

Quadro 10.25 *Demonstração do resultado com ajuste do investimento em ocupação.*

	Ocupação da Capacidade				
	100%	80%	60%	40%	20%
Receita Líquida	130.000	104.000	78.000	52.000	26.000
(–) Custo dos Serviços	– 80.000	– 74.000	– 68.000	– 62.000	– 56.000
Custos Variáveis	30.000	24.000	18.000	12.000	6.000
Custos Fixos Totais	50.000	50.000	50.000	50.000	50.000
Lucro Bruto	50.000	30.000	10.000	– 10.000	– 30.000
(–) Despesas Operacionais	– 20.000	– 20.000	– 20.000	– 20.000	– 20.000
Totais	20.000	20.000	20.000	20.000	20.000
Lucro Operacional	30.000	10.000	– 10.000	– 30.000	– 50.000
(+) *Investimento em ocupação*	0	0	19.293	38.586	57.878
Lucro Antes do IR/CSLL	30.000	10.000	9.293	8.586	7.878
IR/CSLL – 34%	– 3.536	– 2.829	– 2.122	– 1.414	– 707
Lucro Líquido	26.464	7.171	7.171	7.171	7.171

Ao estornarmos o efeito dos gastos fixos não aproveitados, caracterizados como investimento em ocupação, o valor do lucro líquido de cada período será igual ao lucro líquido esperado com utilização da capacidade média esperada, que é de 80%.

O valor acumulado dos três períodos que foram caracterizados como de operação em nível de ociosidade, no total de $ 115.757, serão considerados como investimento em ativo fixo, sendo considerado como um ativo intangível, ou seja, gastos para criar uma marca, ponto de comércio ou clientela, por exemplo. Em termos operacionais, a cada período mensal que acontecer a ociosidade maior que o esperado, a contabilização deve ser feita mensalmente, não devendo esperar o resultado acumulado.

Com isso, teremos um balanço patrimonial que representa o investimento operacional no ativo do empreendimento, como mostra o Quadro 10.26.

Quadro 10.26 *Balanço patrimonial com diversas situações de ocupação da capacidade.*

	Ocupação da Capacidade		
	100%	80% Imediato	80% Gradativo
Capital de Giro Próprio	**173.800**	**148.040**	**122.280**
Caixa Mínimo	70.000	70.000	70.000
Contas a Receber	124.800	99.840	74.880
Estoques	60.000	48.000	36.000
(–) Fornecedores	– 30.000	– 24.000	– 18.000
(–) Salários e Contas a Pagar	– 25.000	– 25.000	– 25.000
(–) Tributos a Recolher	– 26.000	– 20.800	– 15.600
Ativo Fixo	**200.000**	**200.000**	**315.757**
Imobilizado	200.000	200.000	200.000
Investimento em Ocupação	0	0	115.757
Ativo Operacional	**373.800**	**348.040**	**438.037**

No exemplo apresentado, caso a empresa conseguisse operar imediatamente com a ocupação plena, o investimento seria de apenas $ 373.800 e um lucro líquido de $ 26.464.

Contudo, o plano de negócios entendeu que a ocupação média esperada será de 80%. Caso a ocupação de 80% fosse obtida já no primeiro período de operação, o investimento necessário seria de apenas $ 348.040, pela menor necessidade de capital de giro próprio.

Por outro lado, havendo a ocupação gradativa, com três períodos de ocupação inferior a 80% (um de ocupação de 20%, outro de 40% e outro de 60%), a empresa tem que investir mais $ 115.757, entre desembolso adicional efetivo e falta de obtenção de lucro, que serão contabilizados como investimento em ocupação, aumentando o valor do ativo total operacional, para $ 438.037, que é a base para o retorno do investimento.

O cálculo do retorno do investimento será feito, então, com os seguintes dados:

Rentabilidade do Ativo Operacional Anual

$$= \frac{\text{Lucro operacional líquido de IR/CSLL*}}{\text{Ativo operacional}} = \frac{86.054}{438.037} = 19{,}65\%$$

* $ 7.171 × 12 meses = $ 86.054

Em princípio, entendemos que o valor do Investimento em Ocupação tem as características de um ativo intangível de vida útil indefinida. Assim, não deverá ser amortizado anualmente, devendo apenas receber o procedimento contábil de verificação da provisão ao valor recuperável do ativo (teste anual do *impairment*).

QUESTÕES E EXERCÍCIOS

1. Uma empresa consegue vender seu produto no mercado no máximo por $ 2.000,00. Os impostos sobre a venda são: 18% de ICMS, 0,65% de PIS e 3,0% de COFINS. A empresa deseja uma margem mínima de lucro sobre o preço de venda sem impostos de 11%. Sabendo que seu custo total real é de $ 1.500, em quanto percentualmente deveria ser reduzido seu custo para atingir o custo meta?

2. Uma empresa vende dois produtos que apresentam os seguintes dados atuais para um ano de operações:

	Produto A $	Produto B $
Preço de Venda de Mercado	50.000	80.000
Custo Integral		
. Materiais	20.000	30.000
. Mão de Obra Direta	5.000	8.000
. Custos Gerais de Fabricação	9.000	12.000
. Depreciação	6.000	8.000
. Custo Administrativo	5.000	8.000
. Custo Comercial	2.000	3.500
. Comissões sobre Venda	2.500	4.000
Custo Total	49.500	73.500
Quantidades padrões de produção/vendas	400	275

Pede-se:
a) Calcular o custo meta de cada produto, caso a margem de lucro desejada fosse de 8%. Calcule quanto deverá ser a redução em valor unitário e em percentual, para cada produto e para o total da empresa, computando as quantidades padrões. Considere, para o cálculo do custo meta, que os custos e despesas variáveis (materiais e comissões), por serem de origem externa,

não têm mais possibilidades de redução; portanto, as possíveis reduções só poderão acontecer nos custos internos administrativos e de fabricação.

b) Considerando uma taxa de depreciação de 20%, qual deveria ser o desinvestimento em imobilizados para atingir a meta de redução proposta pelo custo meta?

c) Considerando que cada funcionário de mão de obra direta custa para a empresa $ 30.000 por ano, considerando salários e encargos sociais, qual deveria ser a redução ou o aumento de efetivo direto para adequação às metas do custo meta?

Bibliografia

ASSEF, Roberto. *Manual de Gerência de Preços*. Rio de Janeiro: Campus, 2002.

BERRY, Leonard L. *Descobrindo a Essência do Serviço*. Rio de Janeiro: Qualitymark: 2001.

BEUKE, Rolando; BERTÓ, Dalvio José. *Precificação = Sinergia do Marketing + Finanças*. São Paulo: Saraiva, 2009.

CORRÊA, Henrique L.; CAON, Mauro. *Gestão de Serviços*. São Paulo: Atlas, 2011.

DOLAN, Herbert J.; SIMON, Hermann. *O Poder dos Preços*. São Paulo: Futura, 1998.

FARIA, Ana Cristina; COSTA, Maria de Fátima Gameiro. *Gestão de Custos Logísticos*. São Paulo: Atlas, 2005.

FÁVERO, Luiz Paulo Lopes. *Precificação e Comercialização Hedônica*: uma Aplicação no Mercado Imobiliário. São Paulo: Saint Paul Editora, 2006.

GIULIANI, Antonio Carlos. *Marketing Contemporâneo no Varejo*. Itu: Ottoni, 2012.

GOLDRATT, Eliyahu; COX, Jeff. *A Meta*. São Paulo: Nobel, 2009.

GUERREIRO, Reinaldo. *Gestão do Lucro*. São Paulo: Atlas, 2006.

KOTLER, Philip. *Administração de Marketing*. 3. ed. São Paulo: Atlas, 1994.

_____; KELLER, Kevin Lane. *Administração de Marketing*: a Bíblia do Marketing. 12. ed. São Paulo: Prentice Hall Brasil, 2006.

LAZIER, Lucas Cerqueira. *Métodos de Custeio e Formação de Preços*: um Estudo de Caso em uma Instituição de Ensino Superior Privada no Estado de São Paulo. 2011. Dissertação (Mestrado Profissional) em Administração, Universidade Metodista de Piracicaba.

LEÃO, Nildo Silva. *Custos e Orçamentos na Prestação de Serviços*. São Paulo: Nobel, 2004.

LIMA, Rosalvo. *O ABC da Empresa de Serviços*. São Paulo: Futura, 2006.

MORRIS, Michael H.; MORRIS, Gene. *Política de Preços em um Mercado Competitivo e Inflacionado*. São Paulo: Makron Books, 1994.

NAGLE, Thomas T.; HOGAN, John E. *Estratégia e Táticas de Preço*. 4. ed. São Paulo: Pearson Prentice Hall, 2008.

_____; _____; ZALE, Joseph. *The Strategy and Tactics of Pricing*. 5. ed. Upper Saddle River: Pearson Prentice Hall, 2011.

PADOVEZE, Clóvis Luís. *Contabilidade de Custos*. São Paulo: Cengage, 2013.

_____. *Controladoria Estratégica e Operacional*. 3. ed. São Paulo: Cengage, 2012.

_____. *Contabilidade Gerencial*. 7. ed. São Paulo: Atlas, 2010.

POUNDSTONE, William. *Priceless: the Myth of Fair Value (and How to Take Advantage of It)* . New York: Hill and Wang, 2011.

TAKAKURA JUNIOR, Franco Kaolu. *Modelos Genéricos de Apuração de Custos de Serviços*. 2010. Dissertação (Mestrado Profissional) em Administração da Universidade Metodista de Piracicaba.

VATAN DOS SANTOS, Roberto. *Modelos de Decisão para Gestão do Preço de Venda*. 1995. Dissertação (Mestrado) – São Paulo, FEA/USP.

Índice Remissivo

A

ABC – *Activity Based Costing*, 76
Acumulação dos dados reais, 57
Acumulação por projeto, 59
Análise das variações, 103
    de custos diretos de fabricação,
    de mão de obra direta, 105
    de materiais diretos, 105
    esquema genérico de, 113
    por exceção, 116
    simplificada, 117
Análises de custos e rentabilidade, 273
    modelo geral, 274
    multidimensional, 293
Apontamento de horas (*timesheet*), 58, 134
Apropriação de custos indiretos, 56
Armazenagem, custo das instalações de, 189

B

Bens e serviços, 9, 42

C

Capacidade, 6
    administração da, 150
    a questão da, 6
    e incorporação ao custeamento unitário do serviço, 155
    esperada, 149
    nível de utilização: ocupação, 148
    o que é, 146
    ocupação, 149
    onde a – interfere, 147
    utilização da, 148
Características de empresas de serviços, 6
Carga fracionada, 187
Centros de custos e de receitas, 59
Classificação de serviços, 12
Classificação gerencial, 15
Classificação pelo INPI, 13
Condições normais de operações, 148
Contabilidade de custos, 60, 98, 113
    objetivos, 27
    visão geral, 39
Controle patrimonial e depreciação, 52
Cost to serve, 290

Custeamento
    ABC, 69, 76, 83, 102
    direto, 83, 89
    direto/variável, 71, 83, 87, 102, 301
    integral, 69
    pela Teoria das Restrições, 85
    por absorção, 69, 73, 102
    RKW, 67
Custo de mão de obra profissional, 160
Custo de reposição, 98
Custo de serviços, 125
    critérios de alocação de custos indiretos de apoio, 143
    do processo de execução, 132
    unitário total, 144
Custo meta, 297
    e custo padrão, 301
Custo padrão, 98
    baseado em dados passados, 102
    corrente, 102
    de custos diretos de fabricação, 106
    de depreciação direta, 109
    de mão de obra direta, 105
    de materiais diretos, 104
    e análise das variações, 112
    e custeamento por absorção, 102
    e custo meta, 301
    e formação de preços de venda, 204
    e novas tecnologias de fabricação e *just in time*, 117
    e orçamento, 103
    finalidades, 99
    ideal, 101
    para acompanhamento da inflação interna, 101
    para custos indiretos de fabricação (*overhead*), 103
    para substituir o custo real, 100
    periodicidade de construção, 111
    tipos, 101
Custo real, 100
Custos, 23
    comprometidos, 30
    definições e terminologias básicas, 23
    de hotelaria, 177
    diretos e indiretos, 66
    discricionários, 30
    estruturados, 30
    fixos e variáveis, 28
    fundamentos, 23
    hospitalares, 163
    indiretos, 141
    indiretos, apropriação, 108, 141
    indiretos de fabricação, 103
    mensuração do custo dos recursos, 32
    orçados ou estimados, 99
    para servir, 290
    tipos de gastos, 26

D

Dados reais, acumulação, 57
Departamentalização e roteiros operacionais, 51
Depreciação, 136
    amortização e exaustão direta, 26
    direta, 136
    e amortização indireta, 26
    e controle patrimonial, 52
    mensuração, 32
Diferenciação do produto ou serviço,

E

Economia brasileira
    serviços na, 16
Empresas de serviços, 5
    características, 6
    tipos, 7
Equação fundamental da contabilidade de custos, 113
Equipamentos utilizados, 136
Estocagem, 6
Estrutura
    contábil, 48

contábil, tecnologia de informação, 59
de custos, 52, 181
do serviço, 52, 126
técnica, 125
Estruturação das informações para custos, 47

F

Fatores limitativos ou restrições, 277, 278
Faturamento normativo, 174, 215
Formação de preços de venda, 201
a partir do custo, 203
a partir do mercado e teoria econômica, 201
e formas de custeio, 205
e margem de lucro desejada, 210
e métodos de custeio, 204
e regimes tributários, 206
modelo geral de decisão de preço de venda, 200
multiplicador sobre os custos (*mark-up*), 205
percentuais de custo financeiro, 220
percentuais de despesas operacionais, 220
precificação (*pricing*), 247
Formas de custeio, 98

G

Gastos do período e para os produtos, 67
Gastos gerais, 26
mensuração, 32

H

Hospital, 129
Hotel, 177

I

Investimento em empresas de serviços, 302

L

Logística e transporte, 142

M

Mão de obra
direta, 105
indireta, 26, 106
profissional, custo unitário, 159
Margem
de contribuição e fatores limitativos, 277
de contribuição e gestão de preços de venda, 239
de contribuição e otimização da capacidade produtiva, 284
de contribuição horária, 284
de lucro desejada, 210
de lucro desejada e lucro do acionista, 218
de lucro desejada e lucro operacional, 217
Mark-up, 182, 205, 246
a partir do custeamento variável e retorno do investimento, 224
com lucro presumido, 231
com lucro real, 231
com regime cumulativo e lucro presumido, 235
com regime não cumulativo e lucro real, 233
com SIMPLES, 237
construção do, 182, 221
determinação da margem desejada, 214
e estrutura da demonstração de resultados, 207
e regimes tributários, 230
e situações tributárias, 206
tipos, 209
Materiais
aplicados em serviços, 8
diretos, 26, 104
mensuração, 32
indiretos, 26
Métodos de custeio, 65
abordagens básicas, 66
correntes de pensamento, 66
custeamento ABC, 76
custeamento direto, 71

custeamento direto/variável, 71, 83, 102, 301
custeamento integral, 69
custeamento pela Teoria das Restrições, 85
custeamento por absorção, 69, 73
custeamento RKW, 67
e demonstração de resultados do período, 69
e formação de preços de venda, 71
e *mark-up*, 71
exemplos numéricos, 72
fundamentos, 65
visão geral, 68
Modelos de decisão de preços, 200

O

Ocupação
    da capacidade, 148
    esperada, 149
Ordens
    de produção ou serviço, 57
    de serviço, 57

P

Passagem aérea, 161
Planos de contas, 49
Precificação, 152, 246
    criação de valor, 257
    definição, 249
    diferenciação, 252
    disponibilidade para comprar, 248, 256
    efeitos da, 249
    esquema básico de preços e valores, 251
    estratégia, 256, 261
    estrutura e elementos da estratégia, 256
    exemplos, 270
    fatores de lucro, 248
    fundamentos, 247
    implementação na organização, 262
    modelo da margem de contribuição, 264
    modelo econômico de avaliação e simulação, 264
    psicologia do consumidor, 260
    segmentação, 252
    sistemas de informação, 269
    valor percebido pelo consumidor, 252
    willing to pay for, 248, 256
Preços, 199
    de venda a partir do custo, 203
    gestão de preços, 199
    modelos de decisão de preços, 200
    motivos para a decisão de preços, 199
    objetivos na decisão de preços, 200
Pricing, 246, 247
Procedimento hospitalar, 132, 165
Processo de execução, 54, 130
Processos operacionais, 10
Projetos, 50
Projetos, acumulação de dados, 58
Psicologia, 247, 260
    do consumidor, 260
    obsessão pelo custo unitário, 87

R

Regimes tributários, 230
    cumulativo, 230
    de empresas de serviços, 232
    lucro presumido, 231
    lucro real, 231
    não cumulativo, 230
    PIS e COFINS, 230
    SIMPLES, 232
Retorno do investimento em empresas de serviços, 302
RKW, 69
Roteiros operacionais, 51

S

Segmentação de mercado, 252, 270
Serviços
    baseados em equipamentos, 8

baseados em pessoas, 7
de terceiros, 138
internos de apoio direto, 139
internos de apoio direto e unidades de negócio, 140
Sistema de acumulação, 40, 48, 58

T

Tabela de produtos, serviços e projetos, 50
Tecnologia de informação e estrutura contábil, 59

Teoria das restrições, 85
Terminologias de custos, 23
Timesheet, 58
Tipos de gastos, 26
Tipos de serviços, 7, 21
Transporte e logística, 185

V

Valor percebido pelo consumidor, 202

Formato	17 x 24 cm
Tipografia	Charter 11/13
Papel	Alta Alvura 90 g/m² (miolo)
	Supremo 250 g/m² (capa)
Número de páginas	336

Pré-impressão, impressão e acabamento
GRÁFICA SANTUÁRIO
grafica@editorasantuario.com.br
www.editorasantuario.com.br
Aparecida-SP